第三版

親子關係與親職教育

蔡春美、翁麗芳、洪福財 ◆著

parent-child
relationship

作者簡介

蔡春美

學歷

- 國立臺灣師範大學教育研究所碩士
- 國立臺灣師範大學教育學系學士
- 臺北女師普師科畢業

經歷

- 國民小學教師三年
- 師專助教、講師、副教授、教授
- 省立新竹師專特殊教育中心主任
- 省立臺北師專幼兒教育師資科主任
- 國立臺北師範學院幼兒教育學系教授兼系主任
- 國立臺北教育大學幼兒與家庭教育學系兼任教授
- 臺北市、臺北縣、基隆市、宜蘭縣幼稚園評鑑委員
- 教育部發展與改進幼兒教育計畫研究委員
- 財團法人中華幼兒教育發展基金會董事
- 國際兒童教育學會（ACEI）常務理事
- 教育廣播電台「親子樂園」協同主持人

現任

- 財團法人成長文教基金會董事
- 新北市幼兒教育學會理事長
- 幼兒園評鑑委員
- 教育部核定之幼兒園輔導人員
- 《巧連智》兒童雜誌監修

翁麗芳

學歷

· 日本東京大學教育學博士
· 日本東京大學學校教育學碩士
· 國立中興大學公共行政學士

經歷

· 臺灣省國民學校教師研習會助理研究員
· 國立臺北師範學院幼兒教育學系副教授
· 國立臺北師範學院幼兒教育中心主任
· 國立臺北師範學院幼兒教育學系主任
· 臺北市、臺北縣、基隆市、宜蘭縣、桃園縣幼稚園評鑑委員

現任

· 國立臺北教育大學幼兒與家庭教育學系教授
· 教育部核定之幼兒園輔導人員

洪福財

學歷

- 國立臺灣師範大學教育學博士
- 國立臺北師範學院初等教育學士

經歷

- 國立臺北教育大學教務處出版組、註冊組、課務組組長
- 國立臺北教育大學教育發展中心主任
- 國立臺北教育大學主任秘書
- 中國幼稚教育學會理事長

現職

- 國立臺北教育大學教育經營與管理學系副教授
- 中國幼稚教育學會常務理事

三版序

　　隨著社會變遷與科技進步，人類的生活愈來愈複雜，親子之間的問題也愈來愈多，致使學校教育工作者與兒童福利人員推展親職教育時倍感困難。我們認為親職教育之推展須以建立良好親子關係為基礎，而有關親子關係之書籍不多，因此乃有撰寫《親子關係與親職教育》一書的構想。吾等特別在此感謝大家的關愛，使本書有三版修訂的機會。

　　本書撰寫以兼重理論與實務為原則。全書分親子關係、親職教育兩篇，第一篇為親子關係，主要介紹親子關係的本質、親子互動理論與實態、親子關係的經營、父母教養觀；第二篇為親職教育，旨在探討親職教育及家長參與的涵義、社會變遷與親職教育、學校如何規劃親職教育活動，以及不同家庭型態的親職教育，尤其對如何推展與設計親職教育活動有詳盡的說明。每章所附「親子小魔法」、「研究題目」與「延伸活動」是非常實用的點子，可供讀者探索思考及複習重點之用。

　　此次三版修訂除修正法規外，也依時效修正相關表格。附錄有關近年親子關係與親職教育相關研究論著彙整，讀者可酌予參用。本書不但適合大學兒童福利及教育相關科系做為教科用書，也是現職教師、兒童福利人員與家長實用的參考書。

　　本書內文引註外國人名時，已約定俗成的譯名採中英並列，其餘則僅示以原文，以利讀者閱讀，敬請諒察。最後特別感謝新北市永和區三暉幼稚園提供相關照片，增加本書之生動感；也感謝心理出版社林總編輯敬堯、陳編輯文玲協助編輯出版事宜。

　　作者學識修養有限，全書論點有不妥之處或其他疏漏，敬請方家不吝指正。

蔡春美、翁麗芳、洪福財　謹識

2011 年 2 月

目 次

Part 2　親職教育

附　錄

圖目次

表目次

PART 1
親子關係

親子關係的本質

Chapter I

第一節　親子關係的定義與重要性

一、親子關係的定義

二、親子關係的重要性

第二節　親子關係的形成與法律規範

一、親子關係的形成

二、親子關係的法律規範

第三節　親子關係的特性與發展

一、親子關係的類型

二、親子關係的特性

三、親子關係的發展

「親子關係」是許多人常掛在嘴上的用語，但親子關係的本質到底如何，則很少有人用心去思考。每一個人在世上無可避免的角色是為人子女，長大成人之後，也有可能為人父母或為人之師，而在父母與教師所面對的複雜人際關係裡，「親子關係」無疑是相當重要的一環。因為父母要面對自己的子女，而教師則須了解教育的對象──學生，每位學生與其父母之間的親子關係是提供教師了解學生的重要線索。本章擬分三節，說明親子關係的定義與重要性、形成法律規範，以及其特性與發展。

第一節　親子關係的定義與重要性

一　親子關係的定義

子女與父母親的關係是狹義的親子關係，如果做更廣義的解釋，則親子關係可包括孩子與祖父母、外公、外婆，甚至叔伯姑姨、保姆等長輩間的關係。親子關係乃一個人一生中最早經驗到的關係，也是人際關係中最重要的一環，假如這層關係發展良好，它將成為孩子一生中一連串和他人良好關係的基礎；反之，則對以後人際關係的發展，可能會有不良的影響。

二　親子關係的重要性

許多年來，心理學家一直強調，早期親子關係對嬰兒之態度及其行為發展有極大的重要性。例如：有人從嬰兒期母愛被剝奪的事實去研究親子關係的重要性（黃慧真譯，1989，頁 213-214），發現生活於收容機構中，因雙親雙亡或無力撫養的孩子，常顯現出智力功能低落，且有時會有嚴重的精神困擾。心理學家們更指出，如果幼兒與母親分離的時間不超過三個月，則親子關係容易再建立，嬰兒的發展也很快可以恢復；若在五個月以上，則親子間的關係受到很大的阻滯，孩子的發展與同年齡幼兒比較，會有繼續衰退的傾向（胡海國編

譯，1976，頁 164）。

　　總之，我們確信，一個人的基本態度、行為模式、人格結構，在嬰兒期的親子互動過程中已奠定基礎，再經其後的兒童期、青年期等身心發展的重要階段，逐漸形成個人的獨特人格。親子關係直接影響子女之生理健康、態度行為、價值觀念及未來成就，茲舉其對孩子之語言發展、人格形成與社會人際關係等三方面之影響，說明其重要性。

(一)對語言發展之影響

　　語言的學習是親子關係所產生之重要教育功能。語言是連接自然與文化的重要工具，也是聯絡人與人之間感情與思想的工具。在代代相傳之接替間，也要語言來說明，因為傳統的文化內容是以語言做為媒介的。語言本身是客觀的，沒有主觀的成分存在，它可以用一種社會的溝通工具來比擬；同時語言也是教育的媒介，父母與子女之間是用語言來對話，語言包括肢體語言在內，對聽覺障礙或語言發音困難的孩子，則常運用肢體語言來表達意思。在一個需要一種共通性的生活裡，語言促進了社會的關聯與共同生活，所以語言成了思想的表達、意見的溝通、輿論的形成及陶冶協同體中最重要的工具（詹棟樑，1983b）。

　　兒童的語言學習，首先接觸到的通常是母親，然後是家人，再其次才是玩伴。兒童語言學習最初要靠母親的教導，採用重複、簡單到複雜、單字到成句，及耐煩地矯正錯誤（包括發音、意義、字的順序等錯誤）。兒童把語言的正確使用方法學好，就是奠定以後接受教育的有利基礎，在學習方面可以達到事半功倍的效果。根據 Hurlock 研究：幼兒的語言能力發展有很大的差異，主要是由於學習機會多寡的不同，很少是由於智力的差別。例如：很多家庭中的老大，因為有較多與父母互動學習語言的機會，所以比弟妹們會說話。生長在救濟院、慈善機構或生病住院太久的兒童，語言方面的發展會較為遲滯，因為那些環境無法給孩子較多練習說話的機會，也較無親子互動溝通的可能。社會經濟階層較高家庭中的兒童，由於有良好的語言模範可仿效，又受到較多長輩鼓勵，所以語言發展較好，句子的使用也較正確（胡海國編譯，1976，頁204-205）。可見父母與子女間的親子關係如果互動良好，常可教給子女較正確

優美的語言，促進孩子的語言發展。

(二)對人格形成之影響

根據近代心理學家〔如佛洛伊德（Freud）、艾瑞克森（Erikson）等〕的研究結果，認為人類在四歲之前，尤其自出生到週歲這一段時期，是一個人一生人格基礎的建立時期，這一時期中嬰兒的境遇，將決定其未來人格的趨向。兒童出生的最初教育場所是家庭，而家庭中以母親為中心的各種活動對孩子的人格發展影響最大；沒有獲得母愛教育的兒童，其心理的正常發展將受到很大的影響（陳幗眉、洪福財，2001，頁201）。例如：在育幼院裡的兒童，由於沒有父母的照顧，缺乏感覺刺激，情緒反應較不豐富，不僅表情呆板，也顯示出一些特殊的癖性。又如一般家庭中的兒童，常會因父母喜好無常、多愁善感，或家中缺乏溫暖喜悅的氣氛，而有情緒困擾、緊張易怒，甚至口吃現象；再如父母失和、家庭破碎，往往也會造成孩子長大後容易產生精神官能症和少年犯罪傾向。可見在兒童人格的形成與發展過程中，親子關係是多麼重要。

(三)對社會人際關係之影響

孩子在良好的親子關係中感受到被愛、被需要、被欣賞、被接受，就奠定了孩子與他人間良好適應的基礎。親子關係不和諧，或常被家長冷淡對待的孩子❶，長大後不易信任別人，常產生和別人相處困難的情形，當然也就不易和他人建立和諧的友誼。親子互動，不僅提供家長教育子女的機會，也為孩子提供行動的榜樣，讓孩子藉由親子互動與父母同化，逐步發展合宜的社會行為模式與觀念，以及如何與他人合作的態度，這對孩子社會人際關係有莫大的助益。而一個有人緣、能和別人和睦相處的孩子，其學業及其他方面的表現皆能維持一定的水準。

可見良好親子關係的維持，不但可增進父母與孩子之間的感情，幫助孩子語言正常發展，有效教養孩子人格的健全發展，對其社會人際互動能力的提升亦頗有助益，親子關係的重要性由此可見一斑。

·不同年齡孩子的親子互動是不一樣的·

親子關係的經營要訣是父母要和孩子有良好的互動,例如:在孩子剛出生的頭兩年,不是只給他喝牛奶、換尿布而已,必須常和孩子講講話,不管他聽不聽得懂,每天至少要抱他,要和他玩;到孩子三、四歲時,就需要花更多時間和他對話,帶他到附近公園探索大自然。如果孩子有不對的行為,不是一味地體罰,必須讓孩子知道他哪裡錯了,只要能改過就予以讚美、肯定;當孩子五、六歲時,家長更應以合理的管教方式與他互動。

第二節　親子關係的形成與法律規範

　　親子關係的形成,最主要的是靠血緣關係與法律關係兩種,而在法律上有其基本的規範,茲分別說明如下。

一　親子關係的形成

(一)血緣的親子關係

　　所謂血緣的親子關係,是指子女一誕生,親子關係便成立,這是自然的關係或天生的關係。有些父母對於子女的行為無法加以約束,或其他某些原因,乃登報聲明於某年某月的某一天起脫離父子(母子)關係,其子女所作所為概與其無涉。這是一個值得深究的問題,也就是父(母)子關係可以脫離嗎?其答案是不能脫離的。因為父(母)子關係由血緣所造成,是自然的形成,無論

怎麼聲明，永遠是父（母）子關係，不管一個無奈的父（母）親認不認其子女，他們的親子關係都是永遠存在，充其量只能做到互相不往來而已！

所以，登報聲明，只能是當事人告訴親朋好友，其與子女之間的情分（親情）已盡。至於子女之所作所為概與其無涉，這也並不完全如此，如果其子女成年，有行為能力，其所作所為應由孩子自己負責，但如果牽涉到父（母）子二人共同的事情，父（母）親就不能說是無涉。

血緣關係可用科學鑑定來證明，近年來報章雜誌常報導以 DNA 檢驗來判定非婚生子女的關係，就是一種科學鑑定的方法，常用以判定證明親子關係，可見血緣的親子關係是有依據且無法否定的。

(二)法律的親子關係

法律的親子關係，一般是指缺少血緣關係所形成之親子關係。一些家庭由於無兒無女，想找孩子來做伴，或出於愛心而領養子女，這種親子關係是後天的關係。不過仍有少數的例外，那就是前述非婚生子女的領養，是屬於有血緣的關係再透過法律認定的親子關係。

領養必須經過法定程序，那就是要辦理領養手續，手續合乎規定後，親子關係就成立，被領養者成為家庭中的一分子。不過法律的親子關係與血緣的親子關係不同的是：法律的親子關係可以脫離，只要辦理終止領養手續，其親子關係便消失。這種關係似乎含有「合得來則合，合不來則退」的意味，但是人是感情的動物，不至於隨隨便便就終止領養關係。

親子關係的形成，對人類的生活具有非常重要的意義。在子女小的時候，因為有親子關係，所以為家庭帶來忙碌與快樂，使一個家庭較為健全。此外還有一個重要的意義，那就是延續下一代。人必須繁衍下一代，才能生生不息、子孫綿延不斷，如果人不綿延下一代，那麼人類只有在地球上消失或滅種！

在子女長大成人的時候會形成家族，家族是許多關係家庭的結合，這種結合才會產生力量，因為他們是同宗、同一支，也就是本省所稱的「派下」。這些人通常較有組織，有組織就有力量。因此人們會有「家族企業」這個名詞，所謂的「家族企業」就是集合了那些家族的財力所創辦的事業（詹棟樑，1983b）。

·收養後可以撤銷嗎？·

如果夫妻之一方收養一個孩子後，另一方不同意時，可以撤銷收養嗎？依民法規定，收養子女應聲請法院認可，孩子是不可私下買賣或頂讓的；有配偶者收養子女時，應與配偶共同為之；但是夫妻之一方，收養他方之子女者不在此限。如果有配偶者於收養子女時，並未得到其配偶之同意，是屬「得撤銷事由」，法院並無認可之可能；但如果法院疏忽未注意前開情形加以認可，則依規定，收養者之配偶得請求法院撤銷之；但自知悉其事實之日起，如已逾六個月，或自法院認可之日起已逾一年者，則不得請求撤銷。

 ## 二 親子關係的法律規範

　　家庭是親子關係最基本的溫床，也是子女健全成長的安樂窩。父母是孩子的第一位老師，也是最佳代言人與教育團隊伙伴，好的家庭有親密的親子關係，讓子女認同家庭，對家庭有向心力，而家庭也負起教養子女茁壯成長、知書達禮之責任。在各國法律上都保障孩子的生存權，例如我國憲法第十五條規定：「人民之生存權應予保障。」可見每一個人都沒有殺害另一個人之權利，這是犯法的，親子之間亦然。

　　在西德有關親子關係的著作中，都會談到有關「父母的權利」（Elternrecht）的問題。父母的權利問題，就一般的意義而言，父母對待子女的規則要依據情況、需要、法令和義務，尤其是父母對子女有照顧的權利與義務。西德的《國家基本法》（*Grundgesetz*）（等於是憲法）第六條第二款規定：父母有要求子女受教育之權，並保護子女，這是父母的基本權利，也就是說：國家賦予父母的權限，使父母的權利具有法律的基礎（詹棟樑，1983b）。

以上的情形，另有重要的意義，那就是父母如沒有其他原因，不得隨隨便便迫使子女離開家庭，而不予照顧。下列是我國有關親子關係與親職教育的重要法規。

(一)憲法的規定

在保護婦孺方面，《中華民國憲法》第 153 條規定：「……婦女兒童從事勞動者，應按其年齡及身體狀態，予以特別之保護。」及第 156 條：「國家為奠定民族生存發展之基礎，應保護母性，並實施婦女兒童福利政策。」我國憲法是以保護婦女及兒童入手，使他們負起奠定民族生存發展之基礎。

在教育方面，《中華民國憲法》第 159 條規定：「國民受教育之機會，一律平等。」及第 160 條：「六歲至十二歲之學齡兒童，一律受基本教育……已逾學齡未受基本教育之國民，一律受補習教育……」

(二)《兒童及少年福利與權益保障法》（2014 年修正）的規定

《兒童及少年福利與權益保障法》乃專為保障未滿十八歲之兒童及少年的福利所訂定之法律，共 118 條，包括總則、身分權益、福利措施、保護措施、福利機構、罰則，以及附則等七章，茲舉與本節最有關聯之法條如下：

第 3 條：「父母或監護人對兒童及少年應負保護、教養之責任。對於主管機關、目的事業主管機關或兒童及少年福利機構、團體依本法所為之各項措施，應配合及協助之。」

第 4 條：「政府及公私立機構、團體應協助兒童及少年之父母、監護人或其他實際照顧兒童及少年之人，維護兒童及少年健康，促進其身心健全發展，對於需要保護、救助、輔導、治療、早期療育、身心障礙重建及其他特殊協助之兒童及少年，應提供所需服務及措施。」

第 5 條：「政府及公私立機構、團體處理兒童及少年相關事務時，應以兒童及少年之最佳利益為優先考量，並依其心智成熟程度權衡其意見；有關其保護及救助，並應優先處理。兒童及少年之權益受到不法侵害時，政府應予適當之協助及保護。」

(三)《特殊教育法》（2013年修正）及《特殊教育法施行細則》（2013年修正）中有關家長參與的相關規定

1.參與鑑定安置組織。
2.參與教育安置過程。
3.參與個別化教育計畫（IEP）的擬定與修正。
4.接受各級學校提供之相關支持服務。
5.使用申訴服務。

(四)《幼兒教育及照顧法》（2013年修正）第五章家長之權利及義務的規定

第34條：「幼兒園得成立家長會；其屬國民中、小學附設者，併入該校家長會辦理。前項家長會得加入地區性學生家長團體。幼兒園家長會之任務、組織、運作及其他相關事項之自治法規，由直轄市、縣（市）主管機關定之。」

第35條：「父母或監護人及各級學生家長團體得請求直轄市、縣（市）主管機關提供下列資訊，該主管機關不得拒絕：(1)教保服務政策；(2)教保服務品質監督之機制及作法；(3)許可設立之幼兒園名冊；(4)幼兒園收退費之相關規定；(5)幼兒園評鑑報告及結果。」

第36條：「幼兒園應公開下列資訊：(1)教保目標及內容；(2)教保服務人員及其他人員之學（經）歷、證照；(3)衛生、安全及緊急事件處理措施。」

第37條：「父母或監護人對幼兒園提供之教保服務方式及內容有異議時，得請求幼兒園提出說明，幼兒園無正當理由不得拒絕，並視需要修正或調整之。」

第38條：「直轄市、縣（市）層級學生家長團體及教保服務人員組織得參與直轄市、縣（市）主管機關對幼兒園評鑑之規劃。」

第39條：「幼兒園之教保服務有損及幼兒權益者，其父母或監護人，得向幼兒園提出異議，不服幼兒園之處理時，得於知悉處理結果之日起三十日

內，向幼兒園所在地之直轄市、縣（市）主管機關提出申訴，不服主管機關之
評議決定者，得依法提起訴願或訴訟。直轄市或縣（市）主管機關為評議前項
申訴事件，應召開申訴評議會；其成員應包括主管機關代表、教保團體代表、
幼兒園行政人員代表、教保服務人員團體代表、家長團體代表及法律、教育、
心理或輔導學者專家，其中非機關代表人員不得少於成員總額二分之一，任一
性別成員應占成員總數三分之一以上；其組織及評議等相關事項之自治法規，
由直轄市、縣（市）主管機關定之。」

　　第40條：「父母或監護人應履行下列義務：(1)依教保服務契約規定繳費；
(2)參加幼兒園因其幼兒特殊需要所舉辦之個案研討會或相關活動；(3)參加幼
兒園所舉辦之親職活動；(4)告知幼兒特殊身心健康狀況，必要時並提供相關健
康狀況資料。」

 第三節　親子關係的特性與發展

　　「親子關係」之定義雖說明如第一節，但其本質仍有待深入探究。因為親
子關係可以從心理學、精神醫學、社會學、文化人類學、比較動物學、法學、
文學等各種不同角度來解析，本節擬從親子關係的類型，分析親子關係的特
性，再從親子關係的發展過程，詮釋親子關係所隱含的複雜內涵。

 親子關係的類型

　　日本學者岡堂哲雄於 1978 年發表〈家族心理學〉（轉引自劉焜輝，
1983a），其中探討親子關係類型之專節，將一般親子關係分為下列七類，茲
加以整理如表 1-3-1。

表 1-3-1　岡堂哲雄之親子關係類型表

類型	血緣的	社會的	心理的	說　　　　明
甲	○	○	○	通常的血緣之親子關係。
乙	○	○		有血緣關係的真實親子，卻無心理溝通。
丙	○		○	有血緣關係，也有心理溝通，因某種理由未入籍者。如非婚姻的父子關係、離婚後的親子等。
丁		○	○	收養的親子關係。如養父母與養子（女）關係。
戊	○			只有血緣關係，無社會、心理的關聯，亦即其親子關係有血緣而未實質建立。
己		○		名義上的親子關係。
庚			○	當事人間的約諾而表明親子關係者，如乾爹（媽）與乾女兒（兒子），或未約諾也未表明，但建立親子情誼者。

　　表 1-3-1 中的血緣關係亦即生物條件的天生自然親子，換言之，有血緣的兩代稱為親子；社會條件係指在法律上或制度上被視為親子者，雖然無血緣關係——如入贅或婚姻，卻形成親子關係；心理條件是指當事人雙方以親子互許，也有親子的感情交流。通常所謂親子大都是指甲型或乙型；丙型係屬於「父母離婚與子女的問題行為」之類的研究對象；丁型則有繼父母與子女、媳婦與公婆間的關係、女婿與岳父母的關係、養父母和子女之間的關係等問題；戊型乃指有血緣關係的親子，未辦法律認定手續，也沒有實質建立心理上的親子關係，形同陌生人的狀態；而己型則指無血緣關係但經法律認可，卻未建立親子情誼的親子；庚型則指前節所提之在自然人際互動情境下培養出情同父子（女）或母女（子）的親子關係。從此表所列之七種型態的親子關係，就可體會影響親子關係構成之複雜因素。

二　親子關係的特性

　　雖然親子關係的類型可細分為七類，但是在我們實際社會生活中最常見的仍是血緣的親子關係，這種血緣的、天生的親子關係具有下列四種特性。

(一)親子關係無選擇的餘地

子女無選擇父母的機會,父母也不可能選擇自己的子女,親子關係是無法選擇,也無法替換的,你可以換配偶,也可以疏遠兄弟姊妹,但親子關係是無法改變的。也許與生活壓力有關,無法生育的夫婦比例愈來愈高,現代父母好不容易才能生下子女,但一旦生下孩子,你們的關係就此決定,在撫養孩子成長的過程中相當辛苦,也要付出財力與人力,因此有人稱孩子是甜蜜的包袱,而親子關係就是無從選擇的負擔。

(二)親子關係是靠親情來維繫的

一般而言,父母是愛子女的,不管是血緣或法律所產生的親子關係,做父母的對子女都具有深厚的愛情,視如自己的一部分,子女則依賴父母而生存,企求獲得父母的關心。由於人類的幼稚期可長達二十年(王文科等,1995,頁42),父母得以教養孩子遵從社會群體的要求,協助子女發展適當的自我概念及促進社會化。父母的教導與指引,滿足子女自我控制、智力發展及道德發展的需要。相對地,養育子女的過程中,父母可再體驗童年時期的經驗,看著子女的成長,滿足了父母的被需要感、生產創造感及自我實現感(曾嫦娥、蘇淑貞等,1995,頁180)。在這親子互動過程中,親子雙方孕育了濃厚的親情,彼此促進對方成長,良好親子關係乃得以維持,這是親子關係很重要的特性。

(三)親子關係是永久的

血緣的親子關係無法像法律的親子關係那樣可以脫離,血緣的親子關係是永久的、無法否認的。日本學者山根常男於 1954 年發表〈集體農場中的親子關係〉(轉引自劉焜輝,1983a,頁 71),他發現以色列的集體農場(Kibbutz)創辦者原認為兒童的教育是國家的責任,故以色列設立嬰兒之家、幼兒之家、兒童之家、青年之家,由受過專業訓練者擔任養育工作,但在長達六十年的經驗之後,他們對親子關係提出下列兩項重要的觀念:

1. 親子關係是永久的,不會因孩子在國家設立的專門機構裡,由專業人員養育就消失。

2. 親子間的情感關係是子女養育上不可缺少的。這也是親職教育所以受重視的原因之一。

(四)親子關係與友伴關係迥然不同

父母對子女採取保護、指導的態度，子女對父母則表現順從或反抗的態度，親子之間有成熟者對未成熟者的關係，有些雙親對待子女有上對下之權威感；子女在漫長的成長期接受父母的管教，學習人際關係的技巧與生活基本知能，並且向父母認同。這與朋友間平等對待，合則來不合則去的交往模式並不相同。雖然有些父母對待子女如朋友般，但仍有許多場合須以父母角色來指導、勸告孩子，或替子女解決問題。父母對子女通常是無怨無悔、完全付出，甚至犧牲自己成全子女，這不是一般朋友情誼所能做到的。

從上述四項親子關係的特性，可以協助我們澄清若干對親子關係認識不清之盲點，以下將從兒童成長的過程來說明親子關係是如何發展的。

三 親子關係的發展

(一)親子關係的起始

從生理上分析，母親受孕之時就是為人之母的開始，然而為什麼相同生理條件開始的母和子的情況，卻會演變出各式各樣的母子關係？這與母子關係成立時不同的心理條件，以及母親的養育行為有密切關係（周念麗、張春霞，1999，頁223）。黃正鵠（1973）則認為嬰兒離開母體出生之後，有許多基本的生理需求，如呼吸、睡眠、飲食、排泄等，其中飢與渴的需求，對親子關係的影響最大。因為嬰兒不能自己解除飢渴的需求，必須依賴外界（父母）的供給，於是嬰兒與父母產生交互作用，生理的需求就成為心理上親子關係發展之根源。

茲將有關嬰兒的生理與心理需求及其對親子關係建立之影響說明如下。

1.生理的需求——以餵奶為例

(1)餵奶的情境對親子關係的影響

對嬰兒來說，飢與渴兩種生理的需要是無法區分的，因為嬰兒在餵奶之後，兩者均得到滿足。餵奶的情境是嬰兒最早經驗到的親子關係，和母親的接觸乃是最早、最重要的人際關係的發軔。設若母親在輕鬆愉快的情境中餵奶，於是嬰兒把得到滿足、快慰及鬆弛的經驗和母親連結在一起，母親是嬰兒追求的正價目標，母親的出現（嬰兒的視覺、聽覺感受到母親的走近出現）即意味著能消除緊張，得到快慰與滿足。

反之，假如餵奶的情境不能給嬰兒帶來滿足與快感，則嬰兒對母親發展出一種消極的態度。譬如做母親的把給嬰兒餵奶視為例行公事，在餵奶時刻板，缺乏柔情，或是緊張、憤怒，使嬰兒感到痛苦、不舒服，於是這份經驗便與母親的出現相連結，自此之後，嬰兒每感飢餓，心理的衝突便發生——他需要食物來解除飢渴帶來的痛苦，但是經驗告訴他，痛苦的解除過程會伴隨著不快，這是衝突的一面；在另一方面，他對母親的態度亦是一種衝突的狀態：母親的出現一方面與飢渴解除所得到的快感與滿足相連結，另一方面，母親又與餵奶時帶來的痛苦與不適相結合。假如母親餵奶時常使嬰兒感到痛苦，則嬰兒會認為母親本身即是一種痛苦的刺激，使嬰兒用應付痛苦刺激的方式來應付母親，如退縮或轉過頭去（黃正鵠，1973）。

Papousek夫婦（1983）曾以錄影方式研究親子間的互動，他們觀察母親餵奶時的母子間互動，是以突發活動伴隨著靜止交替出現的（Alberts, Kalverboer, & Hopkins, 1983）：當嬰兒吸吮時，母親安靜；當嬰兒暫停時，母親變得活躍——撫摸孩子且對他（她）說話。餵奶成為建立社會——情緒關係的機會，透過此種連續、雙邊的刺激和反應，嬰兒和照顧者變成彼此的重心（游恆山等編譯，1991，頁152）。

(2)餵奶的方式與親子關係

從精神分析學派大師佛洛伊德的觀點而言，初生至週歲左右的嬰兒最大的快樂是來自吮吸動作，故餵奶除可消除飢渴緊張外，還可滿足口腔與嘴唇的活動。有關餵奶方式有主張定時餵奶，建立行為準則，乃受行為學派理論影響；

另有主張依嬰兒需求餵奶，如 Alarich、Ribble 等人均主張不按一定的時間餵奶，只要嬰兒啼哭叫喊，表示出飢餓的狀態就餵奶，同時餵奶時要愛撫、擁抱、相互嬉戲來表露愛心，培養充滿母愛的親子關係。

Brody 曾對三十二位餵奶時的母親做重複的觀察，觀察的資料內容分為身體接觸、母子交流、親情態度等三項，以說明「成功的母親」與「失敗的母親」（good-mothers and poor-mothers）的特徵，如表 1-3-2（Brody, 1956）。

表 1-3-2 Brody 成功與失敗母親之餵奶方式

成功的母親	失敗的母親
餵奶時的身體接觸：	
a 母親抱緊嬰兒 b 母親與嬰兒之情緒均放鬆 c 餵奶之情緒一致並適中 d 母親等待嬰兒吃飽、推開奶頭為止	a 餵奶的姿態使嬰兒感到不舒適 b 母親的情緒緊張，打擾了嬰兒吃奶 c 餵奶過程時而中斷，增加情緒之緊張
親子間的互動：	
a 母親對嬰兒有反應 b 母親溫柔而親切地與嬰兒談話 c 母親與嬰兒經常相視而笑 d 母親表露出溫柔、親愛與驕傲	a 母親不斷督促嬰兒快吃 b 母親時常抽出奶頭又塞入奶頭 c 母親有時威脅嬰兒，不給奶吃
態度之表露：	
a 母親採用有彈性的餵奶方式，因為嬰兒的情緒有變化 b 斷乳期安排在一歲左右，並漸漸行之	母親知道嬰兒自求方式餵奶較佳，但不願行之

資料來源：Brody（1956）

表 1-3-2 說明了定時餵奶或嬰兒自求餵奶只是外表不同的方式而已，良好親子關係最重要的核心，實存於母親與嬰兒間複雜情緒的交互表露及身體的接觸中，否則機械式的接觸、冷漠的交往，雖然使嬰兒不匱衣食，但發展出的性格是焦慮、害怕和膽怯，親子間更無法存有和諧的關係。

2.心理的需求——以愛與被愛為例

　　嬰兒是有心理需求的，愛與被愛是指「有所愛」與「被愛」，前者為主動對某人或事物表現喜愛，後者是指有被愛的感覺，雖為被動感受，但仍是發自內心的喜悅感。胎兒在母體內的安全與舒適感，隨著出生而變化，嬰兒需要母親的拍撫與偎抱，因此母親的出現能給嬰兒一種安全感與慰藉。

(1) H. F. Harlow 的代理母猿實驗

　　為了證實被愛是嬰兒心理的基本需求，許多心理學家用動物做了很多實驗，其中最有名的是 Harlow 的幼猿實驗。Harlow 將出生後數日的一組幼猿和母猿分開，由象徵性的母親來撫養；一個象徵性的母親用金屬網製造，另一個用布料等柔軟的材料製成，並在兩個母體的適當部分，裝上可以置放乳汁的器具，幼猿飢渴時可像自母猿處一樣地吮吸，得到滿足與營養。這兩個象徵性的母親「有耐性，能日夜不遠離，且對幼猿不打不罵」，布料做的母親更具有柔軟、親切、溫順之感。在各種不同的情境下實驗的結果發現：

　　①幼猿與母體相聚的時間（指睡眠時貼近或攀附的時間）：幼猿出生後五天和布袋母體相聚時間，每日平均約八小時，至二十天以後增至每天十五小時以上。和金屬網母體相聚，出生後五天的幼猿平均為二小時左右，二十天之後無增減。由此觀之，雖然均可自兩種母親處吸取乳汁，但哺乳似非幼小動物最重要者，他們所需要的是偎依在溫柔的物體上，藉以獲得安全與舒適。由是證之以人類的嬰兒，母親哺乳時最重要是親情的流露，讓嬰兒得到安全與信賴，從而深植良好親子關係的基礎。

　　②母親消失之反應：Harlow 把幼猿置於空地上，如母體仍在附近，幼猿無明顯之特別反應；但若母體未出現或消失，則立即表現恐懼不安；等到一段時間之後，再使母體出現，幼猿立即歡欣跳躍，一再攀附，甚至咬齧撕扯。由是說明，母親不在會使小動物失去憑依，因而產生不安全感；待母親再現後，則宛如失而復得，有極大的快樂。這種情緒的變化，在人類的嬰兒亦復如此：母親不在，則茫然若有所失，反應都變得遲鈍了；若母親再度出現，必會表露出歡欣雀躍的動作。

　　③兩種母體對幼猿情緒之反應：前已敘述幼猿多愛攀附布製母體，抓之揉

之。若發出巨大聲響以驚嚇幼猿時，則牠們立刻奔向布製母體以求取安全。由布製母體「養育」的幼猿與金屬母體「養育」者相較，發現前者較大膽，較多探究行為，較能忍受外界刺激。

進一步由對動物的實驗，可以推論出人類的幼兒亦有強烈被愛的需求。前項所言之生理的需求，當其發生時，固然使嬰兒感到緊張和不適，但一經滿足後，緊張便完全解除，而生理需求對嬰兒來說，畢竟一天中次數並不多；反觀對母體溫柔親切的愛心的感覺，醒時存在，睡時亦復如是，如睡眠時缺乏母愛的感受，則會不能安睡、驚夢、啼哭，這就是嬰兒一直保持著需要母愛的緊張的緣故。因之對嬰兒來說，母親是愛之泉源，是安全的保證，在充滿母愛氣氛中長大的人，較易建立良好的人際關係；反之，母愛遭受剝奪或被忽略，則易養成猜忌暴戾之性格，為不良人際關係之張本。是故在心理上愛的需要，實是親子關係發展之根源。

(2) J. Bowlby（1907～1980）的依附（亦有譯為依戀）理論

依附（attachment）是由 Bowlby 最先提出的一個心理概念，乃指嬰兒與母親（或能夠代理母親的人）之間所形成的持續社會及情緒關係（游恆山等編譯，1991）。依附對嬰兒的精神發展和健康都不可或缺。哺乳是讓嬰兒得到生理的滿足，而嬰兒的依附乃為滿足情感上的滿足（周念麗、張春霞，1999）。研究親子關係必須同時考量母對子、子對母這種雙向的相互影響過程（錢杭，1994）。依附行為大約在嬰兒六到八個月大時明顯表現，至少從下列三種行為可以看到依附關係已經形成的證據（郭靜晃、吳幸玲合譯，1993）：

①嬰兒試圖維持與依附對象的接觸。

②當依附對象不在時，嬰兒表現出痛苦。

③嬰兒與依附對象在一起時表現出放鬆、舒適，而與其他人在一起時則焦躁不安。

嬰兒是用啼哭與微笑來和養育照顧者保持接近的關係，解決其身心的問題。Bowlby 認為：嬰兒與成人之間的這種雙向交流過程（發出啼哭或微笑信號→養育者採取措施→嬰兒做出反應→養育者進一步採取措施……），對於嬰兒的生長發展是不可缺少的歷程（錢杭，1994），也是形成親子關係的重要因素。Bowlby 認為，依附行為是一種本能，這種行為基本上是先天的，也

會以不同形式出現於人生各發展階段，其共同點就是「尋求與人親近」（蘇建文等，1991）。如果在嬰兒期沒有形成穩定的依附關係，將來就很可能出現精神性障礙，並難以適應社會的變化。換言之，早期的依附關係對其後人格的形成，具有決定性的重要意義（錢杭，1994）。有關依附的研究文獻很多❷，在此我們要進一步探討親子安全依附。所謂「安全依附」，乃指母子或父子間有安定的依附關係。心理學家研究安全依附的成因，提出兩種假設：一是養育者方面的照顧行為（caregiving hypothesis），另一是嬰兒氣質（temperament hypothesis）（周念麗、張春霞，1999；蘇建文等，1991）。提出安全依附實驗的研究者是追隨 Bowlby 的英國著名心理學者 Mary Ainsworth，她與同事共同設計一個陌生情境測驗（strange situation test），以客觀的方法來測量一歲左右嬰兒對於母親依附關係的品質，整個測驗包括八個步驟，詳細過程請參見表 1-3-3。

Ainsworth 等人（1978）根據嬰兒在陌生情境測驗中的行為反應，將其分為三種不同的依附類型：

①安全依附型（secure attachment）

安全依附型的嬰兒在陌生情境中，只要母親在身邊，會主動地玩玩具，探索環境，看見陌生人時也會主動積極地反應。當母親離去以後，嬰兒的遊戲活動減少，顯得情緒苦惱甚至於哭泣，陌生人也安慰不了他；但是母親回來時，嬰兒的緊張情緒立即鬆弛下來，會主動地歡迎母親，尋求身體的接觸與母親的安慰，一會兒工夫，嬰兒就能夠恢復平靜，再繼續遊戲了。根據 Ainsworth 研究的結果顯示，美國嬰兒受試，約 70%屬於此種類型。

②不安全依附型──焦慮與抗拒（insecure attachment- anxious and resistant）

焦慮與抗拒母親的嬰兒又簡稱為抗拒型，這一類型的嬰兒，在陌生情境中顯得相當焦慮，喜歡纏住母親，不肯好好地玩耍與探索環境，隨時隨地會哭鬧發脾氣，母親離去時會顯得強烈的抗議與苦惱，與母親重逢時，對母親表現出矛盾的情感：一方面尋求接近母親，另方面卻又表現出憤怒的情緒，拒絕母親的接觸，使母親很難安慰他；母親抱起他時，他會發脾氣，掙脫母親的懷抱，扔掉母親給他的玩具。大約有 10%的一歲嬰兒屬於此種類型。

表 **1-3-3** 陌生情境測驗的八個步驟

步驟	參與測驗的人物	時間	測驗情境簡介
1.	母親、嬰兒、觀察者	30 秒	觀察者帶領嬰兒與母親進入觀察室，室內地板上有很多玩具，觀察者指示母親將嬰兒放在地板上玩玩具，母親坐在自己的座位上，然後離去。
2.	母親、嬰兒	3 分鐘	母親繼續坐在自己的位子上，無須參與嬰兒的遊戲，若是嬰兒不肯玩玩具，可於兩分鐘之後，鼓勵嬰兒玩玩具。
3.	陌生人、母親、嬰兒	3 分鐘	陌生人進入室中，頭一分鐘，陌生人坐在自己的位子上保持緘默，然後陌生人與母親交談一分鐘，最後陌生人趨近嬰兒一分鐘，三分鐘後母親安靜的離去。
4.	陌生人、嬰兒	3 分鐘或較短	陌生人的行為視嬰兒的反應而配合。
5.	母親、嬰兒	3 分鐘或較長	母親與嬰兒第一次重逢。母親進入室內，招呼嬰兒、安慰嬰兒，讓嬰兒安靜下來，重新開始玩耍，然後母親離去，對嬰兒說再見。
6.	嬰兒	3 分鐘或較短	第二次分離。
7.	陌生人、嬰兒	3 分鐘或較短	陌生人進入室內，配合嬰兒的行為而反應。
8.	母親、嬰兒	3 分鐘	母親與嬰兒第二次重逢。母親進入室內，招呼嬰兒，然後將之抱起，陌生人安靜地離去。

資料來源：轉引自蘇建文等（1991，頁126）

③不安全依附型——焦慮與逃避（insecure attachment- anxious and avoidance）

　　焦慮與逃避母親的嬰兒又簡稱為逃避型，這一類型的嬰兒顯示出與母親之間缺乏情感的聯繫，他們的遊戲活動完全不受母親是否在旁的影響；母親離去時，他們會無動於衷照樣玩耍，母親再回來時，通常也不會去理會她。當他們單獨留在陌生情況中，顯示不安時，只要有人出現，他們就會顯得安然無事，並不在乎是不是母親。此種類型嬰兒約占 20%。

　　總之，依附（attachment）是一種主動、情深、雙向的關係，尤其是存在於兩人之間，而與其他所有人有所差別。雙方的互動繼續增強並強化了彼此的

聯繫。或許如 Ainsworth（1979）所說的：「嬰兒依附於一個母親形象，是人類基本計畫中的一個必要成分。」——該形象不一定得是生身之母，而可能是做為嬰兒最初照顧者的任何人。研究依附現象的原因之一，來自許多人一致認為：個體日後形成親密關係的能力，可能受到嬰兒期所形成依附的本質所影響。

(二)親子關係發展的分期

有關親子關係發展分期的文獻不多❸，本文擬從發展心理學有關依附行為的發展分期來印證親子關係的發展，茲綜合各家所言，就胎兒期、嬰兒期、幼兒期、兒童期、青年期之親子關係發展做一簡要敘述。

1.生理共生期（自懷胎到嬰兒出生三個月）

親子關係始於母親受孕之時，在胎兒時期，孩子與母親之間有相互感應之情形。當胎兒在母親體內發出一些刺激訊號時，母親就會把這當作自身的感覺，如胎兒往下墜時，母親會坐下來休息，而胎兒也有相應的反應，如不再拚命亂動。在生理共生時期，母子間的關係是渾為一體的。剛出生之嬰兒因無法區分自己與外物，因之把能供給生理上飢與渴需求滿足的母親的奶頭，視為自己的一部分，新生兒靠兩方面得到滿足，一是吮吸母親的乳汁，二是母親的撫摸。這期間的母性行為（mothering），亦即指母親抱、逗嬰兒，唱歌給嬰兒聽，跟嬰兒說話等充滿母愛的行動，對嬰兒情緒等心理發展有重要的意義（周念麗、張春霞，1999）。嬰兒在此時期雖不會識別特定的人，但已會向人表現出哭或笑的信號行為，這種行為容易激發母親的母性行為。母親和嬰兒在一起的時間逐漸增多，使得幼兒漸漸認識母親的面孔，留存記憶的痕跡，而能開展親子關係。此時期的重要現象如下。

(1)對人的無差別反應

嬰兒在此時期，只要能夠滿足其需求，對其發出之啼哭或微笑等信號做出反應的人，嬰兒都會對之發生與依附相似的關係，這是屬於對所有照顧者皆一視同仁的階段（錢杭，1994）。嬰兒以十分相同的方式對大多數人做反應，剛出生的嬰兒就喜歡聽人的聲音、注視人的臉，且能轉頭用視線追視他所注意的

親子小魔法

·親子之愛的力量·

不管家中有多少財富、父母親社會地位有多高，都不能保證孩子會成為正直的好公民。要讓孩子成為堂堂正正的好國民，最好的方法是從小經營良好的親子關係。只要父母能讓孩子了解你們對他的愛，採用適當的方法和孩子溝通，那麼親子之間的愛，可以化為一股力量，讓孩子能遠離電動玩具店、毒品的誘惑，能克制自己、遠離罪惡，因為他們會想到「絕不能讓愛我的爸爸媽媽失望、傷心」。

臉。Bowlby 認為此乃嬰兒發展其社會性微笑的基礎（錢杭，1994）。

(2)運用信號行為維持與照顧者的親近關係

嬰兒出生後三週左右，常有閉眼微笑現象，這不算社會性微笑；大約第五週開始，嬰兒才會表現較強烈對某人的社會性微笑。嬰兒在出生至三個月期間，會使用吸吮、拱鼻子、抓握、微笑、啼哭、注視、摟抱和視覺追蹤等行為來維持與照顧者親近或吸引照顧者，但這些行為並不是專為特定的人，只是透過這些接觸，嬰兒可以逐漸了解照顧者的特徵（郭靜晃、吳幸玲合譯，1993）。不少的父母在開始時，把嬰兒當成無法親近的物體，只顯露出對外人一般的感情（Robson & Moss, 1971）。直到嬰兒開始出現微笑、注視母親（約出生兩個月時），母親才開始把嬰兒看成真實的人，具有獨特的人格。可見嬰兒的一舉一動，會加強父母對嬰兒的愛。從誕生的第一天開始，嬰兒便具有接受與反應社會訊息的能力，而且很快地便發展出與照顧者步調一致的行為，彼此的行為能夠相互配合呼應。嬰兒能發出訊號使照顧者了解其需要，而嬰兒也了解照顧者行為的意義，予以配合，則其互動行為間的默契增加，親子互動關係也就愈令人滿意（蘇建文等，1991）。

2.萌芽時期（約自三個月到六個月）

　　此時期嬰兒會對特定人物進行定位和表現信號行為，對母親或其他代理行使母親職責的人，表現出自發性的喜悅情緒反應，且明顯地表現與眾不同的依附行為，茲說明如下。

(1)有選擇的社會反應行為

　　嬰兒三個月左右，許多反射行為，如抓握、覓食、驚跳等逐漸消退，其社會性反應變得更有選擇。例如在三個月到六個月之間，嬰兒的微笑、咿呀學語、哭聲往往只對於熟悉的人，而當他們看到陌生人時，通常只是注視著。嬰兒的咿呀學語也同樣表現其選擇性的反應；在四或五個月時，他們只在認識的人面前咕咕作聲，他們的哭聲也容易被一個更喜愛的形象平息。五個月時，嬰兒也會表現竭力抓住照顧者身體的某部位，尤其是頭髮，但只限他們喜歡的兩、三個人，且會針對最細心、能覺察其信號行為而相互關係最愉快的那一位。嬰兒到六個月左右已開始發展出強烈的依附行為（郭靜晃、吳幸玲合譯，1993；錢杭，1994）。

(2)母親或照顧者的親近態度增強親子關係

　　從有生命開始，母親供給嬰兒生理之需求，三個月之後的嬰兒能夠用口腔的吮吸來接觸母親，用目光來注視母親，用聲音來打動母親的心弦，雖然嬰兒的感覺器官和知覺能力都沒有完全成熟與分化，但母親的態度與愛心的表露足以影響嬰兒的情緒（黃正鵠，1973）。

3.穩定時期（約自六個月至八個月）

　　此時期的嬰兒開始對一個或幾個人的固定信號做出反應，對始終照顧自己、哺育照料的父母親，明顯地表現與眾不同的依附行為。一般認為，在八、九個月時，依附關係就已經正式形成。本期的重要現象如下。

(1)反應集中於熟悉的特定對象

　　嬰兒的反應限於熟悉的人，通常有兩、三位，但其中一位是主要的依附對象，可能是母親或父親或照顧者。

(2)尋求與依附對象的身體親近

　　這時期的嬰兒會主動尋求與依附對象的身體親近，具有爬行和伸手與抓握動作的協調力，使嬰兒更好控制其親近的行為，而母親對嬰兒的擁抱、撫愛、逗弄更加深親子之情。如果遇到陌生的人則會產生排斥行為，表現焦慮的情緒，如躲在大人身後，或拉母親衣角蒙臉，甚或尖叫啼哭。因為嬰兒已能分辨父母或照顧者的面孔與陌生人不同。此時，親子關係日趨穩定。

4.進展時期

(1)嬰兒後期的親子關係（約自八個月至週歲）

　　此時期嬰兒開始懂得成人的命令與手勢，其動作的發展、情緒發展、認知發展較前幾期進步。語言能力與行動能力的進步，使嬰兒形成了最早有關於照顧者的內部表徵，包括有關照顧者特定表徵和其對嬰兒行為做出反應的預期模式；所有這些被組織成一種複雜的依附基模，即預期照顧者反應的內在心理表徵（郭靜晃、吳幸玲合譯，1993）。例如八、九個月後嬰兒會搖頭就是與母親的禁令同化作用的結果，是一種積極的、自發的、有意的姿態，用之與成人表情達意（黃正鵠，1973）。嬰兒學會否定姿態後，他不必像以前需以接觸外物，如用雙手推開奶瓶，才能表示否定的意思，於是親子間產生更密切的溝通，嬰兒與父母的親子關係也就更主動、積極、親密。

(2)幼兒期的親子關係（約自週歲到六歲左右）

　　嬰兒週歲後大多已能行走，語言能力也更發達，其依附關係也由特殊依附關係進入多重依附關係，如父親、祖父母及兄姊等。至十八個月大時，至少與三人以上建立依附關係，在諸多不同的依附關係中，各有其特殊功能，例如不舒服時喜歡接近母親，想玩遊戲則找父親，並無一定的偏愛順序（蘇建文等，1991）。在三歲左右，孩子的依附行為會逐漸增加強度與排他性，會激烈地反對與依附對象的分離，此乃所謂的「分離焦慮」。親子間所建立的依附關係不但有助於嬰幼兒的生存，使孩子能在母親的照顧下成長，同時孩子將母親視為安全堡壘，從中獲得安全感與安慰。安全的依附關係有助於孩子情感與各方面的發展，基於對母親的依附，孩子才能承受與母親分離，探索環境，發展自己的信任與自我價值。幼兒期的孩子會使用種種行為來影響依附對象的行為，以

滿足其安全和親近的需要。例如：孩子會要求為他們唸故事，就寢時擁抱一下，外出辦事要帶著他們。這一切都是孩子自己發展出來的策略，以此來促成照顧者的行為，來滿足他們不斷對身體接觸、親近和愛的需要。

日本學者柏木惠子等於 1978 年發表〈親子關係的心理〉（轉引自劉焜輝，1983a），其中指出現代婦女就業者逐漸增加，有的甚至將嬰幼兒送到托兒所或找人代為照顧，每週抱回家裡一次，此類母子分離現象對子女可能有下列影響：

①母子分離如果從一歲起連續三年，子女在身心發展上，尤其語言、智力及人格發展方面恐有重大阻礙。但是分離的狀況在嬰幼兒年齡愈小時停止，則愈可能恢復。

②一歲以後，母子分離時嬰幼兒的年齡愈大，分離中的經驗愈平穩，阻礙愈容易消失。但是兩歲以後正需要母愛時如果母子分離，嬰幼兒的人格發展容易受到阻礙。

③僅僅一次的短期間分離所導致的人格發展上的阻礙，只要給予良好的發展條件，其阻礙將很快消失。如果分離時間有太強烈的經驗，停止分離仍然無濟於事。

(3)兒童期的親子關係（約自六歲至十二歲左右）

嬰幼兒所依賴的是父母，尤其是母親，因此，企求母親的稱讚與關心，害怕被母親拒絕，逐漸學習生活上所必須的習慣，這種親子關係是直接的，是由父母給予的關係。兒童期的生活空間擴大，對社會環境及學校的適應問題應運而生。換言之，兒童期的親子關係已經不再是只由父母給予單向的增強。父母對兒童的行為或加以限制或加以接納，已經有互動的關係。

兒童期應該達成的社會化課題如下（劉焜輝，1983a）：

①需要在學業上有所成就。即成就動機（achievement motive）的問題。

②學習適當的性角色行為。男孩要像個男孩，女孩要像個女孩，性角色行為是否適當，對兒童的評價有影響。

③確立道德標準。即確立社會生活上善惡的判斷與道德判斷的標準。

④維持與友伴團體的適當關係。例如與友伴相處的方法，學習友伴團體的價值與態度，適應與友伴的關係等。

　　嬰幼兒期的親子關係係建立在父母給予的社會化（socialization）或社會學習（social learning）等直接的關係。到了兒童期，除來自父母的社會學習之外，認同（identification）的作用亦很重要。認同的對象同時由父母擴大到教師和友伴，因此兒童期的親子關係較為間接。母親對於子女的行為，在感情方面不會有很大的變動，換言之，凡是嬰幼兒期能接納子女的母親，到了兒童期多半亦對子女維持其感情。至於行為方面則不盡然，如果子女仍然太依賴母親，母親會加以糾正；反之，則不會加以干涉。這正是親子相互作用的結果。

　　在兒童期，重要依附關係的種種特徵仍保持十分穩定，除非照顧者顯著地改變其反應。據研究：凡是被父母所接納的兒童（accepted children），具有情緒較為穩定、社會化良好、平靜而慎重、熱忱而有興趣的個性；反之，被拒絕的兒童（rejected children），其人格呈現情緒不穩、活動過多、慌張、反抗社會等特徵。由此可見，兒童不良適應的行為是受到父母親不良行為或態度的影響：較專制的父母（dominating parents），其子女的人格傾向於有禮貌、誠實、慎重等特徵，對於權威較為順從，依賴性較強；較依順子女的父母（submissive parents）所教育出來的子女，其人格特徵是攻擊性強、拒絕權威、粗心、固執、不服從等，其行為趨於獨立、有信心。因此，如果父母對兒童的活動或行為能設置適合其年齡的標準，兒童會具有自信，能夠負責任。然而，即使父母是民主的管教態度，倘若鬆弛合乎年齡的行為約束，子女將陷於自我中心，在家裡會不順從父母（劉焜輝，1983a）。

⑷青年期的親子關係（約自十二歲至二十歲左右）

　　兒童期以後的思春期、青年期被認為是發展的危機時期。有人稱為颶風期，由此可見一斑。重視遺傳因素的學者，強調順乎生理變化的適應問題；重視環境因素的學者，則主張從社會中去尋找不良適應的原因。

　　青年要從兒童期走向成人期，必須逐漸從家庭獨立，能適應性的成熟，確立與友伴的和諧關係，尋找自己認為有意義的職業。在此過程中，青年必須發展其人生觀，建立道德判斷的標準，因此，青年期的親子關係至少有下列兩項特徵：

　　①擺脫成人的束縛：青年前期，親子關係與兒童期並無兩樣，只是心理上逐漸向家庭之外發展，到青年中期則渴望能擺脫成人的束縛，故有時會與父母

發生衝突，尤其國中階段；但到二十歲左右，能理解父母的苦心與想法，對父母的感情又可恢復到兒童期那麼濃厚。這可能因為青少年重新反省其早期的依附性質並重新解釋其意義，而領悟到以一種更有信心、友善的方式達成新的親子關係。

②衛星化的過程：此乃劉焜輝（1983a）引用 Ausubel 的用語，以衛星化（satellization）的概念闡明青年期的親子關係。由於青年期的子女身心發展迅速，想否定一切權威，想放棄過去十年左右一直維持做父母衛星之地位，Ausubel稱之為衛星脫離（desatellization）。青年擺脫父母仍需另覓依賴的對象。如果父母能完全接納青年的獨立需求，不加任何束縛，則青年不需任何掙扎，親子間無衝突可言，但沒有衝突卻意味著父母未曾努力去促使兒童達成社會化，則可能不易與別人相處。可見青年期是重新省悟親子關係之依附結構，改變依附表徵，且能擴展愛他人能力之最佳階段。

以上說明人類自懷胎出生後，經嬰兒、幼兒、兒童至青年等時期親子關係的發展歷程。從整個人生的角度來說，嬰兒期形成的依附品質，與日後人際關係的形成有許多牽連（Ainsworth, 1989）。嬰幼兒期的依附行為及父母的養護關係，將影響一個人成年後的戀愛關係與友伴關係，因此如何把握各階段孩子的發展重點，經營良好的親子關係，就成為每位家長必須擔負之重責大任。

附註

❶ 本書為行文方便，有時用「家長」，有時用「父母」，有時用「兒童照顧者」來代表「親子關係」或者「親職教育」中的「親」。

❷ 有關依附的研究主題，如依附的歷程、父母與子女依附關係的比較、依附的品質、在陌生情境中孩子所表現的三種依附關係——安全、逃避和阻抗等，可參考各家出版的發展心理學專章。

❸ 有關親子關係發展分期的文獻，可參考黃正鵠（1973）《嬰兒期親子關係之研究》第四章，乃以精神分析學派佛洛伊德之理論來說明出生至週歲嬰兒之親子關係的發展；劉焜輝（1983a）則對嬰幼兒期、兒童期、青年期的親子關係問題加以解析，以說明各期親子關係的特徵。

研究題目

1. 試述親子關係的重要性。

2. 何謂血緣的親子關係？何謂法律的親子關係？

3. 試述親子關係的特性。

4. 何謂「依附」（attachment）？其對親子關係的意義為何？

5. 試簡述親子關係發展的分期。

延伸活動

1. 試以表 1-3-1 之七種親子關係類型，任擇兩種類型，尋訪符合之親友，撰寫訪問過程紀錄，並寫下心得。

2. 試回憶自己的童年生活，分析自己與父親或母親之親子關係的發展歷程。

2 親子互動理論與實態
Chapter

親子關係並不是單向的關聯,而是雙方雙向互動發展而建立的。我們從前一章親子關係的發展歷程可以了解,剛出生的嬰兒雖然還不會語言,但已具有接受與反應社會訊息的能力,而照顧嬰兒的父母或保姆也能了解嬰兒一舉一動所代表的意義。父母或保姆愈能及時覺察嬰兒的訊息,滿足其需求,則嬰兒愈能發展出吸引照顧者注意的行動,此種相互配合呼應的行為,Stern(1977)稱之為親子同步互動現象(interactional synchorony),親子之間互動行為的默契愈增加,親子的關係就愈令人滿意。親子互動關係是雙親與子女雙方面互相回應行為的循環累積關係,絕非單方面愛得多或愛得少的問題。父母為子女無限付出,而子女也帶給父母許多歡笑與成就感;父母與子女可以說是處於同步成長的狀態,所以我們常聽到一些父母的告白是「我從孩子身上學到很多」。本章將從親子互動的理論基礎說明親子互動系統,並介紹親子互動行為之研究,以描繪當前社會之親子互動實態。

第一節　親子互動的理論基礎

親子互動的理論與人類個體發展、家庭生活有密切的關聯,本節將介紹五種與親子互動有關的發展理論。

一　佛洛伊德的精神分析論

佛洛伊德(Sigmund Freud, 1856-1939)是奧地利精神科醫生,也是精神分析研究的大師。他在治療和研究精神病患者的基礎上,創造了精神分析學派,提出他的人格發展理論,其理論與親子互動較有關的是個體發展的分期。他以不同發展階段「性心理」的特徵,將個體的發展分為五個階段(陳幗眉、洪福財,2001;蘇建文等,1991)。

(一)口腔期(The oral stage;出生至一或一歲半)

嬰兒透過口腔活動來獲得滿足,如吮吸、咬嚼及吞嚥等活動。母親或家人

對嬰兒口腔活動之限制與否，會影響其長大後之性格是否畏縮、悲觀或開放、樂觀。

(二)肛門期（The anal stage；一或一歲半至三歲）

一歲後，孩子性本能的滿足由口腔區域轉向肛門區域，孩子會以肛門排泄作用為滿足的來源，此時期正值父母開始實施大小便訓練，父母教養態度是否嚴格，也會影響孩子是否頑固、剛愎、吝嗇或隨和、慷慨。

(三)性器期（The phallic stage；三歲至五、六歲）

此時期的幼兒常撫摸性器官以獲得快感，戀母或戀父情結（Oedipus complex or Electra complex）亦在此時期發生，男孩會愛戀母親，女孩會愛戀父親，同性親子關係因而會爭寵而緊張或敵對，兒童為了害怕同性父母的報復，會轉而認同同性的父母，吸收他們的價值觀與人格特質，而趨向與生理性別相同的性別角色發展。

(四)潛伏期（The latency stage；五、六歲至十一、十二歲）

兒童自五、六歲以後，性衝動暫時隱沒而轉向學校的課堂與遊戲當中，對各種活動都很有興趣；對性別非常敏感，是同性相吸階段，男女生皆把自己局限於同性的群體。

(五)兩性期（The genital stage；十一、十二歲至二十歲）

隨著青春期來臨，性器官成熟，性荷爾蒙分泌增加，致使性本能復甦，性器官再度成為身體的敏感區域，青少年男女開始以異性為愛慕對象。由於社會與家庭中的性禁忌很多，會讓青少年感到緊張，為消除性威脅，有些青少年會從家庭中退縮，也會貶抑父母，造成親子衝突，直到他們與同儕建立較密切關係後，親子關係才會恢復正常（黃德祥，1997）。此階段與前述口腔、肛門、性器等階段不同的是，青少年已從一個追求肉體快感（直接目標）的孩子，轉化到追求更具價值目標的青少年，這些目標如形成友誼、從事職業活動與婚姻準備等，以便完成生兒育女的終極目的。

　　佛洛伊德的精神分析論受到許多正反面不同之評論,例如:戀母、戀父情結並非普遍存在於每個兒童,從精神病人的研究是否可以推論到一般人的發展等,但是他所提出的兒童早期經驗影響長大成人後的人格特質,及父母教養態度對子女人格發展之影響等論點,則是不可否認的貢獻。

艾瑞克森的心理社會發展論

　　艾瑞克森(Erik H. Erikson, 1902-1994)是美國人,出師於精神分析學派,但對佛洛伊德之理論提出修正,建立現代精神分析學派之人格發展理論。他認為人是社會的產物而非性本能的產物,因此其理論命名為心理社會發展論(The theory of psychosocial development)。依照他的看法,人格發展並非止於青春期,而是終其一生的歷程;人的一生共分為八個階段,由於個人身心發展的特徵與社會文化的要求不同,每一階段都有其獨特的發展任務與所面臨的發展危機(crisis),茲整理文獻列如下頁表2-1-1。

　　艾瑞克森認為人的一生是由一連串的「童年」(childhoods)所構成,由生到死,一連串生理的、心理的、社會的經驗,造成了進化的過程,其人生八階段的理論,說明了每個人終其一生都在家庭、友伴、學校、鄰居、社區等環境中面對或應付各種心理危機的挑戰,修正自己,形成並發展自己的人格,每個階段都有一些對他有影響的人(significant others),幫助他或阻礙他的發展,尤其父母在孩子發展過程中更是舉足輕重的(黃迺毓,1988)。每一階段危機皆與家庭中的成員,如父母與子女、兄弟姊妹、夫妻、祖孫……等互動人際關係的態度與行為有關。

表 2-1-1 艾瑞克森的心理社會發展階段分期與重點

階　段	年　齡	階段危機	重要內容及社會影響	發展重點
I 嬰兒期	出生-1歲	對人基本的信任感vs.不信任他人	此階段的主要發展任務是建立對照顧者的信任感，照顧者若是持拒絕或不一致的態度，嬰兒則學習到世界是一個充滿危險的地方，他人是不可信任的。 ※母親或照顧者是主要社會代理人。	親子關係是信任與不信任發展的主要力量。
II 兒童初期	1-3歲	活潑自動vs.羞愧懷疑	兒童必須學習飲食、穿衣、衛生等自助技能。缺乏獨立自主性將導致兒童懷疑自身的能力而感到羞愧。 ※父母乃重要社會代理人。	兒童需要學習自我控制、建立自主感。
III 學前期	3-6歲	創新vs.退縮內疚	兒童開始肩負責任，有時表現不符父母期望的行為與活動，這些活動往往使兒童感覺內疚，如果能夠成功的解決這個衝突，一方面是兒童能保持自動自發的精神，另方面又尊重他人而不至於侵犯到他人的權益。 ※家庭乃重要社會代理人。	兒童需要保有自由與好奇心以掌握環境。
IV 就學期	6-12歲	勤奮努力vs.自貶自卑	學習重要的社會與讀寫算技能。與友伴之間作社會比較。勤奮努力掌握社會與學習技能，增加兒童的自信心，否則將導致自卑感。 ※教師與友伴為重要社會代理人。	兒童需要學習面對不當幻想，努力完成學業，並獲得成就。
V 青春期	12-20歲	自我認定vs.角色錯亂	介於兒童到成人間的過渡期。青少年對於自我認定的問題很有興趣，諸如我是誰？建立基本的社會與自我認定，否則在將要扮演成人角色時，會發生角色錯亂現象。 ※友伴是主要社會代理人。	青少年需要獲得自我的獨特感，並學習獲得社會中有意義的角色與地位。
VI 成年期	20-40歲	友愛親密vs.孤獨疏離	建立友誼，獲得愛與伴侶之親密人際關係，否則將感受孤獨、疏離、寂寞。 ※配偶與密友乃主要社會代理人。	成人需要學習如何愛人與付出愛。
VII 中年期	40-65歲	精力充沛vs.頹廢遲滯	由工作中獲得成就，建立美滿的婚姻家庭生活，協助滿足下一代的需要，個人的成就標準由文化所決定，個人如不願或不能肩負社會責任，或不願對社會有所貢獻，將會頹廢或自我中心，不關心他人。 ※配偶、兒女乃主要社會代理人。	成人需要具有創造力與生產性，包括了思想、產品與子女。
VIII 晚年期	65歲以後	自我統整無憾vs.悲觀絕望	回顧一生，生命旅程具有意義並有所成就，快樂充實、滿足無憾，否則只覺來日不長而人生的願望與目標多未能實現，充滿悔恨失望，人生的經歷與社會經驗決定最後的危機結果。	老年人需要滿足於過去的一切，但不迷戀，能肯定一生所作所為。

資料來源：參考修改自蘇建文等（1991，頁25-26）、黃德祥（1997，頁38）

 三　班都拉的社會學習論

　　班都拉（Albert Bandura, 1925-），美國人，提倡社會學習理論，認為人類的行為並不完全像行為主義派學者 J. B. Watson、B. F. Skinner 所說的，是由刺激與反應的制約歷程，而主張個體行為的養成多數是經由觀察與模仿而形成的。其理論兼顧認知因素與環境因素，並認為個體主要模仿的對象是父母、同儕、老師。

　　社會學習論認為人類的學習，係透過人際與環境因素的交互作用，獲得有用的訊息所產生，這也是個人社會化的過程。所謂社會化（socialization），乃指個體經由社會中的交互作用，運用增強（reinforcement）、模仿（imitation）、認同作用（identification）等方式，使個人生物的、唯我的反應逐漸減少，而社會的、從眾的行為逐漸增加，從而建立個人的行為模式（萬家春，1992）。因此，家庭是提供兒童社會化的最佳場所；父母提供良好示範與正確行為模式，將可提供子女觀察與模仿，產生正向的行為。

　　班都拉認為觀察學習包括下列四個歷程（蘇建文等，1991）。

(一)注意歷程

　　在日常生活中，兒童接觸形形色色的社會楷模，諸如父母、師長、友伴或電視人物等，但是並不能保證兒童一定會去模仿他們的行為，因此觀察學習的第一個步驟乃是去注意楷模的行為，正確知覺到楷模行為的特徵與重點，才可能模仿楷模的行為。

(二)保留歷程

　　兒童在觀察楷模的行為之後，必定要將行為譯碼，轉換為符號表徵，以意象或語言的方式儲放在記憶之中，以便需要時喚回，或是在原來的楷模不在的情形下，模仿其行為動作。

(三)模仿動作歷程

　　觀察學習的第三個步驟是將符號性記憶訊息轉變成為具體的模仿行為，觀

察者必須根據楷模原先的動作順序，經由認知過程與記憶線索，然後做出反應，並檢查自己的動作，依照回饋訊息加以校正。

(四)動機歷程

觀察者雖然注意到楷模所示範的行為，清楚地記憶楷模的行為順序，也具備能力做出類似的行為，但他不一定具體表現模仿的行為；模仿行為是否出現，端視其是否具有模仿行為的意願與動機，因此增強因素確實影響到行為的表現，而非行為的學習。

從這四個兒童觀察模仿的歷程描述，可幫助我們體認親子互動的過程。

四 維高斯基的社會文化論

維高斯基（L. S. Vygotsky, 1896-1934）為蘇俄人，他提出的社會文化論，初期並未受到注意，直到近年來，其理論漸受學界的重視與肯定。維高斯基認為個體所處的社會文化環境對個體的成長，尤其是認知發展具有重大的作用。他提出「最近發展區」（zone of proximal development）的概念（Vygotsky, 1978, pp.86-91），認為人的心理機能並不是人自身固有的，而是在與周遭人們互動的過程中所產生和持續發展的。兒童的發展有兩種發展水準，一種是兒童現有真正的發展水準，另一種是經由大人指引或與較有能力的同儕互動而可能達到的潛在較高發展水準；在兒童現有的發展水準與可能達到的較高水準之間的距離，即被稱為「最近發展區」。維高斯基認為孩子的學習是一種社會過程，需有機會與兒童周圍的人（成人或同儕）互動才能產生效果，他主張採用鷹架法的學習環境，讓孩子獲得成功的學習經驗。其所提出的「鷹架」（scaffolding）是指一種支持孩子努力的系統，且非常敏感地融入孩子的需要。成人調整對孩子目前能力所需要的溝通，供給孩子精熟活動所需要的協助，並且在他們的能力逐漸增加時，要他們負起更多的責任。例如：孩子在嬰兒期，父母或保姆會和嬰兒玩躲貓貓或輪流遊戲，有時互換角色，學習對話，這種遊戲可延伸到幼兒階段的想像、幻想等虛構遊戲，對孩子的溝通情感和社會技巧的發展有很大的貢

獻，父母或保姆所提供的就是遊戲的鷹架行為（谷瑞勉譯，1999）。

五　家庭生活週期理論

　　既然親子互動是以家庭為基點，則有關家庭生活之各項因素皆可能影響親子互動。人生發展的歷程相當八、九十年，有人將之分期或階段，我們認知的嬰兒期、兒童期、少年期、青年期、壯年期、老年期就是其中一種分期，其他尚有職業週期、經濟週期、人際關係週期等的說法，在此簡介影響孩子關係較深的家庭生活週期理論。

　　「家庭生活週期」（family life cycle）即指從家庭建立到終止的發展過程。許多經濟學家、社會學家、統計學家、家政學者等都曾提出他們的學說，有的區分太細瑣，有的則太籠統，本節引用的是 Duvall（1977）的家庭生活週期學說（黃迺毓，1988）。

　　Duvall 將家庭生活分為下列兩個主要的時期：

1. 擴張期（expanding stage）：從建立家庭到子女長大。

2. 收縮期（contracting stage）：子女建立自己的家庭，以及父母進入晚年。

　　此二時期又可分為八個階段，以第一個孩子的發展來劃分這些階段（如圖2-1-1）。

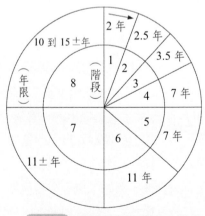

圖 2-1-1　家庭生活週期的八階段

資料來源：黃迺毓（1988，頁 90）

　　茲將圖 2-1-1 之家庭生活週期的八階段特點與任務說明如下（黃迺毓，1988；黃德祥，1997；Bigner, 1985; Duvall, 1977）。

(一)新婚無子女期

　　新婚無子女期係指兩個來自不同家庭、本來無相互關係的成人，因婚姻而結合，形成新的家庭，同時各自與自己生長的家庭分離。此時期通常尚無小孩，時間大約持續二至三年。主要任務是全心全意投入新組成的家庭體系之中，建立婚姻關係，同時要調整雙方與家人及朋友的關係。

(二)生育家庭期

　　此時期的開始是因為長子女誕生，家庭新添了成員，改變了家庭成員初始的互動方式，夫妻兩人開始要面對子女的教養問題，通常要犧牲個人的享受與時間，並且要承擔當父親或母親角色的責任。此時期大約從第一個孩子出生至小孩二歲半左右。主要任務是接納新增的孩子，調整婚姻關係，承擔父母重任，營造自己父母與出生孩子的兩代關係。

(三)擁有學齡前兒童期

　　當最長子女年齡在二歲半至六歲時，子女教育的重要性隨之增加，另外家庭可能再添新成員，亦即次子女可能誕生。擁有學齡前子女的時期，親子關係會增長，父母之間的關係也有可能調整，此時期大約持續三年半。主要任務是接納孩子日漸獨立，引導子女適應家庭生活與人際關係。

(四)家有學齡兒童期

　　此時期最年長的子女開始進入正規學校就讀，大約持續七年，直到小孩進入青春期。在此時期，小孩開始獨立料理自己的生活，多數時間停留在學校之中。主要任務是父母需要幫助小孩學習課業，協助解決生活上的困難，並探索認識外在世界。此時期親子關係大致維持穩定，子女仍需要父母的關照。

(五)家有青少年子女期

　　青少年是個體身心劇變的開始，家庭在擁有青少年的時期，可能會有親子

衝突與壓力產生，因為青少年會轉向尋求同儕的關係，也日漸想脫離父母而獨立，此時期的主要任務是父母需要較費心鼓勵孩子學習獨立，轉換親子關係，容許子女進出家庭體系；倘若親子關係調適不良，有可能改變家庭的整體氣氛。此時期大約經歷七年時間。

(六)家庭宛如發射中心期

當子女長大成人，家庭就宛如發射中心（launching center），亦即子女羽翼已豐，先後振翅高飛，家庭成了基地而已。此時期開始於長子女離家獨立，到最後一個子女離家為止，大約有十一年的期間。主要任務是接納家庭的較大改變，重新調適與配偶的婚姻關係，並與成年子女及其兒女發展新的互動關係，還要適應子女的姻親關係與三代子孫關係。

(七)中年父母期

此時期非常的長，約有十一年以上。在此時期中，由於子女均已振翅高飛，家中只剩中年的父母，形成「空巢」（empty nest）現象。此時期父母的體力、職業、人際各方面也開始衰退，到了退休時又進入另一個時期。主要任務是面對空巢的孤寂，學習夫妻互相扶持，與子女及孫輩保持良好關係，注意自己健康及長輩保健與晚年生活。

(八)老年夫妻期

此時期從退休開始至配偶雙亡為止，視老年人壽命長短而定，通常有十年至十五年的時間。在此時，老年人身體日漸蒼老、經濟形成依賴狀況，甚至需要更多人密切的照料與扶持，此時期主要任務是繼續調整自己的角色，支持進入中年的子女，發揮人生經驗與智慧，因應親人的陸續往生，同時為結束自己人生做準備，以回顧統整自我的一生。

前述八個家庭生活週期如圖 2-1-1 的圓形週期。不過此圖形與上述的階段劃分只是一個家庭生活週期的典型代表而已，每個人有不同的人生遭遇與不同的家庭人際關係，此圖並不能涵蓋所有的人群，如結婚無小孩的家庭即可能有

不同的發展週期。此外，目前離婚情形普遍，家庭結構變遷快速，恐怕圖 2-1-1 亦難用以說明每一家庭的生活實態。

　　從家庭生活週期理論來看，親子互動在八個階段中以各種不同的形式出現，只要有家庭生活，則親子互動的現象是無所不在、不能忽視的。親子互動與家庭生活的發展息息相關，個人發展與家庭發展需有適當調適，每一階段的親子互動都很重要，尤其第二、三、四、五階段更須好好經營親子互動關係，才能發展出孩子的健全人格，並建立美滿的家庭生活。

第二節　親子互動系統與實態

　　在家庭裡，家人互相照顧、扶持，以滿足彼此生理與心理的需求，因此家人關係會形成互動的動態系統（dynamic system），隨時都在改變和調整（黃迺毓，1988）。從第一節有關親子互動的理論基礎，我們可以體認不管從哪一派的學理來看，都無法完全解釋每個家庭的親子互動現象。由於家庭中的成員年齡不同，故所處的發展階段也不同。以艾瑞克森的心理社會發展理論來看，當一個家庭有一歲、四歲、七歲三個孩子時，其父母通常是處於第七階段，但孩子卻分別屬於第一、三、四階段，發展危機不同，也都需要滿足，父母可能會顧此失彼，不易完美周全地扮演好父母的角色。父母必須隨子女的成長而成長；所謂走入孩子的世界，與孩子一起成長的涵義就是：父母必須因不同孩子的身心發展，調整自己的教養態度與方法，才不會產生代溝或彼此衝突。茲分系統特性與影響因素進一步說明親子互動現象如下。

一 系統的特性

　　親子互動系統之所以能成立，乃基於親子之間的交互作用，家庭成員彼此交互作用構成了行為型態、角色和價值觀（Buckley, 1967, 1968），而此項交互作用包括下列四種特性（黃迺毓，1988）：

(一)刺激的輸入與反應的輸出

每個人每天都在接收別人的行為訊息，而後有所反應，就像電腦程式的輸入（input）和結果的輸出（output），只是這些步驟往往是在不知不覺中進行的。

(二)嘗試維持雙方關係的平衡與穩定狀態

不管動機如何，關係的維持就是希望能達成平衡，例如：父母看到孩子不好的行為，就會想糾正他，自己心裡才覺得舒坦。而子女若感到受父母冷落，他可能會想盡辦法去吸引父母注意，即使犯規受罰也在所不惜，因為他已得到他所要的。

(三)達成秩序

為了要有更好的了解和更有效的溝通，行為必須有秩序和組織，如果父母對子女的某種行為有一定的反應，子女就能從中尋到一些行為規則，知道要達到某種目的必須以某種方式。例如：有些孩子每次上街，都會趁機以吵鬧的方式要求父母買玩具，如果父母每次因被吵得心煩就買給他，他就學到「這一招很管用」，繼續以此要脅父母。但是若父母堅持不買，幾次下來，他就不會明知故犯了。最怕的是有時買，有時不買，又不解釋買是因為那物品有用，不買是因為那物品不好，而讓孩子以為買了是因為他吵得凶，不買是因為吵得不夠凶，就會變本加厲，不斷嘗試。有時孩子不講理也是父母無意中訓練出來的。

(四)成員行為的互動和互換

每個人的行為都受環境影響，但環境是很難測量或預測的。例如：外在的因素、過去的經驗、社會文化因素，以及內在因素，如血糖、內分泌平衡、情緒等等，還要配合事情發生的時間、地點、對象等等，因此「天時、地利、人和」自古以來就被視為「功德圓滿」的必要條件。

所謂的行為（behavior）通常是指我們所能看到的某種行動，也是親子互動系運作的起點和終點的結果。例如孩子有了某種行為，而父母看到或聽到

了，就是「接收者」（receptor component; R.）。父母立即會決定或選擇對孩子的行為的反應，也就是「控制者」（control component; C.），然後「生效者」（effector component; E.）執行其決定或反應，我們所見的就是父母的行為了。這種交互作用的行為是連續的，因為父母的行為又會引起孩子的反應、決定和行動，有來有往，直到問題解決。

舉例來說，孩子打破了玻璃杯，父母看到了（R.）很緊張，又生氣（C.），便開始責罰（E.），我們就看到父母在罵孩子打破玻璃杯了。又例如，孩子向父母撒嬌，父母聽到了（R.），心中產生憐惜（C.），就過去擁抱他（E.）。將此交互作用以圖表示，即如圖 2-2-1（引自黃迺毓，1988）。

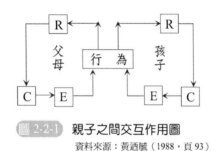

圖 2-2-1 親子之間交互作用圖

資料來源：黃迺毓（1988，頁 93）

二 影響親子互動之因素與實態

(一)影響因素

影響親子互動的因素頗多，因為親子關係是由一連串的親子互動歷程所形成，在這個過程中，親子雙方及環境的當時狀況皆可能成為親子互動之影響因素，茲綜合各家所述，整理如下（Bigner, 1985; Bronfenbrenner, 1984; Sameroff, 1986; Scarr, 1992）：

1. 父母的特質：如年齡、性別、健康情形、婚姻和諧度、社會階層、養兒育女的想法與態度、過去與兒童接觸的經驗、行為示範、人格特質等。
2. 子女的特質：如性別、排行、年齡、發展階段、氣質、身體健康狀況，從小學得之行為反應模式、與父母親密或疏離程度等。
3. 當時環境狀況：如社會流行之養育哲學與方法（如孩子應多學才藝、學

美語、電腦……等）、同儕壓力、事件發生的時間、地點、周遭狀況（如有無旁人在場，在家中或在超市）等。

親子關係就在上述各種因素影響下，形成複雜的互動歷程，有些因素還能產生善性或惡性的循環作用，例如：父母身體健康、婚姻和諧，對待子女則能理性溫和，子女感受到父母的慈愛，又能以正向的溝通回饋家長；反之，如父母體力較差，家庭經濟艱難，則無暇關心子女，任由子女率性而為，則其親子互動品質必差，也就無法建立良好的親子關係。

(二)親子互動實態

親子互動的過程相當複雜，也千變萬化，同一件事情，在不同家庭中的親子互動情況可能就不一樣。親子互動實態可從個別家庭的母子（女）或父子（女）對某件事之互動歷程來觀察，亦可從實際研究一群家庭之親子互動情形，來看出一般家庭的親子互動實態。

在個別家庭的案例方面，我們可以舉孩子打破碗的事件為例。有的家長馬上破口大罵，有的家長則會讓孩子回憶剛剛打破碗的過程，找出原因加以指導，這兩者之間的互動歷程與效果是完全不同的。

若以普遍一般家庭的親子互動實態而言，我們可以舉廖鳳瑞（1995）「收視行為與親子互動的關係研究報告」為例，加以說明。研究者以四百二十對親子（一百五十八對為父親與兒童，二百六十二對為母親與兒童），以家庭訪問方式進行，發現收視行為與親子互動有關，但其間的關係不是直接的，而是間接透過親子間的共視，以及家長注意、限制及回應兒童觀看電視的情況等共視歷程而影響到親子關係，茲摘述重點如下：

1. 共視時間：40%的受訪者表示常和孩子一起看電視，16%的受訪者表示很少或從不曾和孩子一起看電視。

2. 共視時的討論情形：32%的家長表示會和孩子一起討論，56%的家長表示很少和孩子一起討論。

3. 父或母的陪看電視情形：平常兒童最常和兄弟姊妹一起看電視（約50%），有10%的兒童表示常和母親一起看，只有4%的兒童表示常和

‧與孩子結緣‧

親子關係是一種緣分,我們應該珍惜。台灣人有一種習慣,當遇到有人兒女成群時,就說:「你好福氣喔!」養育子女的確是有福又有氣,而且常常是先要受氣才有後福的。如果家長能體會這一點,就會用另一種心境來看待自己的孩子,親子關係就會改觀,孩子犯錯時能更有包容心來教導他,也能以更理智的態度來面對教養問題。在這種家庭氣氛中成長的孩子會比較有信心,也比較誠實,因為孩子知道爸爸、媽媽是支持他的,任何事都可以和父母溝通。

父親一起看。

4. 家中電視控制者:34.5%表示無特定者,20.9%表示由父親控管電視機開關。

5. 以兒童年齡看親子共視情形:發現家長對年齡較低的兒童觀看電視的情形較注意,也較常與年齡低的兒童看卡通片或為孩子選擇節目;而對年齡較大的兒童則較不注意,如一起看節目,則以綜藝節目、新聞、社教節目為多,也會隨著兒童年齡的增加,而增多與孩子討論節目內容的機會。

許多文獻提供影響親子互動的研究發現,可以幫助我們了解親子互動之實態,茲摘要如下:

1. 孩子的氣質不同,會使父母採取不同的管教態度與方式(Bell, 1968)。

2. 婚姻關係(marital relationship)、子女行為發展(child behavior development)與教養子女行為(parenting)三者將影響家庭互動關係(Schiamberg, 1988)。

3. 母親的年齡會影響嬰兒的敏感度,太年輕的母親(尚未滿二十歲者),

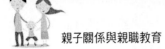

對育兒工作常持消極的態度；年齡超過二十歲的母親，則對子女敏感度與反應度較高，從育兒工作所得滿足感程度亦高（蘇建文等，1991）。

4. 溫暖而敏感的母親常與嬰兒說話，提供嬰兒多樣化的刺激，有助於嬰兒社會依附、好奇心、探索環境行為，以及智能發展，不但促進嬰兒健全心理功能發展，更替未來奠定良好的基礎（Shaffer, 1989）。

5. 有關父親與孩子互動之研究，到 1970 年代後，才逐漸受到重視。Lamb（1981）發現父親與子女相處時，多扮演孩子「玩伴」的角色，遊戲活動包括較多的身體活動與刺激性；Barnett 與 Baruch（1987，轉引自蘇建文等，1991）發現：父親與兒子相處的時間比女兒多，很早就開始影響男孩的性別角色發展，鼓勵男孩玩適合其性別的玩具。父親與子女間若能建立安全的依附關係，對於孩子探索環境、社會與情緒的發展都很重要。

6. 父母之間的互動，亦即夫妻關係是否良好，亦會影響母親照顧子女的品質與滿意度。婚姻關係失和，容易導致不良的親子關係；婚姻關係和諧，父親較願意參加育兒工作，父母雙方常以孩子為話題，母親有父親精神上支持，會更加任勞任怨的照顧子女，許多育兒問題都能獲得解決（Crnic, Greenberg, Ragozin, Robinson, & Bashans, 1983，轉引自蘇建文等，1991）。

7. 林惠雅（2000）曾分析臺灣十三個家庭中母親和就讀幼稚園大班幼兒互動行為的觀察紀錄，以「母子互動行為分析表」為研究工具，結果發現：

   (1)母親啟始的控制事件比幼兒啟始的控制事件為多。

   (2)母親對幼兒的要求以生活常規居多，母親在母子互動中扮演比較主導的社會化代理者角色。

   (3)母親教養行為以指示制止、負向處罰較多。

   (4)母親教養行為與互動會受幼兒行為之影響，亦即顯示親子互動關係是雙向而非單向的互動過程。

   (5)在其研究對象之母子互動歷程中，存在了「好來好往，以暴制暴」與「嘮叨成習，相應不理」的特色，此種現象值得商榷與檢討。

研究題目

1. 名詞釋義：(1)班都拉（A. Bandura）的社會學習論

   (2)維高斯基（L. S. Vygotsky）的社會文化論

   (3)親子互動系統

2. 試從佛洛伊德（S. Freud）與艾瑞克森（E. H. Erikson）的觀點，說明三至六歲幼兒的父母責任。

3. 試述「家庭生活週期理論」對親子關係的意義。

延伸活動

1. 請訪問一位親友之家庭，以家庭生活週期理論說明分析其家庭目前處於哪一階段，並對其親子關係提出建議。

2. 請舉一位小學生或幼兒與其家長之互動事件為例，說明其親子互動實態，並提出建議。

3 Chapter 親子關係的經營

　　親子關係與其他人際關係，如朋友、夫妻、同事、鄰居等，皆需雙方互動且互動品質良好才能長久維持，而維持良好的親子互動關係，需要家長用心經營。本章擬從親子關係的檢視，談親子關係的危機及維持良好親子關係的要訣。

 **第一節　親子關係的檢視**

　　親子關係是家屬關係的一環，社會心理學者指出現代家庭的經濟條件較安定，物質享受較高，這是反映工業化、都市化、科技進步的影響；但隨著社會變遷的事實，家庭的傳統功能也遭受破壞，如家屬的流動性大、職業婦女普遍、單親家庭增多、離婚率攀升、父母親自照顧幼兒的比率下降、青少年犯罪率提升，這些趨勢都會影響親子關係。研究親子關係的學者，通常用下列方法來檢視親子關係。

 一　面談

　　面談（interview）係指面對面直接晤談。面談的對象包括父母、教師、直接照顧的人員，以及兒童本人。為了解親子關係的實況，宜多找與孩子有關的人做為面談對象，以蒐集更多的資料。面談方式可分為結構式與非結構式，結構式面談是依照預先擬定的問題，逐項進行面談；非結構式面談則是沒有事先擬定問題而進行的面談，情境較為開放，具有高度的彈性與自由。在面談時應注意：

1. 應以開放態度聆聽面談對象之話語，不要急著下斷語或給予暗示。
2. 對連續多次晤談內容有矛盾所在，勿急於指正，可依據其矛盾進一步探詢其親子互動真相。
3. 對方不願談及之問題，宜保持尊重態度，勿急於追根究柢。
4. 應對晤談內容保密，這是職業道德。

二 觀察法

觀察法（observation）乃指直接觀察孩子環境中的行為表現，及其親子互動情形。觀察必須系統化，有以下三個基本步驟：

1. 確定目標行為：觀察者決定要觀察的行為與情境，可在自然或經特別設計之情境中觀察。

2. 定義目標行為：對觀察的行為予以正確詮釋，例如：孩子哭鬧，其真正意義是需要母親安慰或身體某處受傷。

3. 確立記錄方式：記錄方式很多，有次數記錄（一小時內哭幾次）、間期記錄（指其行為自發生至終結的時間）、間距記錄（指多久發生一次該行為）、強度記錄（指其行為造成的程度，如哭多大聲）、反應時間記錄（由刺激到反應行為間的時間，如母親叫孩子刷牙到孩子真正去刷牙的時間距離）等。

直接觀察法手續簡單而易行，但要取得準確資料，觀察者需受訓練一段時間，以增加可信度。

臺灣自 1971 年起，也開始出現許多量化的有關親子關係的觀察研究，大部分沿用國外學者所設計的量表項目，先是以單一取向的研究較多，就是只探討父母管教態度或方法，後來才轉變為雙向的探討，就是從父母及子女的角度驗證親子關係對於管教態度或行為的一致性。近年更有直接從孩子生活情境觀察第一手資料以了解父父親與子女的互動真貌（林惠雅，2000；林淑玲，2000）。運用觀察法了解親子關係有許多專業技巧的困難需克服。親子關係除受父母個人認知及管教方法影響外，社會文化（包括媒體及社區）的影響力亦不可忽視。本書第一章第三節談及測量嬰兒社會依附之陌生情境測驗亦是觀察法的一種。

三 測驗法❶或問卷法

針對親子關係的質問項目，要求認識字的親子作答，並依據一定標準予以

評分的方法即為測驗法（test）或問卷法（questionnare）。此等方法實施容易，可以在短時間獲得多數人的資料，並且某些測驗的結果有常模❷可以比較。

但是利用測驗或問卷來把握親子關係有兩點需要注意：一為填答者對於問題未必完全了解，有時候作答者會因對題目的涵義不明確而無法提供真實資料；二為受測者如果自我防衛強，回答難免有所偏頗。目前在國外可供利用之親子關係量表已經有相當之研究，其中有對子女實施者，旨在了解子女對親子關係的看法；有對父母實施者，旨在了解父母對親子關係的態度（劉焜輝，1983a）。

四 個案研究

診斷親子關係最重要的莫過於有系統地蒐集有問題的親子資料，審慎加以檢討，闡明其原因。個案研究（case study）是相當具體的家屬診斷，也是組織兒童生活各方面資料的方法之一。舉凡個案出生史、早期發展、健康狀況、教育情形、家庭狀況等皆可納入，蒐集方法亦可兼採前述面談、觀察、測驗等方法，不過在資料的解釋時需注意不要主觀判斷，最好成立個案研討小組，共同研討各項資料之意義。

有關親子關係的研究與檢視，很難親自處於親子互動的現場，不論是晤談（訪談）、測驗、問卷、觀察等方式，多半受限於以較人為的設計進行，對於真實生活中出現親子互動的過程較無法一窺全貌（林淑玲，2000）。因此，對一位幼兒園或小學教師而言，如何協助兒童家長檢視其親子關係，必須先充實專業知能，例如：兒童發展、兒童輔導諮商、家庭與婚姻、親子關係與親職教育、特殊教育導論、教育社會學、人際行為……等多方了解，並熟悉前述各種研究方法，蒐集資料，綜合研判，才能進行客觀的檢視，提供家長較合理、正確可行的建議。在親子關係的輔導上，有時原因在父母，有時則是子女的問題，更常是雙方都有問題而互相影響所致。劉焜輝（1983a）認為檢視親子關係的工作常只能把握某一斷面，其原因如下：

1.親子關係過於密切，母子一體，親子雙方都很難客觀看問題。

・為什麼不要體罰孩子？・

我們主張如果孩子一再的犯錯，則可以給予懲罰，例如不准看下午或晚上的卡通影片，或兩人坐下來好好溝通一下，針對他的錯誤責罵幾句。但我們反對用體罰！因為體罰會傷害到身體，而且會傷及孩子的心靈，更可怕的是你自己等於告訴他：只要不如自己的意思時就可以使用暴力。據研究，在學校表現暴力行為的孩子，其家長通常是用體罰來管教子女。為了教孩子凡事可以理性溝通，請家長不要動不動就用體罰來處理孩子的問題。

2. 家庭並不歡迎親子關係的調查，換言之，通常家庭並不喜歡揭開親子關係的面罩。

3. 親子關係被認為是親子間的問題，尤其像家族治療、心理治療等方法，必須接近家庭中的人員，往往會導致防衛反應。

4. 親子關係乃由小到大一連串生活所交織的動態關係，無論受檢視者如何合作，檢視方法如何精確，仍難把握其關係的全貌。

由於孩子的生活、就學及一生的發展，與其親子關係息息相關，因此，當孩子發生某一事件與其親子關係相關聯時，為人師者，仍必須排除萬難，設法了解孩子的家庭狀況、親子關係，以做進一步輔導協助的參考。

 第二節 親子關係的危機

行政院主計處於2001年6月公布「臺灣地區婦女婚育與就業調查報告」，

顯示新世代的幼兒由父母親扶育教養的人數急速減少；取代父母的是祖父母、外祖父母、保姆或外勞。報告指出，隨著社會變遷與婦女勞動參與率提高，幼兒由父母親自照顧的比率，在近三年的統計，平均只占 58.88%，相較二十年前（1980 年）的 84.71%，降低了 25.83%，而由祖父母、外祖父母、保姆或外勞照顧的比率卻大幅提高；尤其是外勞照顧的比率增加十五倍以上。

臺北馬偕醫院的協談中心，二十多年來服務的個案達十萬多名，發現近年來家庭問題的重點已由婆媳問題轉為親子問題，此種現象從臺灣各縣市文化中心的家庭教育服務中心以及東海大學幸福家庭中心等輔導機構的年度報告都可得到印證。

東海大學幸福家庭中心主任彭懷真（1993）曾言：「現代社會最重要的特徵是『變』，現代人最主要的生活方式是『選擇』，因此現代人對親子關係感覺最痛苦，因為在『變』中，無從『選擇』。」家長對無從選擇的親子關係，應有面對變動求不敗的信心與態度，才能減少危機的產生。

 容易發生危機的父母類型

關於親子之間因互動不良而造成的諸多現象時有耳聞，年幼的孩童被親人甚至親生父母凌虐致死，而父母都聲稱是子女不受教；或是因教養方式引起親子間的關係惡化，以致學齡兒童流浪街頭，較大的青少年離家出走，參加幫派。此外尚有逆倫、亂倫等案件發生，可見當今社會之親子關係有些失常，問題相當嚴重。親子關係出現危機的原因相當多，姜得勝（1998）認為，決定「親子關係」互動良窳的主要關鍵因素是「時間」與「情境」。所謂「時間」是指親子共處時光，「情境」則意味家庭氣氛須正常良好。但現代青少年常因補習、上網咖、交朋友而很少能與父母相聚互動，而情境因不健全、不和諧家庭的增多亦很難享有。由於子女是未成熟者，故親子互動不良之大部分責任實應由家長來承擔。容易發生親子關係危機的家長，一般來說，都具有某些特質，由於其本身的問題或環境的不利因素，導致他們無法善盡為人父母的工作，以致影響子女的健康和人格發展。Kumpfer 就稱這類父母為「高危險群」（high-risk group），通常包括：未成年父母、流動勞工、有毒癮的父母、特殊

兒童的父母、領養或寄養子女的父母，以及孤兒院的保姆等（林家興，1997）。由於他們的特殊身分和處境，較易有偏差的教養態度與行為，也比較不知道或不願意參加親職教育活動。

林家興（1997）也引用 Forward 於 1989 年提出「有毒的父母」（toxic parents）之說法來形容高危險群的父母，指出這些父母常在不知不覺中傷害自己的子女。所謂「有毒的父母」包括：

1. 無法勝任教養子女的父母，經常只顧自己的問題，把子女當成小大人，反而要求子女來照顧他們。
2. 主宰慾強的父母，使用罪惡感來控制子女，甚至過度地照顧子女的生活，讓子女沒有自己的生活。
3. 酗酒的父母，把大部分時間精力用在否認自己的問題，否認家裡的問題，置子女的生活與成長於不顧。
4. 精神虐待者，經常嘲笑、批評、挑剔、諷刺、數落、吼叫、謾罵或侮辱子女，打擊子女的自尊心。
5. 身體虐待者，動不動就發脾氣，責罵子女、體罰子女，用體罰來控制子女的行為。
6. 性虐待者，對子女毛手毛腳，玩弄子女的性器官，和自己的子女亂倫。

二 施虐事件呈現家庭危機

根據衛生福利部社會及家庭署（2014）的統計，自 2009 年至 2013 年五年間，各縣市受理家庭暴力案件數量，2009 年臺灣省、臺北市、高雄市總施虐者人數（以報案為準）為 12,986 人，至 2013 年已躍升為 16,236 人，茲列其統計如表 3-2-1。從此表可看出，施虐者之身分以父母親最多，其次為親戚、照顧者，值得注意的是：隨著社會變遷，施虐身分者為同居人也不少，通常是指沒有正式結婚的同居者，這是值得注意的現象。而這些對兒童或少年施虐者往往與其身心發展不成熟，或有精神病的問題，或婚姻、經濟之處境特殊，缺乏同理心，有過不愉快童年，及不當的管教觀念等有關（林家興，1997；黃迺毓，1988；蘇建文等，1991）。施虐行為直接影響孩子的身心發展，也使親子

表 3-2-1　對兒童及少年施虐者身分別人數統計

年別及省市別	施虐者人數	父母	照顧者	親戚	同居者	機構	其他
2009 年	12,986	9,834	753	712	307	36	1,344
台灣省	11,273	8,648	723	649	272	28	953
台北市	891	748		24	12	1	106
高雄市	822	438	30	39	23	7	285
2010 年	17,660	13,178	905	980	439	52	2,106
台灣省	14,710	11,297	819	863	399	24	1,308
台北市	1,748	1,122	44	72	21	26	463
高雄市	1,202	759	42	45	19	2	335
2011 年	17,592	12,577	1,052	1,128	563	118	2,154
新北市	2,115	1,795	36	199	53	3	29
台北市	1,484	1,164	26	134	18	30	112
台中市	3,376	2,193	230	162	195	46	550
台南市	930	724	58	56	21	5	66
高雄市	2,554	1,565	106	140	42	16	685
台灣省	7,133	5,136	596	437	234	18	712
2012 年	19,402	13,816	1,028	1,083	415	85	2,975
新北市	2,211	1,860	28	231	50	7	35
台北市	1,596	1,168	29	121	19	21	238
台中市	3,619	2,644	235	122	76	8	534
台南市	1,242	896	140	73	33	6	94
高雄市	3,040	1,593	124	151	56	15	1,101
台灣省	7,694	5,655	472	385	181	28	973
2013 年	16,236	11,057	829	1,154	404	83	2,709
新北市	2,291	1,851	62	222	81	1	74
台北市	1,252	985	30	142	30	36	29
台中市	3,574	2,137	220	150	99	12	956
台南市	972	735	97	34	31	2	73
高雄市	2,141	1,151	57	143	59	16	715
台灣省	6,006	4,198	363	463	104	16	862

資料來源：網站：http://www.mohw.gov.tw/cht/DOS/statistic.aspx? f-fist-no=312&fod
登載日期：2014 年 3 月 31 日
下載整理日期：2014 年 5 月 20 日

關係產生危機。近年來更有因失業、夫妻感情不和或其他原因，而有父母攜子自殺的新聞頻傳，凸顯臺灣社會「危機家庭」愈來愈多。

　　造成親子關係危機的因素頗多，而其化解工作則是學校機構與社會教育機構舉辦親職教育所要努力的重點工作之一，屬於消極方面的工作；積極方面則

應從教育著手，希望每位父母都能有效教養子女，能與子女正向互動。有關親職教育的意義、內容與實施方式，請參見本書第二篇第五章至第八章。

 第三節 維持良好親子關係的要訣

從積極面而言，我們希望每一位父母與其子女都能維持良好的親子關係。不管是準備做父母的年輕人，或已經為人父母的成年人，甚至對兒女已長大成人的老年人而言，如何長久維持良好親子關係，是一門活到老、學到老的課程。本節將分教養觀念的迷思、維持良好親子關係的方法等兩大項加以說明。

 一 教養觀念的迷思

現代的孩子由於生活富裕，豐衣足食，在一般人的眼光中，會認為這一代實在是幸福無比，但如果仔細觀察他們的生活對話，你會發現現代的孩子不見得比我們上一代的童年快樂，讓我們來看看兩代不同的觀點（蔡春美、張訓誥，2010）：

(一)從孩子的觀點看大人

　　1. 大人常常說的與做的不一致……
　　2. 大人常常錯怪我們，也沒時間陪我玩……
　　3. 大人常沒有耐心聽完我的理由就打我、罵我……
　　4. 大人常不放心、不信任我們，也不尊重我們……
　　5. 大人常常說話不算話，反覆無常，沒有規則……

(二)從父母的觀點看孩子

　　1. 孩子是我生的，我要他向東他不可向西……
　　2. 我這麼愛他，他怎麼可以不聽我的話……
　　3. 孩子是我生的，我怎麼會不了解他……

4. 孩子長大了，翅膀硬了，開始會反抗、爭辯了……

5. 孩子沒有社會經驗，我怎麼能放心讓他去買東西……

　　可見孩子與父母的確有不同的觀點，因此在管教子女的尺度與方法上會不斷的產生衝突，如果沒有合理的方法來調解父母與子女間的觀念衝突，或者說，如果沒有一種自覺來自我調整對子女的態度，可能就會產生許多不愉快的管教事件，而這些失敗的經驗又會惡性循環使親子關係愈來愈差，終於無法彌補，到這時候，「管」也管不著，「教」更談不上，孩子有如斷了線的風箏，親情再可貴也喚不回子女的心了。運氣好的子女可能遇到好的老師或同學，仍能健全成長；運氣差的子女，可能就誤入歧途，走入黑社會或沉溺於酒色賭博不能自拔。因此我們家長如何了解孩子，如何接納孩子，如何教養他們，使他們能快樂又健全的成長是非常重要的。

　　一般家長在教養子女時常易顯現下列盲點，因此無法維繫良好的親子關係，這些盲點是：

1. 「愛」孩子，可是表現的「愛」太權威、太剛強，若能理性些、清楚些會更好。

2. 教孩子用功爭取成績，但沒有教孩子如何生活，如何與人分享分憂。

3. 定不少原則以管教孩子，但卻沒有堅定地執行原則。

4. 責罰孩子時非常認真，卻忘了把人和事分開，也沒有告訴孩子下一步該做什麼。

5. 管教孩子常站在大人的立場，忘了走入孩子的世界和孩子一起成長。

二　維持良好親子關係的方法

　　父母除了必須了解孩子的身心發展，走進孩子的世界，設身處地去體諒孩子的心態（蔡春美，1998a），更重要的是教養子女的態度、親子溝通的方式，以及對子女行為的獎勵與懲罰策略。教養子女之先決條件是必須先照顧孩子的日常生活，讓孩子有健康的身體與心理，才能談如何管教的問題。以下將分教養態度、溝通方法、獎懲的策略三方面來說明維持良好親子關係的方法。

·責罰宜對事不對人·

責罰孩子要把人和事分開，具體的實例是：當孩子犯錯時，家長應對事不對人，不應連孩子整個人格都責罰。例如：小明打破碗，家長應告訴小明：「我很喜歡你，只是不希望你這麼不小心打破碗，你告訴我，剛剛你怎麼拿碗，為什麼會打破呢？」然後針對過程給予明確指導，以預防下次再打破，這就是把人和事分開的處理方法。如果你說：「小明你實在太差勁，昨天打破一個碗，今天怎麼又打破？你知道這個碗是日本碗，一個要××元……」那就是沒有把人和事分開，而且好像小明的價值還不如那個日本碗，這是很不好的責罵方式。

(一)教養子女的態度

有關父母教養態度的研究文獻頗多，綜合各家所言，父母的教養態度可分為下列三種類型（廖鳳瑞，1995；魏美惠，1995；Baumrind, 1967, 1971, 1978）。

1.權威專制型（authoritarian）

父母常以絕對標準來衡量子女的行為，非常重視父母的權威，強調父母是至高無上，子女須絕對服從，與子女溝通不佳，常忽略子女的心理需求，較會以懲罰來糾正孩子的錯誤行為。

2.自由放任型（permissiveness）

父母對子女控制最少，給予最大自由，很少使用懲罰與要求，甚至忽視子女的存在，也避免用外力去限制孩子的思想、言行，相信人性本善，給孩子自由成長的空間。

3.民主權威型（authoritative）

以民主理性的態度執行親權，期待子女表現成熟的行為，訂定合理的行為標準供子女遵行，能尊重子女也能給子女合理的約束，親子間較常採用開放的溝通。

通常一般家長很少完全屬於上述三種類型之某一型，常有混合呈現上述教養類型於其教養行為之中，亦即有時頗權威，有時又太放任，常與當時之心情及教養觀念有關，但不論父母教養行為類型如何區分，大體與父母對子女行為之控制程度及對子女情感的表達兩層面有關，而且直接影響孩子的行為表現。民主權威型的父母教養行為常易使子女產生自我控制、合作、有目標、能因應壓力的能力，使孩子成為「能幹友善型」；權威專制型的父母教養行為則易使子女害怕、困惑、易怒、無目標，成為「脆弱不成熟型」；而自由放任型的父母教養行為則易造成子女反叛、無法自我控制、支配性強的「衝動攻擊型」（蘇建文等，1991）。因此要維持良好親子關係的第一步，就是讓自己的教養態度、教養行為能趨向或成為民主權威型，善用親權才能引導孩子健全發展。

教養態度與行為也要符應孩子的身心發展階段。不同階段的孩子之身心發展需求是不同的，因此其所需之教養也不同，我們絕對不會放心讓一個三歲的孩子單獨上街買東西，但會要求一個國中生自己上街買他的文具，因為我們了解三歲孩子與十三歲的國中生是處於不同發展階段的個體，其身心發展不同；而同年齡的孩子也有個別差異，也不可能完全有相同的需求。一個有效能的父母應在孩子不同發展階段時，採取不同的教養態度與行為。

▶▶ 國內有關父母教養態度與行為之實徵研究結果

過去二十餘年來，有關父母教養方式與子女行為的實徵研究成果，多達四十餘篇，研究對象範圍廣泛，包括幼童、學齡兒童以及青少年，楊國樞（1986）在綜覽上述文獻之後，得到下面的八項結論，這些結論可供教養子女時之參考：

1.積極的教養態度與行為，如關懷接納及適中的限制，有利於自我概念的

改進與自我肯定的提高；但消極的教養行為或態度，如過分的權威，則會產生不良的影響。

2. 消極的教養態度或行為，如嚴格、拒絕及溺愛，不利於子女成就動機的培養。

3. 積極的教養態度或行為，如愛護、寬嚴適中、精神獎勵及獨立訓練，有利於內控信念與內在歸因特質的形成；消極的教養行為與態度，如拒絕、寬鬆、忽視、嚴苛及獎懲無常，則有利於外控信念的形成。

4. 積極性的親子關係與民主管教，有利於子女認知能力、創造能力及創造行為的發展；而消極性的親子關係與干擾性管教方式，則不利於子女此等行為的發展。

5. 誘導型的紀律方式能夠促進子女的道德發展與道德判斷，權威型的紀律方式則不利於子女的道德判斷與道德發展。

6. 積極性的教養方式，如愛護、關懷、獎勵、一致、公平及親切，有助於子女學業成就的提高；消極性教養方式如拒絕、忽視、懲罰及嚴苛，則可能不利於子女學業成就的提高。

7. 積極性教養態度或行為，如愛護、關懷、獎勵及親子認同，有利於子女的生活適應；而消極性教養行為或態度，如拒絕、嚴格、溺愛、忽視、權威、控制、矛盾、分歧及懲罰，則不利於子女的生活適應。

8. 積極性教導態度或行為，如關懷、愛護、溫暖及獎勵，會防止子女的偏差行為；消極性教養行為或態度，如嚴格、拒絕、紛歧、矛盾、溺愛、權威的威脅，則會促進子女的偏差行為。

(二)親子溝通的方法

1.親子溝通的類型

　　「溝通」係指訊息或信號的傳送與接收的過程。「溝通」是表情達意，說話是溝通方法之一，還可用表情、動作等肢體語言和孩子溝通，也可使用圖畫、文字等書面工具來和子女表達彼此的感情、思想和意念。從前述三種不同教養態度可推衍下列三種親子溝通方式。

(1)權威式親子溝通

這是權威專制型教養者常用的溝通方式,只單向溝通,是父母下命令要孩子順服,就像臺灣有句俗話「囝仔有耳無嘴」,意指孩子只有聽命的份,沒有說話的餘地,更沒有申訴理由的可能,這種溝通是由上向下壓制,孩子怨氣無處發洩,也無法上達,只有以畏縮、消沈或反社會行為來表示抗議,當然會有不良行為出現。

(2)溺愛式親子溝通

這是自由放任型教養者常用的溝通方式,只單向溝通,子女說什麼,父母就回應什麼,孩子愈來愈無節制,只要一聲「不要」,父母就奉為聖旨,趕快拿開,在孩子的心目中並不見得感謝父母,因為孩子不能體認父母為他所做的忍讓,反而更囂張、更無自制能力的為所欲為。

(3)和諧式親子溝通

這是民主式管教的親權教養者常用的溝通方式,大人與孩子可以雙向溝通,誰有理就聽誰的;誰有怨氣,另一方傾聽,大家皆可用理性態度充分表達自己的感覺和想法,互相接納尊重。當然,這不是一下子就能做到的,仍須一步步慢慢學習。

以上所列的教養態度與親子溝通方式,並不是每一個人皆只單純的屬於某一型,有時生氣起來是採權威型,不生氣時又能民主和諧地與孩子溝通。有些情況是父親較偏向權威型,母親卻又較偏放任型。當然,到底家長宜採哪一型並不是呆板規定的,尤其對年齡較小、三歲以前的嬰幼兒,你要與他民主和諧溝通也不容易,也許必須採用權威方式規定;但隨著孩子漸長,你的教養態度與溝通方式宜漸採民主和諧方式為宜,這就是我們常說的「和子女一起成長」的意思。

有關親子溝通的理論與技術,尚有Stell(1986)的親子溝通金字塔論,其類型有四,層次關係如圖3-3-1(楊坤堂,1993)。

圖 3-3-1 親子溝通金字塔論

資料來源：Stell（1986）；轉引自楊坤堂（1993a，頁32）

(1)談天式的親子溝通

親子溝通技巧中，談天式（phatic）親子溝通是為人父母者最常應用的，也是最容易使用的溝通技巧。親子談天基本上不受時間、空間、事情和話題的限制。親子談天在整個親子溝通的過程中相當重要，因為談天式的親子溝通是建立和增進良好親子關係，以及促成良好親子溝通的主要基礎。不過，現代父母由於忙、茫（例如不知如何進行親子溝通）或盲（例如不知道親子談天的重要性）而未能確實做好談天式的親子溝通。

(2)談心式的親子溝通

如圖 3-3-1 所示，親子談心是建立在親子談天的基礎之上，親子之間若欠缺親子談天，則甚少（甚或不可能）有親子談心。談心式親子溝通具有心理學上的宣泄作用（或情緒淨化作用），其功能在認知子女的內心世界，提供適時而必要的協助或支持。在子女處理挫折、追求成長的過程中，談心式的親子溝通可能是最重要的溝通方式。在進行談心式親子溝通時，父母要努力保持親子溝通管道的開放和暢通，一方面留意自己的情緒（是否情緒穩定，是否能穩定情緒），另一方面要關心子女，提供及時的情緒急救或心理消毒。在談心式親子溝通的過程中，父母經常要面對子女的認知、情感或行為上的問題。在處理上若稍一不慎，則很可能從此關閉這一道親子談心的溝通管道。因而為人父母者不妨有這種認知：問題有時不在問題的本身，而在父母處理子女問題時的心態和方法。如果父母是子女談心的第一對象，或是子女心情求救信號的第一號收訊站，則屬於成功的父母。

(3)資訊提供式的親子溝通

親子溝通的第三種方式是「提供資訊」，亦即交換意見、分享經驗或提供資料等。一般父母，特別是為人父親者，對資訊提供式的親子溝通最感興趣。其實為人父母有這種心態是自然而可理解的，因為父母乃子女生命歷程中的第一位老師。提供資訊是一種教育方式，父母希望經由經驗分享和資料提供，協助子女免於嘗試錯誤的學習過程。然而，父母經常在資料提供的親子溝通層次上遭遇失敗，這是因為父母沒先做好談天式和談心式的親子溝通。換言之，父母要子女在第三層次的資訊提供式的親子溝通中做個好聽眾，則父母必須先在談天式和談心式的親子溝通中做個好聽眾。而且父母在進行資訊提供式的親子溝通時亦須注意溝通技巧，避免倚老賣老、長篇大論等方式。

(4)說服式的親子溝通

本層次的溝通在試圖使子女接受父母的意見、觀點和方法。其實，說服式的親子溝通乃是親子溝通的最終目的。絕大多數的父母願意以最多的時間和最大的努力進行說服式的親子溝通，因為父母的主要職責之一就是協助子女學習思考和行為的方式。父母如果想影響和說服子女則必須：①先做個好聽眾，用心傾聽；②在適當的層次上跟子女溝通；③依據親子溝通方式，循序漸進地做好談天式、談心式和資訊提供式的親子溝通。

以上介紹金字塔論的親子溝通類型，主要是說明運用這些親子溝通類型時，須有層次漸進的概念。金字塔的下方底線較寬，表示大部分人能做到的是談天，而能做到談心的家長就較少些，依此類推，真正能說服子女的就不多。但也顯現一種觀點，那就是子女本應有子女自己的想法，做家長的不一定非要說服孩子不可。

2.親子溝通需以愛為基礎

Dr. Jeanne Galliham 曾提出「兒童的行為，反映出親子溝通的品質」、「親子之間應用愛來溝通」等觀念，她認為親職教育的目的是幫助家長能用正面的、有建設性的、關心的、體貼的、支持的、賞識的、設身處地的態度與子女溝通，這才是以愛來溝通的真義（薛文光譯，1990）。

　　依據語文學家、媒體專業人員、企業家等研究人際溝通過程發現：親子溝通是不斷以不同形式傳遞訊息，包括父母整個身心及一言一行（有時是自覺的，但大半是不自覺的），而由孩子的聽覺、視覺、觸覺、味覺和嗅覺等感官，以及直覺（第六感）來接受。父母的人格個性、知識、信仰、情感取向、道德判斷、思考、能力、態度、興趣、交際狀況、宗教傾向、整個人的個性本質，以及其體質特徵，都是所謂「整個身心」的組成要素，而父母有心或無心的舉止，和他們所使用的語言──口語或非口語的，構成溝通的訊息內容。此外，父母親的直覺判斷也不時發生效用，修正、限制或引導自己的言行。就所謂「正常」的人來說，這些組成因素彼此充分協調，運作十分順暢，因此在日常生活中很少受到注意。然而，每一細節、每個因素都參與了人際訊息的傳遞。用心考量這些因素之後，父母親便能部分修正或整個改變自己不喜歡的訊息。當然這需要花時間和努力，但這結果不只影響下一代，也影響到未來的世世代代。溝通愈帶正面肯定意義，成效也愈好。專家學者所推薦「與兒童的良好溝通」，有三個必要的附帶條件，那便是：任何形式的溝通「要多含愛心」、「子女成長、發展的各個年齡階段都要不斷溝通」，而且「用各種適合年齡、適合發展階段的方式」。

3.營造親子良好溝通的建議

　　許多研究對於父母須與子女溝通，及怎樣的情境裡最能產生富正面意義的訊息，建言頗多。孩子愈小，「內容、方式、時機」等因素愈需依兒童需要融合成特定的情境。綜合許多研究的結果，可以歸納成以下八點建議，以便我們了解正確溝通的特性（薛文光譯，1990）：

(1)提供舒適的外在條件：提供嬰兒或小孩適當的營養及衣物，還要控制溫度、噪音、污染、安全的環境和個人的舒適。

(2)提供能促進、培養和保持子女情緒平衡所需的環境：不同年齡、階段的健全情感發展有不同的需求，最好與各個年齡、階段的教養方針一併考量。

(3)幫助孩子發展正確的自我觀念和健全的自尊，應配合年齡，在兒童成長的過程中採用不同的策略。

(4)示範並教導孩子做決定、選擇、評鑑和解決問題的方法；難度應適當。

(5)以言教和身教引導兒童的道德發展：要讓子女了解你（父母親）眼中的對和錯。不必擔心子女是否接受，至少在他們成長期間，他們可以藉著這些指南來看道德和倫理問題，並以之為準繩，而不至於在自省思索時，發覺腦中或心中一無所有。

(6)當孩子學著克服生活裡的情緒難關時，給予絕對的支持；「渡過難關」的能力並不隨著難關而來，孩子必須逐漸培養面對難關的勇氣與能力。他先前的經驗加上他與別人的溝通，逐漸形成他的性格特徵，他至今的人格發展，也會多少了解自己需要時，有哪些「人力資源」可供開發利用。面對難關時，他需要父母親以愛心引導他衡量全局，發揮他的應變能力。父母此時如能給他可行的建議，幫他想好可能的後果，一起討論，幫助他做出自己的決定，孩子會獲益匪淺。

(7)協助孩子的群體適應、人際關係：整個「社會化」的過程開始於小孩出生那一刻，發生於親子之間或孩子與主要看護者之間。逐漸從「自我中心」取向發展到「受外力支配」、有社會意識的成人觀點。

(8)幫助孩子表達他內在的創造力，讓他的潛能盡量發揮：每一個人都有相當程度的創造力，但是需要適當的環境讓創造力流露出來。

(三)獎勵與懲罰的策略（蔡春美，1998b）

由於孩子不是天生服從者，孩子有其自我的想法，且隨著年齡的增加，逐漸社會化，在其社會化歷程中，一定有許多行為必須由家長或照顧者予以規範。獎勵與懲罰雖屬行為主義派學者理論的重點，但在教養孩子的過程中是常用的方法。許多親子關係失和，與家長不懂如何運用獎勵與懲罰有關，因此有必要深切了解其運用之策略與要領。以下首先要談的是獎勵和懲罰的定義：

1.獎勵與懲罰的定義

(1)獎勵是一種鼓勵、讚美，當孩子做好事或表現好的行為時，大人可以給予口頭讚美或獎品，讓孩子感到愉快。

(2)當孩子表現不好或做錯事時，我們通常會責罵他，讓孩子心中不愉快，

這就是一種懲罰。

　　獎勵或懲罰，都是一種改變行為的手段，獎勵的目的是給孩子快樂，以激勵孩子表現良好；懲罰則在給孩子痛苦，使孩子不敢再做不好的事。根據行為主義學派的效果律和增強原理可以了解，人類的行為會因行為後果的受獎勵或懲罰而有持續或中斷的現象，運用此原理可以來控制或改變人類的行為，尤其對幼兒，其效果更是明顯。例如：當幼兒幫忙媽媽掃地時，如果媽媽微笑讚美孩子，那麼孩子一定樂意第二天、第三天繼續幫忙掃地；如果媽媽面帶不高興的表情對孩子說：「連掃地都掃不好，去！去！去！我自己來掃。」然後伸手把孩子拿的掃把搶過來自己掃，那麼這個小孩心中會想：「我大概很笨，讓媽媽生氣，我以後還是不要幫忙掃地好了。」從此他可能就不再喜歡掃地了。所以我們可以得到一個結論是：我們希望孩子做某件事時，就是要在孩子真正做那件事後，盡快讚美他；如果不想讓孩子做這件事，則在他做這件事或剛做完後馬上懲罰他；使他下次不敢再做類似的事。

2.獎勵的原則

　　獎勵運用不當有時會使孩子養成功利，沒有獎勵就不做，或變成斤斤計較。為避免這些弊端，請注意下列原則：

(1)多讚美鼓勵，不要吝惜獎勵孩子。

(2)獎勵的內容要和其受獎的行為相配合；也就是不要太小的事給太大的獎。

(3)獎勵要在好行為發生後立即施行，才會有效果。例如：孩子玩沙後去洗手，家長應馬上讚美他：「玩沙後會洗手，真能幹！」不要隔好幾個小時後再誇獎他，這樣幼兒會不記得為什麼受獎賞，也就不知哪一種行為是受大人肯定的，如果當時他正在哭，他還以為你在讚美他「哭」的行為。

(4)獎勵不要太浮濫，通通有獎會使孩子覺得沒有意思，也就不會產生激勵作用。可以在適度競爭的狀態下用獎賞來激勵幼兒努力，但也不要太難得到獎賞，反而讓小朋友失望，不想努力。

(5)多用精神或社會的獎勵，少用物質獎勵。因為孩子若在物質獎賞太多的

學習環境中成長，易變成有物質獎勵才要做事、才要努力，好習慣沒養成，反而變成功利主義的人。社會或精神的獎勵方式是指和幼兒有身體的接觸，如摸摸頭、拍拍肩，給予笑容、擁抱等，或在餐桌上向家人宣布孩子的好行為，在鄰居親友面前讚美孩子，這是很好的方法，可以多多運用。

(6)口頭讚美的語句要具體。有些家長常用籠統的話語來獎勵孩子，例如：「小莉好乖，小莉好棒，小莉好聰明。」這些話不夠具體，不能給孩子正面的指導，孩子無法體會到底哪些行為才是好的，如能改成「小莉會把拖鞋擺好，真乖！」「小莉會自己穿衣服，好棒！」「小莉會把小紅帽的故事從頭講到尾，真聰明！」這樣具體的讚美才能使孩子知道努力的方向。

(7)獎勵要由外控逐漸引為內控，以培養孩子獨立自主。年紀小的孩子可先由物質的獎勵開始，慢慢改成以貼紙代替物品，或在月曆上畫圈圈，等累積到五次或十次再換獎品，年齡漸大，累計次數可加大，以延後小孩對物質的乞求。對較大的孩子也許不必用物資，改用社會或精神的獎勵，使孩子在學習活動中獲得成就感、愉快感，而能自動去表現好的行為。這就是由外控轉為內控的開始，而內控正是培養孩子獨立自主的起點。

(8)不要錯用獎勵，要針對好的行為。例如：小英的父母「在孩子有好行為時，馬上能給予讚美、愛和注意」，而小明的父母則「在孩子有良好行為時，不做任何表示，認為理所當然」，「在孩子不守規矩時，便會停下工作來罵孩子」。這種「注意」有時正是一種「社會獎勵」，小明便會以「不守規定」來引起父母注意，這樣就錯用獎勵了。

3.懲罰的原則

為達成有效而無副作用的懲罰請注意下列原則：

(1)懲罰並不等於體罰，請勿用體罰來懲罰孩子。因為體罰會傷及孩子的身體，而且會傷及孩子的心靈，通常大人體罰孩子時，常無法理性控制情緒，而下手很重，尤其凶狠的表情令孩子生畏，同時也易讓孩子模仿而成為暴力型的孩子。

・孩子打破碗，你怎麼辦？・

合理的管教方式是什麼？首先要看孩子的發展階段，例如孩子打破碗，如果這個孩子是兩、三歲，那麼要先抱他到床上或椅子上，由家長把碎片掃乾淨，以免孩子腳底割傷；如果是四、五歲的幼兒，那就請他穿上拖鞋，拿掃把和畚斗來，也就是要負擔一部分的責任；如果是六歲以上的孩子，那就可以請他自己把地掃乾淨。但三種階段的孩子在處理完地面的碗片碎粒後，皆須由家長和孩子共同探討剛剛為什麼會打破碗的原因，並示範怎樣拿才不會打破的方法。

(2)懲罰也要在不良行為發生後立即實施。也就是在孩子記憶猶新時懲罰，使他知道錯在哪裡。

(3)懲罰的方式要公平，前後力求一致。亦即同樣的行為應有相同的後果，同樣用蠟筆亂塗白牆，一個受罰站兩小時，一個沒什麼處理，這就不對了，我們要在孩子心中建立一個可遵循的規則，才能導正其行為。

(4)對幼兒的懲罰可以用取消某些他們視為重要東西的方式：如不准看當天的卡通影片、不准借兒童讀物三天等，但以剝奪孩子某項權益做懲罰時，時間不可太長。若用不准看卡通影片的懲罰，可用錄影機錄下，等孩子表現好時再給他看，因為懲罰仍應基於愛心。

(5)不要拿生命有關的事項來懲罰：有些家長以不准孩子吃晚飯、不准睡覺、不准喝水來懲罰孩子，這是不對的，因為會影響孩子的生長發育，所以吃飯時最好不要處罰孩子。

(6)懲罰孩子要讓孩子明白你喜歡他，只是不喜歡他的不良行為，也就是把人和事分開。家長要分清懲罰的重點在孩子的不良行為，而不要把孩子的人格、尊嚴都處罰了。「媽媽好喜歡你，就是不喜歡你跳沙發，下來

坐好,再一次就罰站囉!」用這樣的方式可以保持良好親子關係。

(7)懲罰應配合口頭說明,讓孩子明白自己被罰的原因,親子共同檢討如何改變不良行為,並協助孩子下次不要再犯。

(8)懲罰孩子要注意就事論事,不要羞辱、貶損孩子,也不要做超出其年齡的要求。有些家長雖未體罰孩子,但以尖刻的語言羞辱孩子,或以權威命令孩子服從,這對培養孩子自律是沒什麼幫助的。

每位父母都希望教育子女成為一個能自治、自律、自主的人,孩子從幼年時代就須注意教養,在運用獎勵與懲罰的時候要多注意避免其弊端,善用其效果。根據心理學家的研究,多用獎勵少用懲罰對孩子更有用,有時獎勵更可發揮管教的功能,因為孩子是向讚美的方向走的,只要家長能本著愛心,耐心教育子女,在尊重孩子人格下善用獎勵與懲罰,則孩子都能健全穩定的成長。

總之,本節從教養觀念的迷思,談到維持良好親子關係的方法,包括教養態度、親子溝通及獎懲策略。茲歸納維持親子良好關係之十大要訣如下,希望家長能真正落實執行,相信對親子關係的經營有正面的助益。

1.用心去探討孩子的問題所在,考慮孩子的身心發展狀態。

2.父母或祖父母的教養態度要力求一致,不要讓孩子無所適從。

3.給孩子清楚的愛、明白的指示,而且不要吝惜給予獎勵。

4.教孩子包容、體諒之前,自己先要表現包容與體諒。

5.和孩子一起成長,給孩子彈性空間,有彈性才能使親子關係持久。

6.教導孩子要「協助」而不是「代替」或「搶功」。

7.不要把孩子當作父母的「所有物」,隨意指揮。

8.提供孩子快樂成長的環境不在物質而在精神。

9.與孩子共定規則,讓孩子有規則可遵循。

10.做子女的良好模範是教養子女的重要條件。

教養子女是相當複雜而有個別差異的工作,雖然定出規則,但真正實行起來並不簡單,家長必須自我要求,力求符合良好親職之標準去教養子女,必要時也須與學校老師或社工人員密切合作,才能給孩子快樂而有意義的童年,及健全成長的發展空間。

附註

❶ 目前國內有關親子關係的心理測驗有下列四種：

1. 親職壓力量表

(1)修訂者：翁毓秀。

(2)目的：

①個別診斷評估家長在扮演親職角色所面臨的壓力源。

②了解家長面臨最大的壓力源為何，做為處遇及輔導的參考。

③處遇前後的成效測量。

(3)內容：

①兒童因素可評估：過動／無法專注、子女增強父母、情緒／心情、接納性、適應性、強求性。

②父母因素可評估：親職能力、親職角色投入、親職角色限制、憂慮、夫妻關係、社會孤立、父母健康狀況。

(4)適用年齡：家有十二歲以下兒童之父母親。

2. 父母管教態度測驗

(1)修訂者：賴保禎。

(2)目的：評量國中學生所知覺的，其父母雙親的管教態度。測驗結果可以幫助教師明瞭學生父母的管教態度及親子關係，做為親職教育與輔導的依據。

(3)內容：測驗內容可分六種態度，包括拒絕、溺愛、嚴格、期待、矛盾與紛歧，每種態度類型有十題，測驗包括父親量表與母親量表兩部分，一共一百二十題。

(4)適用年齡：國民中學學生。

3. 親子關係診斷測驗

(1)修訂者：劉焜輝。

(2)目的：協助輔導人員與心理衛生人員了解受試者親子互動之態度特性及類型，做為諮詢輔導之參考。

(3)內容：分為父母對子女態度及子女對父母態度兩部分，由受試者綜合對父母的整體看法或平日相處關係而作答，每部分含親子態度特性及親子態度類型，其情境又包括日常生活方面與學習生活方面。

(4)適用年齡：國民中學學生。

4.親子關係適應量表

(1)修訂者：黃春枝。

(2)目的：在測量青年期的親子關係適應之良窳，以為生活輔導之參考。

(3)內容：全問卷共有六十三題，其中一至二十題為信任、情感、友誼等三大項的同義語句，二十二至六十三題為反面詞句。

(4)適用年齡：國民中學一年級至高級中學三年級學生。

　　以上這些測驗可以了解父母是否有親職功能的障礙、與子女關係是否良好，以及是否需要接受親職教育或心理輔導，是比較客觀的心理測驗。國內外有關評量親子關係和父母功能的心理測驗，一般以做為研究工具為主，比較少做為篩選父母是否參加親職教育的用途。

❷ 常模（norm）乃是使用測驗者解釋測驗結果（分數）的依據。測驗分數必須與常模比較，才能顯示其代表的意義。常模代表一般人同類行為的分數，例如八歲的小明參加某項測驗得分為 30 分，我們很難判定其分數之意義，必須核對該測驗之常模，在八歲組查到 28 分是八歲組的得分，則小明顯然比同齡孩子的能力高些。一個測驗的常模是在該測驗標準化的時候就建立的，常模可因標準化的選取樣本不同而有不同的類別，如年齡常模、年級常模、全國性常模、地區性常模等。

研究題目

1. 何謂個案研究（case study），其對親子關係的研究有何限制？

2. 何謂高危險群的父母？

3. 教養子女的態度，一般可分為哪三種類型？

4. 親子溝通的類型一般可分為哪三種？

5. 試以 Stell 的「親子溝通金字塔論」說明親子溝通的分類。

延伸活動

1. 請說明你對某些父親或母親「攜子女自殺」案件的看法。

2. 請回憶你與父親或母親的溝通方式，並對照本章之理論加以分析，提出建議。

3. 請利用搭乘大眾交通工具之便，觀察記錄某對親子的溝通情形，並加以分析，提出建議。

Chapter 4 父母教養觀

隨著近代學校教育制度的發展，「親職教育」已經成為現代社會裡普遍接受的觀念。追究起來，正如同學校教育制度，現代臺灣社會中親職教育的許多方法與內容存在有西方的影響，例如本書第五章所提述二十世紀以來西洋大家的諸多理論即是；然而這些外來的理論之外，根著於本土的親子關係、幼兒觀、育養觀、父（母）職觀、家庭（族）文化等，臺灣與西洋，或者說東方與西方，是有著一、二千年互異的文化背景，自然有殊異處。現代親職教育理論因而在中西不同的文化土壤中孕育出同中有異、異中有同的方式以及內容來。

本章以探究現代社會親子關係、父母教養觀的影響為目的，第一節從比較歷史文化的觀點，闡述中西幼兒觀、教養觀的異同；第二節聚焦臺灣，從社會親子關係活動等的變化探討此半世紀親職教育的變遷；第三節以日本為例，討論現代生活中親子關係、教養方式的變遷。

 **第一節　中西幼兒觀的比較**

 一　中國的親子關係與教養觀

中國人說父母對子女有三種恩情：「生育」之恩、「養育」之恩、「教育」之恩。對孩子而言，「天下無不是的父母」，無論成年與否，只要父母在、只要在父母跟前，「子」便永遠是「子」，孩子永無自主權。

對父母而言，孩子一方面是「光宗耀祖」的工具，要嚴管勤教，以顯揚祖先；另方面卻又是「成就自己」的工具，生子傳後的人生大事是靠著有了孩子而受認定。養育孩子的態度因而呈現兩極：一是嚴格管教，以防孩子辱沒祖先；一是寵溺有加，以傳承家族。

古中國，商周時代（西元前第十至第三世紀）以祭祀、軍事、樂舞、文字、禮樂射御書數為教育內容，雖然也有文字教育，但是更重視儀禮、健體的訓練。宋朝朱熹（1130-1200）的教育思想影響後世中國人甚深，檢視被尊為「朱子學」的他的思想，朱熹在兒童教育的方法上強調「早始」以及「嚴

教」，但是內容著重生活教育與道德訓練，並不強調書本知識；宋以後在科舉考試、理學思想文化下，讀書仕進成為光宗耀祖的當然途徑，誦讀經書、學習作文成為絕對的教育方法與內容，「靜」、「敬」、「誠」成為兒童教養的原則。

唯讀書為上的社會價值觀促使父母嚴格要求子女識字誦經，但是面對幼齡孩童的好動喜玩天性，獎勵誘導也是中國父母常用的教養方式。

 二　西方的親子關係與教養觀

相較於古中國禮樂射御書數的教育內容，古典西方的教育內容有戲劇（包括展示、扮演）、繪畫、辯論、修辭、社交。中西相較，正是內潛自省與外顯張表的對照。

二千五百年前即已潛萌上述中西教養觀迥異基土；進入中古時代，在中國逐漸形成讀書仕進、重視知識教育的時候，歐洲大陸上基督教大興，以宗教之名的大小爭戰連連，學校（包括個人式學習）限於極少數的僧侶、貴族階層，行使的是宗教教育，以塑造符合聖經的行為人格為目標，以宗教原罪觀點，嚴罰為養育、教育的方法。

 三　近代中西兒童觀

工業革命、科技發展帶動人類生活文明的變革，連帶使政治、教育文化也起了變動，所謂「兒童的發現」便指明在此之前成人中心社會主流文化裡孩童地位的卑微。相對地，近代（十七、八世紀）以後便有哲學家提出尊重兒童、重視兒童觀點，開展兒童中心思想；「兒童」群體在社會中的地位逐漸浮顯。

英國的洛克（J. Locke, 1632-1704）主張幼兒如同白紙，強調大人（父母）提供的經驗影響深遠；法國盧梭（J. Rousseau, 1712-1778）、德國福祿貝爾（F. W. Froebel, 1782-1852）認為幼兒純真美好，成長得美善與否是大人（父母）的責任；二十世紀以後，佛洛伊德、布魯納（J. S. Bruner）等諸多心理學、認知心理學理論陸續出爐；「兒童」個體的研究在科技儀器與民主人權等觀念的進

展下展現輝煌成果。

近代中國一方面逐漸熟稔西方，另方面，接觸資本主義、民主思想的結果，也依樣建立起近代學校教育制度。在接受西方社會強調「尊重兒童」、主張個體自我人格形成的重要的同時，重視知識性教育的風氣卻隨而愈見熾烈。歷時千餘年，於二十世紀初才結束的科舉制度、讀書仕進文化是主要因素。科考文化造成捷足早登，知識教育起始年齡下降的現象。

中國父母仍然擺脫不了「光宗耀祖」的兒童觀以及「早始」、「嚴教」的教養觀念；但是在物質優渥、生育子女數減少，以及西方重視兒童人權的近代風潮下，滿足兒童物慾的寵溺子女現象成為現代中國奇特的親子關係；而另一方面，愈來愈提前的教育年齡，各種形式的幼兒智育風潮也是中國父母重視孩子的另一個表徵。

▸▸ 清末〈蒙養院及家庭教育法章程〉

〈蒙養院及家庭教育法章程〉係 1904 年 1 月公布之近代中國發展幼兒教育、家庭教育的公開宣言。源起於清末的維新變法圖強運動，導入西學，然而在其文字中又顯露出不可學西方的當代中國對西學的欲迎還拒心態，正好用來檢視二十世紀初中國人的女性觀與親職觀。

〈蒙養院及家庭教育法章程〉強調家庭教育是女子受學唯一無弊害者；若使全國女子都受了教育，就是全中國的幼兒有了良善母教，則幼兒身體便能強，氣質習性都能美好。

這份近一個世紀前的法規中明述要以中國歷代女德書籍為「女教科書」，「擇其最切要而極明顯者，分別次序淺深明白解說編成一書並附以圖，至多不得過兩卷。每家散給一本，並選取外國家庭教育之書擇其平正簡易與中國婦道婦職不相悖者廣為譯出刊布」，各家婦女都藉這些女教科書自看自解，目的是：「有子者母自教其子以入初等小學之基，有女者母自教其女以知將來為人婦為人母之道。」顯示二十世紀初封建中國即將邁入新中國之際，幼齡子女的撫養、教育之事被視為是家庭之事，是母親的職責；而對於這些擔負社會未來棟樑的啟蒙之責（「蒙養通乎聖功」）的婦女，擬由官方提供適切的書刊，流傳至家庭婦女手中自修學習，也算是親職教育的構想。

第二節 臺灣社會的親子關係與親職教育

 一 臺灣人的親職教育觀

沿承中國的親子關係與教養觀，臺灣社會存在濃厚的親子關係與嚴管勤教、寵溺有加的教養觀。

一般所謂的親職教育多指透過演講、座談等方式，針對成長中兒童、青少年的父母，培養其教養子女能力的教育。現在社會上常見的「親職教育」活動，固然肇因於臺灣社會數十年來本土文化變遷背景與國際資訊的衝擊；而父（母）職觀、兒童教養觀的確立亦受個人成長背景的影響，並非為父、為母之日起朝夕之間形成。

二 強化母職與管教力的社群活動

考察臺灣光復以來對於親職問題的態度，以民國七〇年代為界，其前可以

·媽媽們！別替孩子做太多！·

我們搭車時常會看到這種場景：一位母親帶著五歲左右的孩子，一路上忙著幫孩子剝香蕉皮、開水壺蓋子、脫鞋子、脫襪子，但那孩子卻顯得不太高興，因為每當他想自己做某件事時，他母親就搶著做，並且說：「你還太小，我幫你。」有時，大人替孩子做太多，其實是剝奪了孩子學習的機會。

看到其後不復存的「母職幹部講習」、「媽媽教室」，還有迄今仍有的「父母管教問題座談」活動。

(一)母職幹部講習

中華婦女反共聯合會在主任委員蔣宋美齡領導下，以培養優良女性為名，辦理母職訓練；分家庭教育、家庭管理、食物與營養、兒童保育、家庭衛生、家人服裝六個主題，以專家講習方式進行。

(二)媽媽教室

小康計畫「媽媽教室」活動。當時臺灣省政府主席謝東閔述說「媽媽教室」活動目的：「指導媽媽們均能成為賢妻良母，發揮『母愛』與『母教』的功能，以建立幸福美滿的家庭」。是以省政府編纂《媽媽讀本》，於民國六十六年印製十萬冊，免費贈送中小學、鄉鎮公所、社區理事會，以「供媽媽們閱讀」。

《媽媽讀本》一套十冊：《舒適的住宅》、《整潔的衣服》、《食物與營養》、《用電的常識》、《家庭生活管理》、《家庭財務管理》、《等待嬰兒的誕生》、《嬰兒第一年》、《扶助孩子成長》、《家庭計畫的實施》。觀考這一套圖文各半，「內容通俗、文字簡明，使主婦們易懂樂行」的省府書刊，其賦予母親「實踐家庭倫理道德和教導兒女向善向上的原動力」角色任務明顯，對照其前七十三年中國最早的幼教法規〈蒙養院及家庭教育法章程〉的女性觀與親職觀（參見本章第一節結尾），頗有相通一致處。

(三)父母管教問題座談

救國團「張老師」與臺北市教育局合辦系列親職教育講座，由專家學者主持，以國、高中的家長、訓導主任、導師、校長為對象，名曰「父母管教問題座談」。

各縣市教育局、學校、救國團、生命線、社工團體等辦理親職教育講演、座談、研習營之外，報紙亦以定期專欄或不定期特刊等各種形式刊載親職教育相關論述與報導。

三 青少年（成長）時期的親職教育

試以目前四十歲者為例，追溯其國、高中、大學的學校教育內容與親職教育相關者：

1. 國中：「公民與道德」、「家事」、「國文」。
2. 高中：「護理」、「家政」、「公民」、「三民主義」、「國文」。
3. 大學：「護理」、「國文」、「健康與人生」，並依各校、各學門可能另有「婚姻與家庭」、「生活與科學」等課程。

國、高中學校課程中與父（母）、家庭角色職能相關者，約是「國文」課程中的思母念父（歸有光〈祭母辭〉、朱自清〈背影〉）、訓子（〈曾文正公家書〉）類的古今文選；「公民與道德」、「公民」課程中對於做一個好國民的良好、善良生活行為規範的敘述；「家事」、「家政」課程中對於女性掌理家庭中住、衣、食的淺明理論與實務；亦有男學生接受「工藝」課程學習處理生活中住、行之事；亦有男、女學生均接受「家事」、「工藝」課程者。

古今文選中的父（母）、家庭職能文章多訴求以超越時代的倫理道德情操；「公民」、「三民主義」以喚起齊家愛國的高尚情操為目標；「護理」、「家政」、「家事」、「工藝」課程是針對一般家庭中的具體生活技能。

茲引錄一段「蔣公對家庭倫理教育的提示」文字，以鑑其遙遠抽象的高尚情操：

「一個青少年，無分於男女，都要在學校裡接受下列幾項知識和指導：

1. 家庭在社會國家中的地位和職責，『家為國本』的倫理觀念。
2. 家庭的組織及其與一般親屬的關係，必須使其認識孝友睦婣任恤六行的重要。
3. 家庭中灑掃進退等日常工作及食衣住行等實際生活。
4. 子女的看護和指導以及家務的管理和職責——家庭衛生及醫藥常識、家庭經濟的節約，以及禮義廉恥四維的訓勉。」❶

遙遠抽象的高尚情操之外，觸及平實的、真實的自我人生態度、生涯規劃觀念培養的學校教育課程，只有在所謂高等教育階段的大學裡了。近年各大學倡導通識教育理念，將「婚姻與家庭」、「健康與人生」等生活哲學、實務等科目列入共同必、選修課程，然而現今為人父母的世代，多數於一、二十年前接受學校教育者，僅有教育、家政相關科系學生可能接觸「家庭教育」、「親職教育」等親職相關課程。

四 成人（為親）後時期的親職教育

政治考量上對於父（母）、家庭角色的嚴正訴求由民國五、六〇年代的總統訓示等可窺察之；而到了七〇年代，便見到教育部、臺灣省政府教育廳提出「親職教育」一詞，落實推動學校對於家長的親職教育了。下面是歸納 1982 年 9 月教育廳對各級學校及相關機關的親職教育要求：

1. 學校加強導師責任制，實施家庭訪問。
2. 學校邀請不良適應學生家長到校座談，研商改變行為有效措施。
3. 學校與家庭或社會機關相互配合，推動校外生活輔導工作；經常性辦理家庭訪問或母姊會，溝通學校與家庭的意見。
4. 學校與有關單位合作設置媽媽教室。
5. 國民中小學每學期至少安排一次家長參觀日。
6. 各公私立社教機關應舉辦「親職教育」諮詢服務。

民國六、七〇年代是所謂實施三民主義教育，總統昭示勤儉建國，輿論嚴謹，社會齊聲討伐「問題家庭」的年代。國父遺教、蔣介石遺訓、蔣經國訓示中的教育相關主張動輒與三民主義相連結為實施方案（如：「加強三民主義配合親職教育實施綱要」），「家為國本」、「齊家報國」等匾、聯也成為各高中、大學活動室、講堂固定不可或缺的布置。在所謂的親職教育方面，除了三民主義、領袖訓示之外，朱子治家格言、曾文正公家書等明、清儒哲的家訓，成為各種大小集會中常見的教材資料。中央婦工會自 1977 年開始全面推展「齊家報國運動」，激勵家庭倫理。

　　鑑諸這個時期的社會新聞報導，「問題孩子出自問題家庭，問題家庭之問題出自家長的管教知識、方法與態度」是通俗性思考❷。可以說，父母親的角色職能仍是在培養國家人才的觀點：以愛心、耐心以及負責盡職的態度（不奢靡、不賭博），教好子女成為好國民是父母親的義務。

第三節　日本社會親子關係與教養方式的變遷

　　明治時期（十九世紀中葉），日本引進西方學制發展近代教育以來，「名校」文憑成為打破封建社會階級的護身符，就讀「名校」成為顯身揚名的社會通用指標，督促讀書、通過名校入學門檻成為日本父母，尤其是母親的育兒最高方針。女性以家庭為世界，養育兒女、相夫教子的「女性天職」論點在二十世紀初、大正時期最盛；這樣的社會價值以及母職觀點即使到了昭和時期❸，在第二次世界大戰前後，仍然普遍存在。但是在經過經濟高度發展時期、經濟衰退時期以後，1980、1990 年代，日本社會的育兒觀開始展現變化。

　　《1989 年人口動態統計概況》（厚生省，1990）發表「史上最低」的日本女性生涯平均產子數 1.57，被稱為「1.57 ショツク（警訊）」以來，孩子的問題成為日本教育以及各界共同關心的焦點。一方面，「不會遊戲」、「孤獨」、「危險」被描述為日本現代兒童的特徵，成為教育學者關切的問題；另一方面，父母對孩子期許的改變，家庭開支中孩子的相關支出所占比率上漲，社會中孩子的單位投資成本提高，兒童生長環境的變化導致生育率持續下降，促使社會、經濟學者以及行政部門爭相發言，尋訂適當公共政策以改善親子關係，改善兒童的生活環境。

　　從為親者的角度而言，對應如許的環境變化，養育孩子確實成為沉重的負擔。這些負擔包括有形的金錢壓力以及無形的精神負荷。都市化、核心家庭化增加的現代日本社會，「孤立性育兒」、「育兒歇斯底里症候」、「虐待兒童」，以至於青少年犯罪等案件層出不窮，意味著親子關係、父母教養觀出現問題。本節先從現代日本親子關係的特色談起，再探討現代兒童生活環境的特色，並且藉幾個相關國際統計圖表勾勒日本現代家庭裡的親子關係。

·基於愛心的管教·

許多家長常説：「為什麼我這樣辛苦的愛孩子，他們仍然不聽話？」相信所有的父母都愛他們的子女，只是愛的方式對不對、合宜不合宜而已。管教子女是相當辛苦而且複雜的工作，對同樣是自己所生的老大、老二，使用的方法也常必須不一樣，因為孩子有個別差異，管教最重要的祕訣是用心去了解孩子的問題，尊重孩子、包容孩子，與孩子共同定規則，然後溫和而堅定的去執行規則；當然自己做良好的模範，讓孩子學習，也是重要的原則。

 一 現代日本親子關係的特色

(一)父親角色的弱質化

在昭和中期（1950 年代）之前，男外女內、男尊女卑，以及家庭內父親絕對權威的「嚴父」、「一家之主」形象鞏固不破，但在經濟高度發展下，日本工商社會迫使男性投注所有可能時間於職場，大大扭轉了家庭與家人的結構關係，打破了家庭內傳統父親的權威形象，傳統父親「可怕的存在」的權威形象已然顛覆；有趣的是，現代父子之間對於父親權威角色的認知並不一致。

東洋大學社會心理學中里至正教授於 2000 年夏天至 2001 年 1 月期間，針對東京都及靜岡、鹿兒島兩縣 1,156 名國中生及其家長（父親 645 人，母親 802 人）進行問卷調查，發現父子間對於「父親」形象的認知有相當程度差距：七成少年認為父親不可怕，四成父親自認可怕。

▶ 不再可怕的父親

「父親可怕嗎？」51.4%的國中生認為「完全不可怕」，24%認為「不太可怕」。父親自己的評價是，21%認為「非常可怕」，21.9%認為「有點可怕」。

現代日本的父親雖然不具可怕形象，但也不是孩子覺得可親的對象。78.3%的國中生並不把父親列為有問題時可以諮詢的對象。

「教導對人親切、禮貌的態度嗎？」近四成父親回答不太教導，三成的孩子答「完全不教」。

「父親不在」的問題，即家庭中父親是名存實不在的角色，在經濟高度發展的 1970、1980 年代是教育界常指摘的問題，忙碌於工商業競爭的父親輕忽父職角色的結果，除了與子女關係疏淡之外，加重母職角色負擔，導衍出教養子女及其他家庭問題。

(二)母親角色的變化

1. 終其一生養育兒女的明治母親

明治時期以來，「賢母良妻」的女性絕對價值觀助長了近代工商社會男性全心投入事業的風氣；在家庭內，女性一身挑負起育養子女的諸種責任，母職的角色負擔持續加重。圖 4-3-1 是已婚女性生涯週期內容的變化圖。明治時期的女性平均於 23.1 歲結婚，25.5 歲生產第一胎，到 38 歲之前連續生產五兒；當么兒進入學校時平均是 44.5 歲，看不到所有的子女成人便撒手人寰的例子比比皆是，「養兒育女的生涯」被描述為明治女性一生的寫照；而且，除了養兒育女以及家事之外，大部分的母親也要協助家人從事農業、商業活動，一生勞碌以終。

第二次世界大戰後，女性的平均生產胎數下降，養兒育女的生涯時間縮短，女性生涯週期及其內容因而大有改變。昭和四十五年出生的女性平均結婚年齡是 26.4 歲，30.2 歲產第二胎便是生產期的結束，四年的生產期是明治女性的三分之一，生產胎數是明治女性的五分之二。

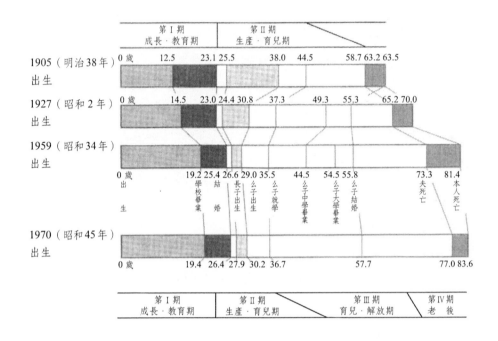

（圖 4-3-1）已婚女性的生涯週期模式

資料來源：井上輝子、江原由美子（1999，頁 3）

2.「育兒解放」與「育兒地獄」

與明治時期相比較，現代日本女性的母職負擔看來似乎輕減許多，實則不然。在第二子入學之前的「第 II 期的生產·育兒期」是被稱為「育兒地獄」的空前重擔時期；「育兒」是妻子、母親的責任，孩子的所有問題都由母親承擔的社會觀念是形成重擔的主要原因。此外，家電產品的普及減輕了家事勞動負擔，使得現代女性享有前代未有的「第 III 期的育兒解放期」（始於第二子入學的 36.7 歲，終於 60 歲邁入老年），但是這種空前的時間閒暇對於母親角色以及社會卻非全然的正面意義。

3. 現代母親的幾個負面向：過度辛勞、過度干涉與自我中心

在資訊媒體以及經濟高度發展、人力需求影響下，女性生涯週期改變的事

實，破除了局限女性於家庭之內的傳統觀點，走出家庭、投入社會的「現代女性」形象逐漸被接受。但是，社會一方面認可女性可以同時兼有家庭與事業，另一方面，對於堅守家庭之內，不願投身丈夫兒女以外工作的「專業家庭主婦」，予以更大的認同。圖 4-3-2 母親職業的國際比較是瑞典、英、美、泰、韓、日六國母親的職業狀況對照子女年齡的比較圖；孩子愈小，日本母親在家「專業家庭」的比率愈高，這一點韓國、英國有相同情形。表 4-3-1「誰協助照顧幼兒」也是六國的比較，養育幼兒一事，雙薪家庭將配偶或同居者列為協助最力者的情形，各國皆同，但是找保姆協助的情形，日本雙薪家庭是 0.6%，全職家庭主婦、主夫家庭是 1.3%，遠低於他國，尤其美、英：美國雙薪家庭 30.8%，全職家庭主婦、主夫家庭 29.1%；英國雙薪家庭 33.6%，全職家庭主婦、主夫家庭 19.8%。換句話說，同時肩負家庭與事業角色的日本女性，育兒工作尋找外援的情形不多，並且，日本父親分擔家事的情形不佳，表 4-3-2 的「家事、職場工作、閒暇時間的國際比較」顯示日本男性花在家事上的時間是國際間出奇低者（日本有職業的男性一週平均家事花費的時間 31 分鐘，遠低於加拿大、美國、英國、芬蘭的平均 1 小時 53 分鐘；比較男女兩性的話，歐美六國男女的平均家事從事時間是 1：1.8，日本則是 1：6.7）。總而言之，日本職業婦女的妻職、母職角色負擔往往數倍沉重於同家庭內的夫職、父職角色者。

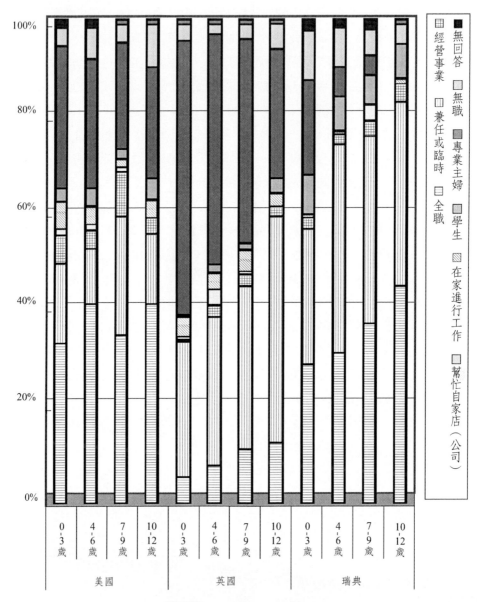

圖 4-3-2 母親職業的國際比較

資料來源：日本女子社會教育會（1995，頁25）

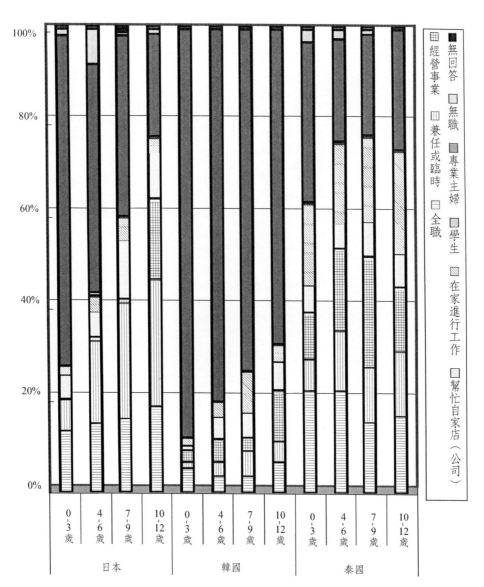

圖 4-3-2 母親職業的國際比較（續）

說明：

橫座標為美、英、瑞典、日、韓、泰六國四個年齡層子女的母親；縱座標為全職、兼任或臨時、經營事業、幫忙自家店（公司）、在家進行工作、學生、專業主婦、無職等九種身分的百分比值。

例如日本 0～3 歲幼兒的母親，有 13% 有全職工作，7.1% 是兼職工作者；沒有自己經營事業者，有 5.2% 是幫忙自家店（公司），1.9% 是在家進行工作，71.4% 是專業家庭主婦，1.3% 是無職。

表 4-3-1 誰協助照顧幼兒

		N	配偶或同居人	孩子的兄姊	同居的父母或兄弟姊妹	不同居的父母或兄弟姊妹	住在家裡的幫傭	保姆	托兒機構的保育人員	幼稚園老師	學童俱樂部的指導員	鄰居	同事	自己	無回答
日本	雙薪家庭	506	95.8	34.4	47.0	42.3	-	0.6	41.9	32.2	7.9	17.0	2.4	1.0	-
	全職家庭主婦、主夫家庭	533	97.0	27.2	38.1	50.8	0.6	1.3	10.7	32.1	2.8	20.5	0.8	1.1	-
韓國	雙薪家庭	258	84.5	9.3	27.1	30.6	1.6	2.3	2.7	12.4	-	4.7	0.8	7.0	-
	全職家庭主婦、主夫家庭	732	81.4	8.5	22.3	20.2	0.5	0.4	2.0	8.7	-	4.5	0.5	9.4	-
泰國	雙薪家庭	674	87.7	11.0	45.7	22.0	7.4	1.3	4.6	9.9	0.6	9.3	0.6	1.8	0.1
	全職家庭主婦、主夫家庭	290	83.4	6.9	38.3	14.8	1.7	1.0	2.1	3.8	-	7.2	-	8.3	0.3
美國	雙薪家庭	532	94.4	21.6	22.7	54.5	5.6	30.8	28.2	39.8	10.7	26.9	3.0	1.5	0.4
	全職家庭主婦、主夫家庭	285	93.7	24.6	20.4	49.8	1.8	29.1	15.8	32.6	3.5	24.2	2.8	2.8	-
英國	雙薪家庭	479	93.1	14.2	14.8	71.4	2.7	33.6	17.1	52.8	4.2	26.1	1.7	0.6	0.2
	全職家庭主婦、主夫家庭	368	91.6	10.6	13.9	61.7	1.6	19.8	8.7	38.3	2.7	19.8	0.5	2.2	0.3
瑞典	雙薪家庭	679	98.5	32.4	12.4	67.6	2.2	23.7	70.4	24.7	26.8	26.7	2.9	-	-
	全職家庭主婦、主夫家庭	264	98.5	23.9	15.9	65.9	1.9	21.2	53.8	20.8	13.6	26.5	1.5	-	-

資料來源：日本女子社會教育會（1995，頁 118）

說明：

協助育兒工作的人，以日本為例，夫妻都任職的雙薪家庭，95.8%是配偶或同居人，34.4%是孩子的兄姊，47%是同居的父母或兄姊，42.3%是不住在一起的父母或兄姊，0.6%是保姆，41.9%是托兒機構的保育人員，32.2%是幼稚園的老師，7.9%是學童俱樂部的指導員，17.0%是鄰居，2.4%是同事，1.0%是自己——自己是唯一一承擔育兒工作的人。

表 4-3-2　家事、職場工作、閒暇時間的國際比較表

(1 日，週平均)(單位：時間，分)

		日本 (1990 年)	加拿大 (1986 年)	美國 (1985 年)	英國 (1987 年)	芬蘭 (1987 年)	歐美平均
家事	女性有職者	3.29	2.54	3.25	3.36	3.24	3.20
	男性有職者	0.31	1.39	1.55	2.05	1.54	1.53
工作	女性有職者	5.37	5.20	4.51	3.38	4.21	4.33
	男性有職者	7.32	6.19	6.27	5.14	5.39	5.55
閒暇	女性有職者	4.13	5.00	5.09	5.36	5.32	5.19
	男性有職者	4.51	5.33	5.16	5.43	5.46	5.35

資料來源：井上輝子、江原由美子（1999，頁 39）

　　另一方面，在過度期許女性母職角色的社會氣氛裡，女性自身也有自我加重期許母職角色的傾向。無論就職與否，都有女性呼應這種風氣，造就出過度干涉子女的母親，尤其是現代蒙科技產品發達之福得來育兒解放的餘裕閒暇，再加上平均壽命延長，盛年女性提早面臨所謂空巢期的恐慌，形成母親不肯放手讓孩子自立的奇特景象。相反地，也有相對於上述過度干涉型的棄捨母職的「自我中心」型母親出現。這類型母親不同於以往為家庭犧牲奉獻的母親形象，以自我需求為家庭的第一原則，導致有意或無意的身心各種層面的兒童受虐案件發生（參閱後文二、(四)「大人小孩」的現代父母）。

4. 與孩子一起建構偶像文化的母親

　　以兒童、青少年為對象的商品愈來愈氾濫，衣鞋、食品、日用品，甚至於電影、音樂都將青少年視為重要的市場對象。商品流行文化大肆擴張的結果，育養子女的花費愈來愈大，父母的負擔愈來愈沉重，於是金錢負擔的壓力往往造成親子間對於當代流行文化的對立。

　　不同於前代的流行文化親子對立情形，現代青少年偶像文化的參與者不單限於青少年層次，現在的「母親」常是青少年偶像文化的推動者。

　　據研究，現年二十到四十歲者（現在兒童、青少年的父母），是高度經濟、科技文明下成長的一代，他（她）們在成長過程中享受豐裕的物質，正是追求時尚、崇尚品牌的現代生活文化的開路者。當他（她）們為人父母，不同

於重視內在甚於包裝品牌的前一代父母，他（她）們延伸自己成長時期的品牌文化，為幼齡子女挑選品牌；子女稍長，逐漸發展出自我風格以及喜好的品牌、偶像文化時，這一批年輕的父母，尤其是母親，往往又扮演孩子的造型顧問角色，在青少年偶像文化上推波助瀾。

這一種與孩子一起建構偶像文化的現代母親，在增進親子關係上若似有功，然從心理發展層次檢討的話，滿足母親個人的自我需求——在大眾文化中自我定位的需求——才是主要因素。明治母親的犧牲、無我形象在此完全不適用，對這一類型的現代母親而言，孩子並非唯一價值。

(三)父母親對孩子期許的改變

在 IT（網路資訊）革命、國際化時代的現代社會背景裡，升學名校導向的傳統「好學校」定義改變，讀書、就讀名校不再是絕對價值，父母親不再只是全心全力培育孩子（尤其男孩子）補習、讀書，逐漸顯露出實利性教育投資傾向。讀書之外的專長成為新世紀父母對孩子的期許。

1. 讀書、考試成績非絕對性指標

近代學校制度發展以來，「讀、寫、算」的知識性課程成為教育內容的核心，輔助學校課程的補習班（「學習塾」）在經濟發展風潮下因而成為一個蓬勃發展的領域。在傳統「讀、寫、（珠）算」的補習內容之外，多樣的內容（游泳、高爾夫球等各種運動、音樂、各種外語）及多元經營方式成為補習業新趨勢。其中電腦、英語會話人氣指數上升；NEC 於 1996 年開始以兒童為對象的電腦兒童廣場教室（パソキッズスクウェア）（P. C. Kids School），至 2001 年 6 月，有九十六間教室，主顧客層為小學低年級，2000 年春的入會申請較前年增加三成。富士通相關公司也於 2000 年開始開辦以小學生為對象的兒童電腦俱樂部（子どもパソコンくらぶ）。

此種價值觀的改變，除了社會整體風氣使然之外，也是父母親現時人生的投射。送幼齡孩子學電腦的動機往往來自父親在職場上拙於操作的挫折經驗；英語會話亦然。

2.依賴媒體資訊育養孩子

　　東京大學教授汐見稔幸以與法國的比較來凸顯現代日本父母的「照書養」，依賴資訊情形的嚴重性。媒體世代的新一代父母，事事追索媒體資訊，唯恐落人後。「早期教育」風潮，即預期提早開跑，教育開始年齡愈來愈提前的風潮就是媒體炒作下父母盲目跟進的結果。

　　比較日法育兒的話，兩國一般家庭父母都採備育兒書刊。但是以出版界而言，兩國的育兒書籍、雜誌相較，數量上日本比法國多得多。兩國母親遇到育兒問題時，都會查書參考，查書的結果多半難有與自己情形正好完全一致者；這時，法國母親多是「參考過了，但是不適用」，自己另尋解決之策；日本母親則多努力尋找與自己狀況吻合的書籍以為遵循❹。

　　高度仰賴外界間接資訊，追隨時尚育兒，這一代日本母親的育兒負擔，在身心雙方面都是高投資。

‧讓孩子放慢腳步‧

　　由於父母愛子女的心過於急切，以至於許多父母都會急著把答案告訴孩子，而忘了教孩子正確的學習方法與要領，也就是對孩子的學習充滿催促的氣氛，從早到晚讓孩子處於緊張的壓力中。我們大人是不是應該稍微放慢腳步，教孩子如何思考，而不要只催促孩子說出答案。孩子不會不是多嚴重的事，因為他仍然是孩子，所以不了解問題的關鍵點。如果家長能夠坐下來，和孩子一起討論，用有啟發的問句引導孩子思考，慢慢找到答案，孩子就真正學會了。

 二　親子關係轉變的背景：生活空間的變化

本項以孩子的生活環境為焦點，探討上項親子關係轉變的原由。

學校制度發展以來，兒童的活動場所不外是家庭、學校以及所居住社區鄉里三者。先探討在學校與家庭之間出現的新場所：便利商店、速食店、兒童館，再分析家庭、學校、社區裡，家人、師生、青少年同儕、鄰人關係的變化；最後歸結探討現代兒童「危險的生活環境」。

(一)便利商店：流行發源地

據統計，日本全國現有五萬家便利商店；這相當於從前（現在仍存）的雜貨店的地方，卻與雜貨店氣氛完全不同。便利商店與速食店同列名學校與家庭之外，當代日本青少年最常流連的場所，成為取代學校或公園的新世代新人際空間。

根據可果美食品公司與子ども調查研究所訪查東京都兩百名國、高中生的結果：便利商店是外買食物的主要場所；而「與朋友常去的外食店」則是速食店。一個月平均上速食店的次數，國中生 2.3 次，高中生 4.3 次。

日本社會現象評論者分析兒童、青少年流連便利商店的原因是，便利商店具備「情報站」功能。便利商店應有盡有，食衣住行均可一次解決，輕鬆簡單，可以與人保持距離又可保持與他人的聯繫。業務電腦化，無分時、地提供價格一定的商品與服務，是便利商店成功的一大關鍵；更重要的是，這樣無遠弗屆、品質一致的營業方式加速刺激現代社會同步流行的消費行為與「劃一化」文化。1997 年 Lawson 便利商店（ローソン）首先在店裡導入終端機，舉凡訂購體育、電影、戲劇各種活動的票券到旅行資訊、CD 及錄影帶、軟片等的下訂，均可以在其便利商店裡立即完成；原有的城鄉差距、文化落差因而不再有。

「情報站」功能之外，熟悉世界中的陌生天地，或是陌生世界中的熟悉天地，恐怕是便利商店對這一代青少年具強烈吸引力的原因。社評家觀察青少年在便利商店中的情景：小學生看漫畫，中學生買飲料、點心、漫畫（週三漫畫

週刊發售日，便利商店必然擁擠）、換穿寬鬆襪、在洗手間噴染髮劑……輕鬆自得；態度是：「想買就買，絕不忍耐」，「席地就坐，態度粗魯」。

日本總合研究所 2001 年春季針對日本小四至國三生的生活空間，對該年齡層少年及其父母進行問卷調查。針對「放學後去的場所？」有11%的孩子列舉「便利商店」，但只有4%的父母答案中舉述便利商店（親子認知間顯然存在相當的差距）；而孩子去便利商店的理由是：74%的孩子認為「在那裡感覺很舒服自在」，超過「朋友家」的66%，「學校」的64%。

(二)兒童館

日本全國約有四千四百所兒童館，原來的開放時間是比照一般公私營機構，上午九時至下午五時。其間，下午兩三點、小學放學以後是兒童館主要業務時間。公用設施以學齡兒童為對象的兒童館，多由地方政府經營，提供兒童在家庭與學校之外的活動場所。近年對應年輕母親育養幼兒孤立無助以及頻發的青少年問題，兒童館開始注意強調納入幼兒與青少年為對象的活動中心功能。

先是在原來入館人員稀少的上午時間開設「幼兒教室」，辦理學齡前，尤其是入幼稚園前幼齡幼兒的親子活動，提供嬰幼兒公共活動空間兼提供育兒諮詢服務。再者，有地方政府建設新型態兒童館，在小學生之外，將國、高中生也納入服務對象，設辦「兒童青少年中心」，製造國、高中生可以聚集的空間，藉以培育青少年面對社會的能力。關於前者，日本全國各地的兒童館，不分城鄉，迫於少子化問題的嚴重性均已開辦；後者尚未普遍化，但是重思「兒童館」的定位功能，改變運作方式以吻合社會青少年社會教育、親子溝通需求已是各地社政當局的共識，呼籲在社區公共場所打造青少年的心靈空間的運動，在全國擴展中（如神戶市 2000 年於地鐵車站前商業大樓內設置國、高中生的專屬空間，委託該市青少年團體聯絡協議會營運；又如岩手縣水澤市接受青少年的建議整建改修消防署，放置色彩明豔的沙發以及電腦等設備，開放給國、高中生使用）。其他如延長開放時間，附設音響室、體育館，以方便青少年使用的新措施，陸續出現於各地兒童館。

(三)眾人中的孤獨（みんなぽっち）：保持距離的新團體人際關係

《讀賣新聞》在 2000 年 12 月至 2001 年「新世紀的教育」系列專欄裡有這樣描述現代日本青少年新同儕關係的紀錄報導：

> 下午茶時間（**おやつタイム**）日本少女的點心小團體……團體成員一起選購
> 小品點心，在午休時間一起分享點心，以建立各歸屬團體的風格，但是點心
> 小團體只共享點心，沒有其他共同行動；高中男生也有相當的點心小團體，
> 在放學後四、五個高中男生一起進速食店（用點心）……，約三十分鐘用點
> 心（共同在一起做同一件事），但同時也各做各的事：寫日記、聽 CD、看
> 漫畫、講手機……❺

這種「有點黏又不會太黏」的關係，以一個新創語「みんなぽっち」形容得淋漓盡致。「みんな」是大家、眾人之意，「ぽっち」是孤單的意思，即是與親密好友同在的安心與自我孤立感的融合兼顧。札幌學院大學富田充保助教授認為現代孩童具備同質的生活背景（都生活在質、量類似的狹窄社會），他們只能憑藉微小的差異運作出小團體，藉小團體訂出自己的寄身所在，藉以鬆脫自己。但是，現代日本青少年又習慣自我中心的生活，習慣以電腦、手機與外界溝通，而非面對面的直接接觸，「みんなぽっち」文化由是形成。

(四)「大人小孩」的現代父母

與雙親、朋友孤絕，「孤獨」是現代孩子的另一個特色。

上述的新團體人際關係描述出現代青少年在友儕團體中的孤獨，而在家庭中，也同樣存在與父母的隔閡。日本福祉大學小木美代子教授指摘造成「孤獨」孩子的兩類型現代父母：自我中心的與過度干涉的。她認為出生於 1960 年代以後的現代父母是所謂「電視世代」的開端，正是從小練成邊看電視邊做事的一代，習慣分心做事，不能集中精神聽對方講話。這樣的父母不能傾聽孩子的話語，不能凝視孩子的內心，事實上是「大人小孩」，不能善盡父（母）職❻。

兒童諮商機構、兒童電話熱線的相繼成立，將「孤獨」的現代孩子的問題浮現檯面。如同現代歐美先進國家，日本的中小學校內也設置起兒童諮商處室，而在學校以外，官辦的兒童諮商機構有：兒童家庭支援中心、兒童館、教育諮商所、法務局的「兒童人權110」；民間則有各地律師工會、民間的兒童受虐防止中心也都開始致力兒童諮商業務。執行電話諮商的有：教育委員會（教育局）的「いじめ相談」（受暴事情諮商）、警察的「ヤングテレホン」（young telephone）、東京都於兒童諮商中心設置免費電話的「兒童權利擁護委員會」；接電話時間多至下午五點為限──餘以傳真或語音留言對應。

三　危險的生活環境

回歸本節之首提到的日本現代兒童的特徵：不會遊戲、孤獨、危險。不會遊戲與孤獨（孤僻）傾向的兒童，來自於上述現代親子關係與背景的變化，而「危險的生活環境」則來自社會整體（大人要負絕大部分責任）製造給兒童的不良的現實。

1. 兒童受害罪案的社會警訊

1970 年後期發源於美國的非營利團體「守護兒童遠離暴力及犯罪方案」（Child Assault Prevention, CAP），1995 年起在日本快速成長，至 2001 年已有一百個以上的團體參與。「日本兒童守護會」名譽會長大田堯也公開發言：「已經面臨非得由孩子自己保護自己不可的時代了。」顯示兒童受害罪案的嚴重性以及社會的重視。

CAP出版繪本及影帶，提供父母及孩子警戒緊急狀況時的處理方法，或提示遭遇誘拐、性侵害等之危險性；這些出版品以親子共覽為訴求，以講演、兒童戲劇等方式推動工作。

CAP 的宗旨是杜絕社會兒童受害罪案的發生，工作目標是恢復地方（社區）的人際關係；但是當代日本社會憬悟短期內難以達成此目標，短期內，提醒親子保持自我守護的警覺意識，培養孩子自己保護自己的方法是必要行動。

2. 增加中的兒童虐待事件

1999 年厚生勞動省公布：警察告發的兒童虐待事件有一百八十六件，比前一年度多六十六件，創最高紀錄。兒童諮商所計有一萬一千件兒童諮商案；而根據厚生勞動省對相關機構的調查，一年約有三萬案件，即平均一千名兒童中有 1.4 人發生受虐事件。

1999 年 11 月日本開始實施《兒童虐待防止法》，強化兒童諮商所人員權限，附加其療治施虐父母的義務；並且賦予醫師、教師及早發現受虐事件義務。衛生福利單位也強調醫療現場與社區的福利機構共用資訊，聯手早期介入兒童虐待個案，保護兒童。

這些新政的施行除了反映日本政府對兒童的重視之外，也反映出當代社會不利於兒童成長的事實。核心家庭化及鄰里的冷漠是都市化的副產品，家庭內沒有可以諮詢，甚或於傾吐育兒煩惱的親人，家庭外，即使日常照面的鄰居，都相互保持距離，互不干涉，冷漠相對。

第四節　少子化現象引生的日本兒童養育新議論

1989 年 1.57（出生率）警訊以來，「少子化」成為日本社會的重大議題。官方開始制定、推展各種少子化社會對策，而這些以提升生育率、減輕家庭養育兒童負擔為目標的少子化對策的實施，對於家庭的育兒方式、親子關係，以至社會整體的工作型態、生活方式產生衝擊，引發變化。

貫穿這些少子化、幼兒教養對策的是「待機兒童」問題。「待機兒童」名義上雖然是指排在托兒所入所候補名單上的兒童，但實際上申請進入園所，呼籲解決待機問題，凸顯育兒困擾的是兒童的母親——職業婦女。為了工作將子女送托育機構的職業婦女，在日本社會原來背負「不負責任的母親」負面評價，但是尊重人權，尊重女性生育以及工作的意願，打破「不負責任的母親」

符咒，肯定職業婦女對於社會、家庭貢獻的新價值觀，正在形成當中。為了解決待機兒童問題出現多元多樣新方案，2012 年 12 月啟動的第二次安倍內閣打出擴大兒童津貼、托育服務及企業的育兒支援等多重方式，提出「大家一起養」口號，總而言之，就是社會、社區整體的育兒支援政策。

本節分三個部分：一、待機兒童；二、女性在家庭與社會角色上的拉鋸戰；三、社會、社區整體的育兒支援；說明最近三十年來少子化現象下日本兒童養育的變化。

 待機兒童：托兒所入所候補名單上伺機待托的兒童

待機兒童問題存在已久，早在 1960 年代日本經濟起飛時期，就已經出現職業婦女團體聯合籲請政府解決「待機兒童」問題的社會運動。1990 年代官方打出「少子化對策」以後，待機兒童問題成為政府每年追蹤檢討的重要議題。「待機兒童」集中在都會區，雙薪家庭裡的零到二歲嬰幼兒。幼稚園及小學以上的學校出現招生不足問題，但是托兒所卻發生送托者過多，機構不足的問題。

簡單而言，幼稚園是為專業（家庭）主婦（即全職母親）家庭設計的短時間（一天三到四小時）托育機構；托兒所是為沒有全職主婦持家的家庭而開辦的全天性（一天八小時）機構。前者是提供補充性的，後者是提供替代性的托育照顧。對照臺灣 2012 年以前的幼稚園、托兒所制度，日本的幼托制度有三個不同特點：1. 三歲以上的幼兒托育供過於求，二歲以下的托嬰卻呈供不應求狀態；2. 幼稚園與托兒所區隔使用對象與目的，幼兒父母對於二者也具有不同的期待；3. 幼托機構通過政府的認可查核與否，影響收費高低，卻無關合法、非法。另外，幼稚園以三歲以上，托兒所以零到六歲六個年齡層幼兒為對象，但是依對象年齡教保人員的配置數不同，未滿三歲嬰幼兒不但需要較多的教保人員、空間及設備，在衣食的日常照護上比三歲以上幼兒具細膩性以及風險，因此一般托兒所招收嬰幼兒的名額往往不到三歲以上幼兒的半數。待機兒童家長在送托無門情況下只能選擇非認可托育機構。非認可托育機構因為未通過政府的認可查核，未受政府相關經費挹注，收費比認可機構高，對於育兒家庭自

然形成負擔，因此抑止部分年輕母親的就職意願，留居家庭專心育兒。其後，女性即使在子女入小學後想再投入職場，往往因育兒期間職歷的空白，難以覓得好條件的工作，只能停於鐘點制兼職工作。

幼稚園、托兒所的全職主婦、職業女性不同屬性，涇渭分明的雙軌分立制度，近年因為幼年人口持續減少，母親的托育需求備受注意，女性生涯規劃觀發生變化，連帶促成社會重新檢討幼、托制度的合理性。

提供充足的托育量與論點鼓勵女性走出家庭、貢獻社會，是近二十年大眾追蹤檢討待機兒童問題的背景。

待機兒童問題的形成背景除了日本社會對於幼齡兒童家庭「全職母親」期待，造成機構托育量供應不足的原因之外，收托三歲以下幼兒之機構需設置托嬰設備，需對應較高的教保人員配置基準，較繁瑣、專門的飲食調配，經營難度高於三歲以上部分，都是難以提升三歲以下幼兒托育供應量的原因。

待機兒童問題還存在城鄉落差。全國待機兒童人口的半數集中於埼玉、千葉、東京、神奈川、京都、大阪、兵庫等都會縣，而屬於農業縣的富山、石川、福井、山梨、長野、愛媛各縣並不存在待機兒童的問題（厚生勞働省雇用均等局、兒童家庭局保育課，2013）。農村地區人口少，工作機會少；年輕世代因為都會工作機會較多，趨向都會生活，結果造成都會區待機兒童問題的惡性循環，也影響家庭成人的生活型態。

二 女性在家庭與社會角色上的拉鋸戰

重視女性權益是當代各國的普遍現象，媒體資訊發達的日本也受到影響。女權愈來愈受重視，愈來愈受討論。於是，究竟該讓女性在家扮演全職母親角色最理想，還是讓她能全力投入職場，跟男性一較長短才是合理的社會？若是中庸其道，又當如何才是適切？

(一)母職形象的變化

專業（家庭）主婦一詞蟠踞日本社會半個多世紀，是男外女內、中產階級固定形象的代表詞，尤其與育養小孩相連結，專業（家庭）主婦就是全職母

親,就是全心在家照顧子女的成年女性。

二次大戰後,全民拚經濟的日本社會塑造出爸爸在職場打拚,媽媽在家管理家務及育兒的「幸福家庭」形象。不管是單親或是職業婦女,不管是經濟弱勢或是高社經地位,母親不能全天在家的家庭相對於專業主婦家庭就是缺憾。兒童身心發展種種問題與幼兒時期的母子關係相關聯的「母原病」❼概念以及「三歲兒神話」❽成為日本社會親職的刻板概念。

母職是女性天職,全心全意照顧學前小孩是母親的責任。然而,幸福家庭=專業/全職主婦家庭的主流價值觀在盤踞日本社會幾十年後,在少子化警訊下逐漸改變,由單一主流改變為接納其他型態家庭的多元價值。換句話說,母親是職業婦女的家庭不必然被貼上「缺憾」標籤。往昔將一、二歲的嬰幼兒送托嬰中心或托兒所的職業婦女必須背負母親失職的社會批判不再,幼兒送托逐漸形成現代社會、現代年輕家庭必然之路,提供足夠的、優質的托育機構成為重要的社會議題。「待機兒童」問題是此種社會共識當中備受矚目的一個議題。

對照母親形象的變遷,父親在外打拚,不做家事,不協助育兒的刻板形象也出現變化。「ikumen」是指準時下班回家,愛做家事、樂於跟小孩居家生活的新好男人,這個新流行語的出現意味日本社會親職定義以及親子關係的改變之外,也說明了白領、藍領階級工作時間、型態的變化。

(二)企業工作時間、型態的變化

「待機兒童」問題不能消解的原因,一是長久以來托育供應量不足,政府覓得適當地點或投入人才不易;二是女性的自我意識抬頭,希望投入職場的年輕母親愈來愈多,三歲以下嬰幼兒的托育需求愈來愈大,政府雖然積極擴充托育供給量,仍然供不應求。第三個原因是近年經濟不景氣,年輕夫妻育兒家庭單份薪資不夠開銷,雙薪雙就職成為必然趨勢。再有社會價值觀的轉變,認同養育兒童的意義,接納女性活躍職場,也逐漸認同男性職工準時下班回家享受家庭生活(分擔家事),破除經濟高度成長期以公司為家,拚命加班的日本商社人形象。

上述職場氣氛以及工作環境的轉變是由政策立法帶頭,耗費二十年以上時

間緩慢推動出來的。1991 年《育兒休業、介護休業等育兒又は家族介護を行う労働者の福祉に關する法律》公布，籲求企業制定育嬰假、育兒假制度，鼓勵年輕員工使用育嬰假、育兒假改變工作時間、型態，但是法律對於企業並不具強制力，初期成效不彰，原因就在長期以來形成的男外女內、育兒＝女性天職的社會價值觀。於是先出現修改法令強制企業優待育兒員工的策略，繼而推動譬如名曰「為小孩和家庭加油」的套裝政策，行銷新好男人顧家的概念。如此下來，透過各種產官團體以及媒體力量，使用育嬰假、育兒假、彈性工作的育兒上班族逐漸增多。

在職父母使用育嬰假、育兒假的時間多在小孩出生的第一年，復職上班時就要面對小孩托育的難題，所以一至二歲兒比起零歲兒處在待機受托狀態者多出 4.5 倍，這種狀況促使待機兒童對策結合企業調整工作型態、工作時間、延長育嬰假等企業文化。再進一步，便是整體社會文化的變革。

三　社會、社區整體的育兒支援

為了解決少子問題，提升年輕世代的生育意願，除了尊重女性，日本官方逐年推展育兒支援政策。2004 年 12 月 24 日少子化社會對策會議決定的〈依據少子化社會對策大綱的重點施策的具體實施計畫（小孩・育兒加油 plan）〉、2007 年 2 月 6 日少子化社會對策會議決定的〈「為小孩與家人加油的日本」重點戰略的制定方針〉，2010 年 1 月內閣會議制訂「小孩・育兒遠景」（「子ども子育てビジョン」），2010 年版改名《小孩・育兒白皮書》（子ども・子育て白書），明顯浮現跨世代、跨時代，舉全國之力重視育兒議題的意圖。

總言之，少子化年代，有關家庭以及社會的兒童教育、養育問題，愈來愈引發關注，愈有細膩討論、處理的趨勢。2009 年以來，新的公共托育服務概念，「新」托育制度的討論蔚成話題，2010 年 4 月 27 日，政府召開「兒童・育兒新制度（子ども・子育て新システム）」檢討會議，提出「兒童・育兒新制度的基本方向」，2013 年度實施。圖 4-4-1 是新制度裡的公共托育服務類型圖。

【量的‧多樣的需求】　　　**【現行】**　　　**【多樣的服務類型】**

①量的擴大

②規模‧型態　　分園　　　小規模托育　分園

　　　　　　　居家托育

地方政府認准的獨立設施（認證托兒所等）

臨時托育
幼稚園‧寄託托育

特定托育

延長托育

夜間托育

※現狀：多為 baby hotel

企業附設托育設施

僻地托兒所

③多樣的工作型態　　清晨‧夜間‧假日的對應

短時間工作家長的對應

④職場距離‧廣域需要　　企業附設托育設施

職場附近超過鄉鎮市／區需求的對應

⑤人口減少區域　　小規模托育

多功能型

⑥障礙兒托育
虐待的對應
家長支援‧社區的育兒支援

認可托兒所　認定幼兒園　居家托育

認可托兒所　認定幼兒園　居家托育

都會地區的量的擴充‧中山間地服務擴充

※低於基準下限規定的設施使用者

圖 4-4-1　新制度裡的公共托育服務類型圖

資料來源：月刊保育情報 395（2009/10）

2013 年度開始部分實施類似幼托整合概念，多元多樣公共托育服務的新制度，同時宣布 2015 年度正式全國性實施。

東京都的社區育兒支援例

2006 年 12 月，東京都政府制定「10 年後的東京」計畫，宣示實現「待機兒童五千人的消解」，推動支援小孩及育兒家庭的社會打造。2007 年 6 月，以都政府內相關局處組成「育兒啦啦隊戰略會議」（「子育て応援戰略會議」），制定「育兒啦啦隊都市東京‧重點戰略」（「子育て応援都市東京‧重點戰略」）。2007 年 12 月，東京都政府發表：「邁向『10 年後的東京』的實行方案 2008」（「10 年後の東京」への實行プログラム 2008 の策定について）。

東京都政府推動「對應少子高齡時代的新的住居」，宣示要打造多世代互

助的住居環境，讓高齡者可以擁有生氣盎然的生活，讓育兒世代社會融混和諧，並且，「為了實現能安心生養小孩的東京，整備能兼顧育兒及工作的雇用環境、充實托育服務以消解待機兒童、整備婦產科小兒科等醫療體制及適合育兒世代的住居等等，必須社會全體多方面地支援育兒」。

2008 至 2010 年度三年期的「育兒啦啦隊都市東京・重點戰略」標榜三大目標，昭示對於打造友善育兒環境的重視：

目標 1　整備育兒與工作兩全的雇用環境
目標 2　透過多樣性托育服務的競爭，擴充合乎大都市東京的服務，消解待機兒童五千人問題
目標 3　社會全體溫馨守護、支援育兒

集結政府與民間之力，打造周密的育兒支援網絡，製造友善育兒的生活環境是日本當前的重要政策。育兒從刻板的、單一的全職家庭主婦角色，擴展到多元家庭、多元工作型態，形成社會整體育兒觀念。少子高齡的事實迫使日本社會重視兒童養育，從中央到地方，各級政府長程規劃兒童托教事情，打造育兒支援網絡，落實友善育兒的生活環境，納入所有的社會資源，官、民總體動員。

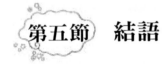 第五節　結語

社會進展的結果，在最近一個世紀裡，有形的器具文明（如家電製品、精細儀器、電視、電腦、手機等）及無形的科技文明（如電化技術、網路科技、動植物生產科技）消解了大都市與鄉村間的差距，導致大部分的人得以享受一致的富庶生活。但是，如同經濟成長帶來生活富庶的同時，也帶來環境污染、地球資源減少的危機一般，科技文明進步影響人類社會倫理觀念，影響親子、家族的定義，帶出親子關係的摩擦與不安。

當大人處在生活樣式、價值觀搖擺動盪狀態，摸不清自己的定位，看不到自己未來的目標，或許茫然無覺，渾噩度日；也或許蘊生閉塞感，終日惶惑不

安。這樣喪失自信的大人——有部分即是第三節二、(四)所謂「大人小孩」——充斥在現代社會的每個角落裡，即使「大人小孩」表現親切，努力迎合、討好孩子，也不過是偽裝自己，並不能敞開心懷接納兒童；在兒童成長過程中，缺乏真心相向成人的帶領，很難完遂良好情緒發展。「大人小孩」的現象，一方面警示現代家庭中父母無能善盡親職，另方面顯示現代社會大人、小孩界線模糊化的事實，以及現代人際關係發展的困難。近代日本母親從過度辛勞中走出，得到「育兒解放」的同時，卻墮入「育兒地獄」；造就出過度干涉型母親的同時，也製造出自我中心型母親。

孩子從「光宗耀祖」、「傳宗接代」的工具價值系統走出到家庭重心地位，到現代「縱慾自我，絕不忍耐」、「態度粗魯」的指摘焦點；從消費到生產到投資對象；幼兒觀、子女觀的背後是社會的經濟結構。

便利商店、新型兒童館、青少年中心的壯大，待機兒童問題、女性在家庭社會角色上的拉鋸戰，意味著現代社會面臨家庭育養兒童問題困境時的大筆投資。但是，也意味著原來家庭中育兒的私事，已然困難到家庭無法獨力挑起，須藉公眾力量排解困境了。日本親子關係、教養型態的變遷映照出國際化、經濟化、網路投資化現代社會生活價值觀的動盪。

附註

❶ 蔣中正《民生主義育樂兩篇補述》第二章第三節、丙、二。此段文字引自盧紹稷（1983）：三民主義教育與親職教育。

❷ 周煥臣（1983）：談國民中小學親職教育之實施。載於中國教育學會主編：親職教育研究。p.124。

❸ 明治時期始自一八六八年（明治元年），其後為大正時期，一九一二年為大正元年；其後為昭和時期，一九二六年為昭和元年；其後為目前的平成時期，一九八九年為平成元年。

❹ 汐見稔幸（1999）：幼兒教育產業と子育て。東京：岩波書店。pp.144～146。

❺ Yomiuri On Line 讀賣新聞教育網站「教育新世紀」：こども發ニッポン　（3）おやつタイム「みんなぽっち」で安心（2000.12.23）。

❻ Yomiuri On Line 讀賣新聞教育網站「教育新世紀」：こども發ニッポン　（8）チャイルドライン本音話相手いない（2001.2.10）。

❼ 「母原病」：精神科醫師久德重盛在 1979 年發表「母原病」概念，其相關著作在 1980 至 1990 年代風靡日本，但逐漸出現科學論證不足、偏男性觀點的反論。

❽ 「三歲兒神話」強調零到三歲時期母親角色的重要性。指稱三歲以前是個體發展關鍵期，母親親身周到的照顧對於兒童的成長具有不可取代的意義。

研究題目

1. 名詞釋義：(1)蒙養院及家庭教育法章程

　　　　　　(2)明治母親

　　　　　　(3)育兒解放

　　　　　　(4)育兒地獄

　　　　　　(5)「大人小孩」

　　　　　　(6)待機兒童

2. 試從現代日本親子關係的特色，談臺灣親職教育因應之道。（申論題）

延伸活動

1. 回想一下，在你的小學、中學、大學教育過程中，有過哪些與親職相關的課程經驗？

2. 請說明你的「幼兒觀」（幼兒是什麼？）、你對幼兒的期待及對親子關係的看法，並分析形成你的幼兒觀與親子觀的影響因素。

PART 2
親職教育

5 Chapter 親職教育及家長參與

第一節　親職教育的意義與特性

一、親職教育的意義

二、親職教育的特性

第二節　鼓勵家長參與學校活動的理由

一、家長擁有其他人難以獲得的知識

二、家長對於子女的受教經驗存有濃厚興
　　趣

三、家長不能免於評斷學校教學的好壞

四、掌握學校經營屬於家長的公民權限

五、家長間的多元特質可為學校資產

第三節　家長參與學校活動的模式

一、Wolfendale 的觀點

二、Cunningham 等人的觀點

父母在幼兒發展過程中扮演著重要且獨特的地位，影響幼兒的生長環境，提供價值與行為模仿的樣板，即便幼兒進入教保機構後，父母仍舊是幼兒發展的持續性影響因素（Geringer, 1989, p.9）。Walberg（1984）指出，如不含睡眠時間，粗估十八歲以前的孩子平均花費在學校活動的時間約占 13%，這也意味著在孩子成長過程中，父母可能支配的時間最多可達 87%；因此，家庭、社區等與孩子成長密切關聯的場域，是形成其教育經驗的重要場所，其中，父母肩負著關鍵的指導責任。

若將幼兒的生活簡化為學校生活❶與家庭生活，在進入學校生活以前，大部分的幼兒已經建立起吃、睡以及清洗等習慣；在跑、跳等大肌肉發展上已有良好的發展；有關畫畫、堆積木以及扣衣服等細部發展也有一定程度的表現；社會互動的基本知能逐漸形成；喜、怒、挫折感等情緒發展也已然成形。當然，前述發展必須在具備基本條件的情境下才會發生——關懷的教養環境、營養及健康的照料、成人的關注、心理條件的刺激，以及具有隨時都能感受到強烈、親密且持續等特性的人際關係網絡（Kellaghan, Sloane, Alvarez, & Bloom, 1993, pp.9-10）。

親子關係成於天性❷，如何維繫良好的親子關係，適切地教養子女的身心與人格健全發展，進而培育為具自我實現潛能並能為社會所用的人才，誠為家長關注的重點；欲達前述理想，則非家長天生所能，實須輔以相關知能涵養與啟發，方有助理想的實現。有鑑於家庭環境對孩子發展的重要影響，當孩子進入學校教育後，學校教育承續部分家庭教育的功能，但囿於各項主客觀因素的影響，學校教育必須得到家長的支持方能發揮最大效能。因此，學校除致力於教育學生外，提供家長親職教育（parent education）的知能，促使家長有效率地與孩子溝通，進而與學校教育適度地銜接及配合，遂為學校教育亟欲著力與推廣的領域。再者，近年來家長參與❸（parent involvement）成為學校教育的重要主張之一❹，也是當前教育方案的一項重要施為；許多研究結果發現，當家長對孩子在校學習施予鼓勵與支持時，孩子就能夠在學校生活裡得到更多的附加益處（Epstein, 1986）。既然家長參與對孩子的發展具有正面助益，學校教育如何積極引領家長參與孩子的學習計畫，甚至激發家長參與的意識，涵養家長教養的知能，以協助其子女的健全發展，已是學校教育的另一項重要目

標。

　　本章旨在探討親職教育及家長參與的基本概念，為釐清前述概念發展及內涵，茲分就親職教育的意義與特性、近年來學校鼓勵家長參與學校活動的理由，以及家長參與學校活動的模式等三節說明如後。

第一節　親職教育的意義與特性

　　父母教育子女的態度，常常是依下列三個因素而定：一為父母的成熟，二為父母的情緒，三為父母的期望（詹棟樑，1983a）；因此，為導引家長教養子女的正確態度，應積極尋求家長的成熟、情緒以及期望等三層面適切開展，也就是補強家長的教養知能、激發其參與子女學習及生活的動力，以及依據子女的真實特性勾勒發展期望。學校教育不僅肩負培育學生之責，同時有協助學生獲得適切家庭教育的社會責任❺。為使學生得到全面性的照料，學校除晉用優秀師資、編擬適切教材與活動、開發妥適的教育環境外，同時應發揮教育專長，推廣教育知能，以使家長具備教養子女的意願與能力，達成使所有學生健全成長的終極目標。

一　親職教育的意義

　　以親職教育為主的相關探討已行之多年，隨著社會變遷快速、倫理思想的更迭、兒童心理發展的變化等因素，致使親職教育無論在概念內涵與具體實踐等層面，隨著前述因素或有差異。歸結歷來學者對親職教育的定義，分別有從概念內涵進行分析，或有從功能加以界定，又有採相關概念排除對照的方式，試圖釐清親職教育的意義，茲分述如後。

　　詹棟樑（1983a）指出，親職教育是培養父母教育子女的能力，以形成其適當職分的教育。

　　王麗容（1994）則指出，親職教育是指為人父母者，為求發揮親職角色所受的教育。

　　從前述學者的觀點可知，親職教育旨在涵育家長教養子女的能力，實踐其身為家長所應具備的角色職分；因此，所謂親職教育應是在藉助教育的功能使家長認清自己的角色職分，甚至改變家長自身的角色表現，使其善盡家長職責。關於前述概念的意涵，又可以分從目標及方法等兩層次述之（許美瑞、簡淑真、盧素碧、林朝鳳、鍾志從，1991）：

1. **就目標而言**：是指協助如何成為成功的父母，以及如何扮演為人父母的角色。

2. **就方法而言**：係指如何透過教育的方式達到前述的目標，如何以學習的方式改變父母角色的表現，以及如何透過團體討論的方式來領悟為人父母的樂趣與苦衷等。

　　因此，親職教育應是協助家長善盡其職分所做的一連串教育施為，透過教育的手段，提供家長學習善盡職分的機會，常見以團體互動的方式進行。此種以家長為教育對象的特性，本屬成人教育的一環，其實施方式及策略與學校教育有所差異，在施教者、教育內容、教育型態等具有其獨特性。林家興（1997，頁1）進一步就前述項目再做表述，他認為親職教育是成人教育的一部分，以父母為對象，並以增進父母管教子女的知識能力和改善親子關係為目標，由正式或非正式的親職專家所開設的終身學習課程；此等定義便與前述立場相同。

　　關於具體的親職教育內容，王鍾和（2000）在親職教育的定義中進一步詳述如後：

　　親職教育係指教導父母如何扮演父母的角色，或者亦可以解釋為教導父母如何管教子女。其內涵包括了解子女的犯錯行為、影響父母管教品質的變項、親子間良好關係的營造、管理原則的確立與維持、能建立孩子信心與價值的鼓勵策略、培養孩子責任感之自然合理結果方式的使用、親子溝通、家庭會議及父母自信心的提升與潛能的激發等等。希望藉由這些方法的實施，而培養出具有正向、積極人生價值觀且能自我規範合宜行為表現的孩子。

除就概念分析親職教育的內涵外，也有將親職教育從積極教育與消極治療等功能層面分別闡述。如井敏珠（1995）認為親職教育有下述廣、狹二義：

1. **廣義的親職教育**：是培養所有的國民成為健全的父母，其施教的對象主要是尚未做父母者，在國民教育階段即施以親職教育課程，如生理、心理、性教育、為人父母之道之課程。此外，對已經為人父母者，由學前教育機構、國民中小學、社會教育機構、傳播媒體等辦理親職教育之講座、活動等。

2. **狹義之親職教育**：是針對不稱職的父母，幫助其改進教養方式，成為健全的父母，由學校輔導人員或社會輔導機構提供治療性的輔導，如單親的輔導、親子關係衝突之輔導、行為偏差學生之父母諮詢或輔導等。

再者，為掌握親職教育的概念意涵，將其與容易混淆的概念排除對比，則是另一種陳述親職教育意義的方式。最容易與親職教育相混淆的概念首推家庭教育；兩者在概念內涵上雖有些許重疊，但在教育功能、模式及方法等層面則不盡相同；因此，王連生（1997，頁8）將親職教育與家庭教育兩概念先行比對，據以分析二者之別，排除家庭教育在概念上與親職教育的模糊處，提出親職教育的廣、狹二義說：

1. **就廣義的親職教育而言**：是指一種家庭親子關係的精神感染活動及情意陶冶過程，旨在使家庭成員的居家生活，透過親情交流的運作，各盡本分、各司其職，扮演好「慈父、良母、子孝、孫賢」等各自的角色，構設出一幅「親親仁民，職職連心」的天倫之樂之美景。

2. **就狹義的親職教育而言**：現代家庭中父母與子女的關係，已經不完全是上下隸屬的垂直關係，而是趨於民主尊重的水平關係；故現代父母運用角色扮演對其子女所施的人格陶冶，使家庭親情更為和諧融洽，而達到家庭生活圓滿的目的。

歸結前述，學者在親職教育的概念界定上所採的途徑或有不同，但所指無非希望藉由提供家長關於教養孩子知能的機會，使家長盡其職分，並使孩子得到完善的親職照料。從相關的討論中可以彙整幾項值得注意的趨勢：

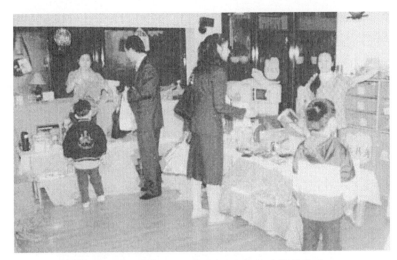

家長參與學校活動時，究竟是扮演著什麼樣的角色？

1. 在教育的對象上，不限定已為父母或必定為學校的家長；
2. 在教育的內容上，隨著社會變遷及育兒需求的變化，等昔日親子間少論及如性教育等議題也成為探討的內容之一；
3. 在教育的目的上，雖云期使父母善盡職分，但所謂「善盡職分」的境界或標準為何？此等廣涉價值的命題將會隨著社會發展而有不同詮釋；
4. 在學校教師的角色上，昔日慣以學校教師為親職教育的發動者，甚至是親職專家的唯一來源，隨著親職教育所涉的層面與議題漸廣，學校教師的專業可能難以擔負前述職責，但可以是積極協尋社會資源的中介角色，依家長需求代尋適切的社會資源以滿足親職教育之需。

二　親職教育的特性

　　親職教育旨在提供家長接受教育的機會，強化其教養知能，使其善盡職分，進而使孩子得到完善的照料；在概念的發展上，受到社會、家庭結構、倫理、兒童心理等因素更迭的影響，親職教育在對象、內容、目的，以及學校教師角色等層面也形成不同的詮釋。歸結親職教育的意義，並參酌前述取向的發展，茲提出親職教育的特性有八，分述如後。

(一)培養家長的教養知能

親子教育在消極方面是：不能捨棄對子女教育的義務；在積極的方面是：教育關係的改善（詹棟樑，1983b）。

隨著社會變遷日邊，雙薪家庭及婦女就業日形普遍❻，致使教育機構的發展成為社會普遍之需，唯父母因就業而短暫未能全時照料子女，並不意味教養之責將隨子女進入教育機構後全盤卸下；反之，更應積極地尋求與教育機構配合。親職教育即在藉由培養家長的教養知能，期使家長能善盡親職的角色與職責。所謂教養知能的範圍廣泛，內涵包括了解子女的行為動機、影響家長管教品質的變項、營造良好的親子關係、確立與維持教養原則及態度、鼓勵孩子的自信、協助孩子構築正向的價值體系、培養孩子的責任感、採取良好親子溝通的原理原則、提升家長自信並激發其潛能、與學校教育合作與聯繫等，均是親職教育應努力維繫的環節。

(二)提供親職角色的再省

家長的親職知識或源於自身的成長經驗，或來自媒體、親友等各項可能的溝通管道。當多數家長未有機會檢證各項知識與經驗的適切性前，便以其原有的權威角色實踐前述經驗，不但未必適用於現存的親子關係，也可能因缺乏反省的機會未能察覺衍生出的相關問題。因此，親職教育除提供家長習得教養知能的機會外，也藉此機會反省所持的教養知能與態度，以及現有親職角色的適切性，並做必要的改進。

(三)積極與消極目的兼容

從親職教育的目的觀之，除了積極性地針對一般對象進行親職教育的推廣服務與促進之外，也包含消極性地就特殊需求對象提供矯治性服務。教師圉於原有的教學負擔，致使學校所進行的親職教育多指消極性目的；但從健全的角度觀之，矯治式的親職教育可能只達治標的層次，積極性的親職教育目的方為終極的理想。近來，學校亦逐漸體認親職教育應兼含積極與消極目的之特性，

從整合現有的人力及可用資源為始點，致力於實現親職教育的積極與消極目的。

(四)對象不限於學生家長

從健全的親職教育發展觀之，其積極服務對象不應限定在學生家長或已為家長者，對於即將及未來可能扮演家長角色等人士，都應是廣義的親職教育服務對象。其次，學校除了對學區內的家長提供適當的教育協助外，還跨學區或與其他學校及組織積極配合，放寬可能的服務對象，善盡學校的社會職責。

(五)主動與被動型態兼具

從親職教育的演進觀之，學校教師常為親職教育的促動者，其旨在善盡學校的社會責任，發揮原有教育專長，培養家長的教養知能，使孩子得到完善的親子照料，同時也可藉由家長的合作，有助於提升學校的教育效能。在親職教育的推動型態上，可由學校教師主動發覺孩子與家長面臨的問題，並提供有關的教育協助；但近來家長益加關切孩子的教育，也會主動尋求學校的專業協助，成為另一種正向的互動型態。

(六)師資來源不限於學校

隨著社會變遷，親子關係及親職教育等相關議題益見複雜，學校成員的專業知能及工作負擔可能無法完全提供親職教育所需的師資；因此，學校除仍主動地了解親職教育的需求外，更可借助校外的親職專家，提供家長更多的專業協助，教師也可藉此強化親職教育的相關知能，交流教育經驗。

(七)場所可於學校內或外

鑑於家長可能是主動或被動地接受親職教育，尤其部分家長並未具備與學校合作或擁有接受家庭教育觀念前，學校成員有必要採取主動訪視等策略，以了解現況及需求，且實施親職教育的場所也不限於學校；其次，學校既有的資源設備未必能完全滿足實施親職教育之需，亦可對外尋求社會資源的支持，提供家長不同型態的教育機會。

(八)多採非正式課程實施

親職教育的對象多是家長，實屬成人教育的一環，在課程的實施上，雖由學校或其他社會團體加以規劃，但非以固定的課程型態強制實施❼，且課程實施也會考量家長的時間與期望，多採非正式課程的方式。在師資的選擇上，學校可以商請學有專精的成員、心理輔導專家或其他領域的親職專家給予協助，提供較大的實施彈性。

學校的主要服務對象為學生，學生的學習及生活等歷程皆為學校教育關切的範圍。從生態學的角度，學校、家庭，乃大至社會都是可能影響學生的生態系統，家長身為孩子的主要照料者，是否具備良好的教養理念並具體落實於孩子的生活，自然是攸關孩子得否健全成長的重要議題。從培育學生健全發展以及善盡機構的社會責任等角度言，親職教育是學校能夠秉其專業、推廣教育理念的重要職責之一。面對多樣的家長及學生的需求，學校成員應了解家長及學生的需求，整合成員的專長及可用資源，透過適當宣導以提供家長必要的教養知能。

因此，家長不應自外於孩子的教養職責。學校應宣導家長參與孩子的學習，關心學校的活動，使其成為學校教育的助力。廣義言之，雖然親職教育不限由學校實施，但從整體社會體系運作的現況來看，學校已是廣受社會重視的機構，社會成員對學校應盡的社會職責具高度期待，由學校主動規劃及提供的親職教育顯然遠較其他社會機構更具有合理性。但相對言之，學校本職包含提供學生有關認知、情意等學習內容，其原有功能已頗為繁重，在加諸學校任何社會責任前，必須考量學校成員的負擔及新增責任的合理性，如此不單是對學校教育的尊重，也是一種務實的態度。

總之，如何讓學校教育充分發揮專業，並顧及其負擔，同時讓親職教育確實有助於孩子的發展，實為今日推展親職教育的一大課題。顯然地，在當今社會中，無視於孩子教育及發展情況的家長已屬罕見，只見愈來愈多的家長關心，甚至放棄工作，投身孩子的教養工作❽；對於學校教育的運作情形，家長不僅意在了解，也希望可以在學校教育的過程中找到能夠使力的環節，成為孩

子成長過程的重要助力。今日家長參與學校教育活動顯然已成為學校與家庭普遍接受的共同價值，學校如何立足於斯，尋求親職教育開展的新路，顯然是現階段推廣親職教育時必須多做思索的課題。

有鑑於上，後續將以鼓勵家長參與學校活動的角度，進一步論述學校如何在此基礎上推廣親職教育。下一節將先分析鼓勵家長參與學校活動的理由。

・從「孩子看狗」想親子溝通・

孩子因為身心發展階段不同，所以想法與大人是完全不一樣的，但是大人常常誤解孩子，「以大人之心度小孩之腹」。曾有人說了這個故事：當我家老二上幼兒園小班時，有一天，外子和我帶著老二上學，突然一隻大狼犬擋在路中，老二馬上哭起來，我就生氣地罵他膽小鬼。這時外子說：「你蹲下來看看這條狗。」我蹲下來一看：那隻狗還真不小咧！於是趕快改變語氣，請老二躲在我背後，繞過狼犬向幼兒園走去，內心想著：「大人要『低下身來』（understanding）才能走進孩子的內心啊！」

第二節　鼓勵家長參與學校活動的理由

回顧學校教育的歷史，西方學校制度的發展與教會密切相關。兒童普遍參與學校教育要追溯到義務教育的出現：普魯士薩克森公國早在 1557 年、1580 年頒布之《強迫教育令》就出現強迫就學的原則，成為義務教育發展的濫觴（滕大春，1990，頁 212）。歐美各國歷經宗教改革、工業革命、民族主義以及政治民主化等因素的影響，促使學校教育蓬勃發展；又義務教育的觀念逐漸得到各國重視的結果，更使得學校制度在社會體系中得到益漸高升的合理地位。

　　反觀中國學校制度雖然起源甚早，但最初的成立宗旨在服務貴冑子弟，缺乏普及的特性，學校制度的系統化及普遍化開展則要屬近世紀的事。清末科舉制度的廢除，新學制的誕生，使得學校取代原先私塾及家庭教育等重要功能；爾後義務教育制度的發展，更加速學校的普及。當學校制度順利接收教養職責，一方面使家庭及其他社會機構多出閒暇可轉移焦點到其他層面如經濟、政治等發展，另方面則使家庭與社會逐漸對學校形成依賴，加諸學校許多額外的教育職責，反使家庭與社會對兒童教育卸責，使學校發展備受窒礙。

　　相關研究結果均指出，教育機構與家長應維繫更密切的關係，在理論上都普遍地得到接受，但如何將各項共識付諸實施則仍待進一步努力（Pugh, 1989）。學校教育的出現，代替原本家庭應擔負的教育責任，雖造就不少績效，但表現卻也未盡如人意。Kellaghan 等人（1993, pp.6-8）即指出，學校教育的發展經驗存在下述限制：

1. 即便學校課程改革如火如荼地展開，似乎僅有極少數的學生表現能夠真正地達成預期的目的。
2. 從學校發展的歷史觀之，學校教育的擴展並不必然使低社經地位的人受益於教育或社會的發展，進而擁有更多的參與機會。
3. 學校教育在資源均等分配的工作上並不成功，即便是同一國家，學校間的資源差異仍舊很大。
4. 在大部分開發中國家，資源、師資培育，以及管理系統等缺乏，阻礙擴展公共教育的努力成果。
5. 除教育資源外，以 1980 年代言，公立學校的支出相較於前一階段，並未見支出比率有所提升。

　　學校教育的績效遠不如預期，各項改革建議遂從四方湧入。有鑑於歷來學校教育的成效不佳，各界對於教育的想法轉為如何讓學校以外的機構同享獨擔的教育責任❾，尤其是再省家庭的教育角色，希望支持家庭成為一個有效能的學習中心❿。

　　近來要求反省學校、家庭與社會對兒童教養職責的呼聲日起，一方面肇因於學校的辦學成效受到質疑（當然也可能是各方期待太高），另方面則受到家

長逐漸重視孩子教育的影響，使得各界試圖重新反省與調整三者的角色。隨著家長對孩子教育更形關切，家長不但關切孩子日常生活教育的活動與規劃，也關切孩子參加學校教育後的學習生活，鼓勵家長參與學校活動遂成為漸獲接受的共識。如此一來，不僅使家長更加體認應負的教養職責，也為提升學校辦學績效提供另一可行的出路。Sarason（1995, pp.46-48）認為，鼓勵家長參與學校活動的理由主要有五：

 ## 一　家長擁有其他人難以獲得的知識

　　身為孩子的親人，甚至是生活中最親密的伙伴，家長與孩子長久相處的經驗積累，構築成他人難以獲得的資訊。例如：有關孩子的學習風格、興趣、動機、問題以及天分等，即使這些資訊的效度或詮釋仍待斟酌，但對於學校教師而言，這些資訊對於如何與孩子形成良好的互動關係將很有用處。

 ## 二　家長對於子女的受教經驗存有濃厚興趣

　　在子女受教育的過程中，家長扮演著提供者、協助者、參與者、諮詢者以及決策者等角色，對於子女受教育的機會與品質，家長有權力也有興趣深入了解子女可能接受的教育經驗，即使不同的孩子在學校接受教育的機會與內容並無差異，但家長希望被告知或諮詢、成為子女學習的助力，甚至避免成為負面因素。

 ## 三　家長不能免於評斷學校教學的好壞

　　家長是子女的第一位教師，對於自己親任教師角色的經驗，家長也積累出不少的心得，甚至希望學校教育能承續優勢並避免重蹈缺失，自然以自己的先前經驗加以類比，甚至對學校教育提出批判。這些批評源於家庭，但會被推論到學校教室去，這些結論應視為教育的資產，以使父母表達出對教學的期望。

四 掌握學校經營屬於家長的公民權限

身為納稅義務人，家長希望了解公共政策的運作情形，學校的經營狀況自屬公共政策的一環，又與家長切身相關，致使家長有意對其經營情形加以掌握。家長不只視自己為被動的納稅人，而且是能夠主動對學校提出看法的人；即便學校對家長所提的看法不表認同，至少承認家長可提供一些有用的訊息。

五 家長間的多元特質可為學校資產

由於不同的家長各擁有特殊旨趣、嗜好、職業以及社區角色，家長本身就是學校的重要資源，且為使子女獲得良善的教育，家長更是有較高意願提供所長以協助學校教學。當家長具備可應用在學生教育的知識及技巧，只要有助於促進兒童智能發展，家長會樂於提供專長所學。

基於前述理由，學校教育的發展雖然承續許多昔日家庭教育的教養責任，但孩子的教養權責並非隨著教育型態的轉型而「讓渡」到學校教育。藉著反省家長的教養職責，並分析家庭與學校教育合作可能獲致的利益，使得鼓勵家長參與學校活動的理由更形充分。其次，就兒童教育權的歸屬而言，洪福財（2000a，頁197）曾分析教育權的內涵，認為受教者、家長、國家、社會以及教師同為掌握教育權的共同持份者，以協助受教者健全發展，並維護受教者最大利益為目的（見圖5-2-1），可見家長在兒童的教育過程中有一定程度的權力，更是責無旁貸地應予支持。

再就邁來論述家長參與孩子學習活動的相關研究言，倘能適度地讓家長參與孩子的學習，將會對孩子、家長本身、教師，甚至是學校等具有正面的助益；如 Sussell 等人（1996）指出，藉由家長參與，將會帶來下述五項優點：

1. 讓家長對教師及學校有更正面的態度。
2. 引發學生更多的正向行為及態度。
3. 改善學生的表現。

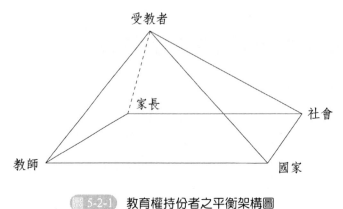

圖 5-2-1　教育權持份者之平衡架構圖

4. 改善教師士氣。

5. 改善學校氣氛。

Karther 和 Lowden（1997）認為，家長參與的優點主要有四：

1. 學生可以從各種領域獲益。

2. 增加家長對學校的滿意度。

3. 增加家長參與的自信。

4. 帶來全面的學校進步。

Ballantine（1999）則認為，家長參與可以帶來下述八項正面結果：

1. 改善親子間的溝通。

2. 參與者的子女在學校有較佳的學業表現。

3. 增加參與校務的機會並減少破壞行為。

4. 提高孩子完成高中學歷的機會並繼續順利升學。

5. 讓父母有成就感。

6. 提高父母對孩子的期望。

7. 改善學生的學習習慣。

8. 增加父母決定繼續進修、自我充實的可能性。

綜合前述學者的看法可知，鼓勵家長參與孩子的學習活動，對於不同對象的正面助益如下：

1. **對孩子而言**：可提供更多元的學習刺激，獲益的範圍涵蓋孩子的各種發展層面，例如：在心理發展方面，有利於孩子及早熟悉新環境，藉由家長受到學校尊重的「替代增強」效應，使孩子也提升自我的價值感等；在學業表現方面，有助於增加孩子的學習表現，包含知識、態度以及生活習慣等，甚至有利於孩子順利完成學業並繼續升學。

2. **對家長而言**：增加親子溝通的技巧與自信，了解孩子的學習表現並有利於訂定適當的期望，進而與教師及學校建立良好的關係，增加對學校辦學的滿意度；家長並能從中了解自己在教養知能方面的不足，進而虛心學習，或再進一步參與進修。

3. **對教師而言**：能使教師獲得更多學生的訊息，順暢的溝通使教師的努力得到家長的了解，獲得更多教學的支持，以提高工作士氣。

鼓勵家長參與學校活動，對孩子、家長以及教師都有積極正面的助益，一方面有助於家庭親子關係的和諧，使家長透過參與學校活動的機會以掌握孩子的學習情況，並形成對孩子的合理期待，確立家庭的教養目標；另一方面，學校則因辦學能得到家長的認同，也因親師密切聯繫有助於減少孩子在校的不當行為，或經由家長反映改進建議，帶來學校辦學的進步，增進教學成效，甚至有利於增加學生完成學業與升學的機會，強化學校的辦學績效。

鼓勵家長參與學校活動雖有前述利益，但家長是否具備適切的參與能力，以及其心態是否經過妥適的調整等，也可能影響前述目標的達成，甚至可能成為學校活動的另一種阻力。Sarason（1995, pp.46-48）也指出，家長並非具備完整參與學校活動的能力，這將可能影響學校的預期成效；主要的理由有三：

1. 家長對於學校文化與學校體系的基礎知識不足。

2. 家長對於一般學校及成員的知識與態度，主要仍源自他們以前的學生經驗。

3. 當家長或其他人要求一定程度的參與決策權時，焦點仍置於「權力」議題，而非實質的教育問題的討論。

　　鼓勵家長參與學校活動仍必須設法排除前述因素，除利用各項親師互動的機會，培養家長的正確觀念外，社會教育的宣導，親師應開放心胸看待家長參與，既尊重家長的參與權，也要考量教師的專業角色，方可使該項措施獲致最大的效益。

 ## 第三節　家長參與學校活動的模式

　　有鑑於前述家長參與可能帶來的利益，學校成員對於如何帶動家長參與以達成「興利」之效，應是學校成員所關心。透過參與學校活動，提供家長反思親子關係的機會，家長可以從中了解在教養知能方面的不足進而虛心學習，增加親子溝通的技巧與自信，並訂定對孩子發展的適切期望，以達到協助孩子健全發展的理想，方是學校推展親職教育的理想。學校教育應當把握家長熟悉孩子成長情形的條件，適時了解並提供家長所需的教養知能，共同承擔教養孩子的權責，使孩子能在親師的合作中獲得最佳的成長機會。

 ### 一　Wolfendale 的觀點

　　就發展演進觀之，家長與學校教育的關係從未能積極參與到主動參與，事實上也歷經一段演進的歷程；Wolfendale（1992）曾將家長參與的方式，採活動階段將家長參與的方式圖示如後（見圖 5-3-1）（洪福財，1996）：

1. 家長進入校園。
2. 學校開始與家庭連結。
3. 學校與家庭開始採取書面的溝通方式。
4. 學校與家庭採取會議的形式進行相互了解和溝通。

　　家長從開始進入校園到經由會議溝通，經歷了一段歷程的演變，參與的方式從獲得參與的機會開始，漸而與學校成員進行互動，並逐漸採書面、會議等方式進行溝通，此等演進歷程表示家長與學校成員互動的需求，而家長參與的

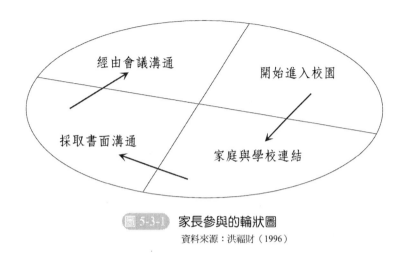

圖 5-3-1 家長參與的輪狀圖

資料來源：洪福財（1996）

管道則是與學校成員相互協商及溝通，發展出雙方均能接受的適當型態。

除前述參與管道逐步演進外，家長參與學校活動的內涵也漸生改變。Wolf-endale（1989, pp.5-9）曾以幼兒教育機構的家長參與情形為例，對於一百三十個幼教機構進行為期三年的觀察研究，依家長參與機構活動的情形分成五種不同類型，並綜合歸結成一個說明架構如後：

(一)非參與型

此類型的家長純粹是幼教的消費者，並不親自參與機構的運作；該類型又可分成兩種：

1. 主動的非參與型：主動決定不參與幼教機構的活動，例如：

 (1)有工作的家長。

 (2)希望有一段時間不用帶孩子的家長。

 (3)想要「買」一段專業時間的家長。

2. 被動的非參與型：家長雖想參與，但實際上感到無法如願，例如：

 (1)家長覺得當他存在現場時，孩子就不會安分。

 (2)缺乏自信、厭倦或感到失望的家長。

 (3)國語（語言）能力不好的家長。

 (4)擁有更需要親自看護的孩子之家長。

(二)支持型

此類型的家長給予機構外在的支持，藉由提供實際幫助或理念贊同等方式支持機構運作，提供的支持列舉如後：

1. 經費支持。
2. 提供所要求的材料資源。
3. 參加夜間開放活動及社區聯歡會。
4. 提供精神上的支持，發揚機構的哲學。
5. 支持機構所建議的家庭活動。

(三)參與型

此類型的家長親自參與或做一些對機構運作有所貢獻的活動，這些活動通常是在機構成員的指導下產生，家長可能扮演的角色及參與的活動內容列舉如後：

1. 扮演協助者的角色
   (1)將整個群體視為服務對象。
   (2)幫忙成立一個特殊社團或玩具圖書館。
   (3)輪流與孩子共事。
   (4)跟教職員及孩子一同遠足。
2. 扮演學習者的角色
   (1)家長可以藉由參與公開朝會、工作坊、學校聚會或透過在團體裡分享育兒經驗的過程，進一步了解自己的孩子以及機構的辦學目標。
   (2)藉由成人教育的活動，更認識所居住的世界。

(四)伙伴型

此類型的家長與學校機構維持著共事關係，有共同的目標，相互尊重且願意協商，這意味著訊息、責任、技巧、決策以及績效等共享，例如：

1. 個別家長與專業人員的伙伴關係
   (1)家長是共事者、共同施教者，共同計畫並實施一個在機構或家裡關於

孩子的計畫。

(2)家長有相同的機會得到資訊及紀錄。

(3)家長有共享自己孩子決策的機會。

(4)家長能共同診斷、評量、計畫、檢視並照料他們的孩子。

2. 一般家長與特定機構的伙伴關係

(1)參與計畫及經營。

(2)共享目的、目標以及活動計畫等的形成。

(3)共同選擇教職員工。

(4)共同選擇入園的孩子。

(5)機構的評鑑。

3. 家長作為工作者與特定機構的伙伴關係

(1)協助家庭訪問。

(2)協助社團的運作。

(3)與其他家長進行諮商。

(4)作為孩子遊戲分組的領導人與照料者。

4. 社區家長與決策者的伙伴關係

(1)藉由社區健康諮詢會議、家長伙伴協會（Parent Partnership Association, PPA）、宗教委員會等委員關係進行聯繫。

(2)與學區健康中心及教育與社會服務委員會接觸並共享訊息。

(五)控制型

此類型的家長決定並實行決策，是最後的負責者並講求績效，他們並控制著機構運作或是獨立於機構運作，例如：

1. 選擇、雇用及管理教職員。

2. 管理預算及資源。

3. 選擇孩子。

4. 決定目的及目標。

前述家長參與的架構，呈現出家長對學校事物參與的不同程度，有助於分

別出家長參與機構活動的「傾向」，但必須注意的是，各種特性的家長角色不見得會出現在每一個機構當中，而家長參與的程度也不能只依照實際的參與人數而定；再者，我們有必要將機構看成一個整體，並視教職員認為哪些活動由家長參與是適當的。

 ## 二　Cunningham 等人的觀點

從前述家長參與學校活動的不同面向觀之，家長可能不參與學校活動，或在參與的基礎上，有不同層次的參與可能，包含做好學校發展的支持者、伙伴，甚至控制者等角色。若再進一步論述家長與學校的關係，Cunningham 和 Davis（1985）以及 Swap（1993）等人依據家長參與學校活動的內涵，將家長參與學校活動的方式分為下述六種模式（Hornby, 2000, pp.17-20; Spring & Stegelin, 1999, pp.45-48）。

(一)保護模式（protective model）

此模式將教學與親職的功能區分開來，避免教師與家長間的可能衝突。此模式認為教育是學校教師的工作，家長的角色只是確定孩子每天是否帶齊應帶的東西準時上學，家長的參與對學校教育而言非但不必要，而且有潛在干擾孩子教育效能的危險。Swap 認為這是親師關係最常見的模式。

(二)專家模式（expert model）

此模式認為教師自視為各方面發展與兒童教育的專家，家長的想法是不大可信的；教師掌有決定權，家長的角色只消接收有關子女的訊息與教學而已。此模式主要的問題是要求家長一味地服從與尊重教師，家長不應質疑教師的決定及他們的專業能力；其次，由於教師不善加利用家長了解子女的豐沛資源，致使他們可能忽略了兒童的重要問題或能力；此外，還有教師無法覺知家長可能經驗到的任何困難等問題。凡此種種，都將可能使得家長對教師所提供的教學服務感到不滿意。

(三)傳送模式（transmission model）

此模式旨在尋求家長協助，以支持學校的教育目的。使用此模式的教師自視為兒童專家，同時也承認善用家長資源的益處，他們認為自己有一些經驗可以傳送給家長，好讓家長可以援用在孩子的身上。

在此模式中，教師依舊處於控制並決定使用哪些介入措施，只是他們承認家長在促進孩子學習進步過程中扮演著重要角色；因此，家長的觀點與所強調的事件比較可能獲得考量。但即便如此，採取此模式的教師並不需要一些額外的技巧——像是有效地引導家長以及與家長建立正向工作關係的人際技巧等。這些因素將會使家長更加滿意教師的教學服務，並減少依賴教師的可能性。

但此模式的危險，在於假定所有的家長都能夠且應該扮演積極成為資源的角色，將有可能造成使家長介入孩子學習計畫負擔過多的危機，這種情形在一些有特殊需求孩子的案例中可以發現：可能同時要求家長必須在家扮演著介入計畫的語言治療師、心理學家以及教師等多重角色，顯得有些不切實際。

(四)課程增添模式（curriculum-enrichment model）

此模式希望結合家長的貢獻以擴充課程，所持的假定是家長有重要的專業能力可資貢獻，而且親師在課程材料實施的互動中將有助於強化學校的教育目標。此模式所述家長參與的重點在學校的課程與教學，在多元文化的教育裡普遍受到應用（當然也不限於多元文化教育，擁有其他專長的家長也能對其他課程領域有所貢獻）。

此模式提出一種家長參與孩子學習的新方式，藉以增加家長的可用資源，並提供親師相互學習的機會；主要的缺點是為了實現此模式，教師必須讓家長成為決定教學內容與方法的主要來源，對教師可能會造成威脅。

(五)消費者模式（consumer model）

此模式中家長被視為教育服務的消費者，當家長決定採取行動時，教師扮演著顧問的角色；家長擁有決策的控制權，教師則提供決策的相關資訊以及各種選項。教師聽從家長的意見，而家長儼然成為專家的角色，幫助他們在各種

選項中做出決定。由於此取向中的家長主導決策權,他們對於所受到的教學服務會比較感到滿意,對自己的教養能力也具有信心,同時也比較不會依賴專業人員。

如果此種模式推導至極端,可能造成專業責任的退位,家長被置於專家的角色,以迎合孩子的各種特殊需求;但如此一來,就好比家長自視為孩子所有層面發展的專家,然後與教師之間採取專家模式一般的危險,如此專業易位的結果是否真能對孩子最為有利?其實不無疑問。

(六)伙伴模式(partnership model)

最適當的模式是將教師視為教育專家,將家長視為他們自己孩子的專家。親師間可以保持著伙伴關係,共享專業與控制權,以提供孩子最好的教育,也由於親師各有所長,更增添他們成為伙伴的可能。

理想中的伙伴基本上應該相互尊重,例如雙方應相互傾聽並對彼此的觀點提出合理的考量;這種伙伴也需要對親師所進行的各項活動有著長期的認同,同時包含計畫決策責任的共享,如此一來,有效率的共事關係才會建立。伙伴關係的建立必須包含四項重要因素:雙向溝通、相互支持、共享決策以及強化孩子在學校及家庭中的學習等。

前述家長參與學校活動的不同模式,分別陳述著家長與學校成員間的不同角色;以課室教學為例,長久以來教師將課室教學視為一個「黑箱」,課室是教師揮灑教育理念的場所,而課室教學的過程及內容也因長期以來缺乏評鑑的機制,不僅教師不習慣與他人交換經驗心得,更不贊同開放課室教學接受檢視。如何讓教師打開這封閉已久的黑箱,接受家長的支援,反而成為教師難以調適的課題。教師長期被委以教學的重任,同時也以教學專家的角色自居,致使今日家長參與學校活動的現況中,保護、專家以及傳遞等模式仍普遍可見;但隨著教育權的演替,家長在孩子教育中扮演益發重要的角色,另方面也鑑於家長可提供學校教育的支持,使得教師對於家長參與教學活動的立場更形開放,此一過程著實需要教師及家長在心態上多做調整,並加強溝通共識方可竟其功;於是,無論課程增添、消費者,或是伙伴模式,都是教師與家長透過互

動過程所選擇的角色轉化，自然對家長參與的內容與方式也將產生影響。前述模式的劃分並非意在陳述優劣關係，但該等模式的分類有助於吾等重新省思教師與家長的角色，進一步探詢不同角色的互動與分工合作的可能性。

除前述藉分析家長參與學校活動的內涵，劃分出各種家長參與的模式外，Hornby（2000, p.23）另以家長的需求及家長的貢獻為兩個分析端點，依教師需花費在滿足家長需求的時間，以及家長需花費在提供家長貢獻的時間等不同角度，區分出教師專業以及家長專業等兩個層面，提出一個家長參與的雙金字塔模式（見圖 5-3-2）。在家長專業一端，家長在訊息、合作、資源，以及政策等不同層次依序花費不同程度的時間，其中提供兒童各項訊息將花費家長較多的時間，政策訂定的層次所費時間相對較少；在教師專業一端，教師在溝通、聯絡、教育，以及支持等層次依次花費不同程度的時間，其中日常的溝通聯繫花費教師較多的時間，在提供家長支持性服務的部分所費時間相對較少。

依據前述家長參與模式，教師可依不同層次，研擬有關家長參與情形的檢核表，以掌握家長的參與情形（Hornby, 2000, p.27）。例如：在家長專業一端的訊息部分，提出：

「如何從家長處了解有關學生的特殊需求、就醫狀況，以及相關的家庭環境等訊息？——除了親師會以外，還有其他的家庭訪問嗎？」

政策乙項可擬出：

「學校對於家長參與，有特別研擬出書面的政策嗎？——這份政策是否清楚地釐清家長的權責，而這些政策是否都以書面的方式發送給所有的家長與教師？」

在教師專業一端的溝通部分，可提出：

「哪些活動用來確定所有的家長與學校保持接觸？——學生的表現或展覽，以及要求知名人士蒞校演講的活動，是否吸引很多家長到校參加？」

家長花費的時間　　　　　　　　家長的貢獻　　　　　　　家長專業

一些

政策
例如：PTA 的成員、學校領
導人、家長支持／擁護團體

許多

資源
例如：教室義工、資金籌集、
對其他家長提供支持

多數

合作
例如：家庭—學校閱讀、
數學以及行為方案

全部

訊息
例如：孩子的優缺點、好惡，
以及曾接受醫療等細節

全部

溝通
例如：手冊、信函、電話接觸、家庭聯絡簿

多數

聯絡
例如：家庭訪問、親師會談

許多

教育
例如：親職工作坊

一些

支持
例如：諮商、支持團體

教師花費的時間　　　　　　　　　　　　　　　教師專業

家長的需求

圖 5-3-2　家長參與的雙金字塔模式

資料來源：Hornby（2000：23）

支持乙項可擬出：

「家長有哪些機會可以和學校的成員一對一地聊聊他們對學校的關心？——
　　例如：家庭訪問時或在學校一些特殊安排的親師會，會有這種機會嗎？」

此種家長參與的模式，簡潔地勾勒出家長參與校務的架構，有利於做為親師檢核家長參與校務的依據，頗值得參考。

・你考慮到孩子的情緒了嗎？・

大部分的家長只注意孩子的功課，而忽略孩子的情緒問題。其實，如果孩子的情緒沒有得到適當的紓解，那麼他的認知與技能的學習也不可能進步。由於幼兒仍處於自我中心階段，所以凡事以自己的想法為主，他要什麼就一定要什麼，他不高興就不管如何吵鬧到底，這時候家長生氣或體罰他，都不是上策，最好是轉移注意力，或讓他紓解一下不滿的情緒，等平靜些後再和孩子溝通，因為孩子的情緒獲得紓解後，才能冷靜來接受大人的指導。

附註

❶ 此處係含括幼兒園與其他學制機構而言,為行文便利,暫以學校稱之。

❷ 親子關係的概念上還包含法律關係或人際互動、心理情感、期許形成等因素(詳見第一章),本處僅為行文之便舉例為之。

❸ 近年來家長參與的相關文獻日形普遍,需要家長參與的原因雖然從孩子發展的角度有其助益,但亦有學者指出此種思潮的盛行與教育政策的形成及教育實務中的權力使用與分配等轉變有關係。Sarason(1995)曾就政治權力運作的角度評析家長參與形成的原因,有興趣者可逕參閱。

❹ 在有關家庭與學校關係的概念發展過程,多項概念曾被廣泛應用,但概念間實有差異。就涵蓋範圍而言,涵蓋面最廣的當屬家庭介入(home intervention),是用來描述任何幫助家庭促進孩子身心發展的計畫用詞,狹義言之,排除強調家庭病理學的治療取向,也排除掉指特殊生理、情緒或心理需求的孩童家長,或是為一些孩子參與非常態班級教學計畫的家長所設的計畫;其次是家庭支持方案(family support programs),除了指支持家庭中智能及學校相關環境的計畫外,通常包含營養、健康照料及社會服務等內容;再次,親職教育方案(parent education programs)是指重點放在家長是孩子教育伙伴者的角色,為改善孩子的認知及學校表現,試著改變一些有關親職知識、態度或行為等層面知能而言。此外,親職教育方案的概念與親職教育(parent education)或父母教育(parenthood education)等並不相同,後者是指用來幫助現在或未來將為人父母者學習孩子教養與發展原則等知能;其次,該概念與家長參與(parent involvement)及家長分享(parent participation)不同,後者是指由學校主導並試著將家長納到學校活動,且(或)教家長在家教學或強化孩子學校作業的特殊技能及策略(參見 Kellaghan et al. 1993, pp. 84-85)。近來相關的研究常見概念有相互涵攝的情形,最普遍受到應用的詞又以親職教育及家長參與為甚;依據 Kellaghan 等人的看法,該二概念都隱含著學校處一定主動地位,但二者所設的目標不甚相同。只是,親職教育與家長參與在概念上可明確劃分,實務上果真分道而行?家長參與只為「教家長在家教學或強化孩子學校作業的特殊技能及策略」,全然無涉「為人父母者學習孩子教養與發展原則等知能」?其次,若由親職教育的可能途徑言,要求家長參

與學校活動（兼含主、被動），進而投以各項教育活動為可能途徑之一；家長不參與學校活動，由學校主動投以親職教育活動，也是另一可能途徑；或許正如 Sarason（1995）所言，從權力分配的角度，家長參與成為今日教育活動的主流模式，昔日不參與學校活動的型態已然居於末流，也促成家長參與及親職教育的概念有逐漸併攏的可能。因此，本文所視親職教育的概念，也期望家長可以在參與學校活動之餘，達成親職教育所指涉的目的（畢竟家長不參與學校活動的方式是不值得鼓勵的）！如讀者在許多部分或覺該二概念有相互涵攝的情形，當是前述情形所致。

❺ 從親職教育的提供者觀之，提供家長相關教育服務者並不限於學校，也可以是其他社會教育機構；但考量本書主要讀者為未來的教育工作者，以下所述的提供者多以學校為論述主體，由之檢視其與家長間的可能互動關係。

❻ 此處所指職業婦女愈形普遍，並非作者以為養育僅是婦女之責，而是陳述歷史上育兒之責普遍落在母親身上。

❼ 嚴格來說，有些親職教育的實施是具有強制性的，例如：2014 年 1 月 8 日通過修正〈道路交通管理處罰條例〉，其中第四十三條第一項就為蛇行及飆車行為提供處罰的法源；該條例規定，行為者除處以新臺幣三萬元以上九萬元以下罰鍰外，並當場禁止其駕駛，再吊扣該車輛牌照三個月；未滿十八歲之人，駕駛人及其法定代理人或監護人應同時接受道路交通安全講習，並得由警察機關公布其法定代理人或監護人姓名。這種透過社會司法機制強制執行的教育型態，廣義來說也可以屬於親職教育的一個環節。

❽ 目前各縣市依據《教育基本法》訂有「非學校型態教育實施辦法」。以臺北市為例，自 86 學年度頒行〈臺北市國民小學適齡學童申請在家自行教育試辦要點〉，選擇在家自學教育的家庭有逐年增加的現象，又哪是前數十年臺灣社會快速發展時能料到的呢？

❾ 當然，改革建議中也有如廢除學校教育制度的極端看法，如 E. Reimer、I. Illich 等人所提出的「去學校化」（deschooling）主張，本文則不論及，有興趣者可逕參閱前述主張者的代表論著。

❿ 協助學校教育效能的發揮似乎是學校推展親職教育的消極因素，但從積極面反省親子關係的發展本質及父母對孩子成長的教養責任，學校推展親職教育則又具有積極性的導正意義。有關親子關係與親職教育意義及目的等已於前述各章闡釋，此處不再贅述。

研究題目

1. 名詞釋義：(1)親職教育
　　　　　　(2)家長參與
　　　　　　(3)家長參與雙金字塔模式

2. 試述親職教育的特性。

3. 試說明鼓勵家長參與學校活動的理由。

4. 試說明家長參與學校活動的類型及其內涵？

5. 試說明家長參與學校活動的方式有哪幾種模式？在這些模式中，你認為何者是最理想的模式，請說明你的理由。

延伸活動

1. 以你（妳）的父母為例，請他們回想在你（妳）在幼兒園、小學、國中、高中，甚至是就讀大學時，他們有哪些機會可以參與學校教育？不同時期的參與情形，與本章第三節所提的哪些參與模式較為相似？他們比較喜歡哪種參與模式？為什麼？

2. 以一位幼兒園或小學教師為例，了解他們服務的學校現正提供家長參與學校活動的機會有哪些？另學校是否擬有親職教育計畫？分析計畫的內容，了解執行計畫時親師的角色與功能。

3. 找一位幼兒園或小學教師、家長，請問他們認為可行的親職教育方式有哪些？這些方式學校能否做到？為什麼？

6 Chapter 社會變遷中的親職教育

當及嬰稚，識人顏色，知人喜怒，便加教誨，使為則為，使止則止。比及數歲，可省答罰父母威嚴而有慈，則子女畏慎而生孝矣。吾見世間無教而有愛，每不能然。飲食運為，恣其所欲，宜誡翻講，應訶反笑，至有識知，謂法當爾。驕慢已習，方復制之，捶達至死而無威，忿怒日隆而增怨，逮于成長，終為敗德。

《顏氏家訓》〈教子第二〉

　　《顏氏家訓》為中國古代論述家庭教育的重要代表作品，作者顏之推（西元531～約590以後）則被推為「中國家庭教育理論的奠基者」（馬鏞，1997，頁117）。傳統家長身為教養子女的唯一權威者，「威嚴而有慈」、「重早教」、「戒溺愛」、「子女畏慎而家教成」等教養原則，成為中國家庭教育中不變之理，也得到家長拳拳服膺。於是，絕對權威家長成為中國文化中家庭的典型角色，因為「夫教化者，自上而行於下者也，自先而施於後者也。是以父不慈則子不孝，兄不友則弟不恭，夫不義則婦不順矣」（顏之推原著，1999，頁26），家長不僅是孩子仿效的典型，況且「上智不教而成，下愚雖教無益，中庸之人，不教不知也」（顏之推原著，1999，頁5），此等對於兒童心理略帶性惡取向的白板說，無視孩子發展的主動性，成為傳統家長看待孩子的「原型」；加上家族式的種族傳續，社會封建塑造的絕對權威思想，儒家塑造的忠孝觀在社會與家庭中發酵，以及未具節育觀念的生育觀等多重因素的交融，久之，重家長威嚴、單向式的教養觀，成為傳統社會教養子女的共同價值。

　　人類最早接受教育的場所便是家庭，由家庭擔負教育兒童之責，藉由親子互動，家長提供孩子各項教育的素材，其行為舉止是兒童立即可見的仿效樣板，成為孩子發展過程的重要因素之一；但學校體系的出現，確實對傳統家庭教育造成不小的衝擊。以中國為例，學校制度的出現其實由來已久，關於《禮記‧王制》的記載，鄭玄曾加註曰「皆學名」，且皆為小學，由前述古籍內容可推斷，三千多年前中國可能已出現透過學校制度實施教育，透露出中國甚早即出現透過制度化的機構擔負教育責任的期望（洪福財，2000b，頁188）。自漢以降，歷代或曾設立小學以教幼子，如東漢明帝的四姓小侯學、安帝鄧太后的官邸學、後趙石勒的襄國四門小學、北魏孝文帝的四門小學、北齊的四門

小學及唐高祖武德年間所設的小學，然而，上述學校在性質上均屬中央貴冑宗室之學，旨在教授冑子；平民子弟大量有機會進入小學應是自宋代始（周愚文，1996，頁97），但宋代始辦的官立小學容量有限，私人辦學順勢承接官辦之不足，成為辦理兒童教育的主體；爾後明清之社學、義學發展，其實也受到政府提倡，創造不少平民就學機會；清末列強入侵，清政府為求自強乃實施「新政」，並在知識份子的鼓吹下，中國新式學校教育制度逐漸成形，且使義務教育的思想趨向成熟，學校順勢普遍地接收原屬一般家庭的教養職責。

學校教育的普遍化發展，學校成為孩子重要（甚至是必經）的教育場所，原有教育權幾乎全歸家長一端，卻因前述發展而逐漸朝向學校端擺盪；家長長期將教育權責託付予學校，加上教師的專業與崇高地位等傳統影響，學校教育成為主流的此刻，家長的責任卻自限於送孩子上學而已（洪福財，1996）。面對前述發展不禁使人憂喜參半，喜的是，教育的發展朝向專業化的服務；憂的是，家長已漸忽略自身的教養權責，反而成為孩子教育過程中的陌客。因此，為使孩子的發展得到完整的照料，學校一方面以教育專業者自居，另方面也應喚起家長共同承擔教育職責，主動規劃發展妥適的親職教育。

前述親職教育需求的產生和社會變遷多有關連，社會變遷正時刻變動，將會如何影響親職教育的需求與內容？有鑑於社會變遷與親職教育存在密切的關連，本章擬檢視近年臺灣社會變遷中的親職教育內涵及其樣貌。首先，先討論教師與家長的相互期望；其次，探討社會變遷的趨勢並檢視其對親職教育的影響。

 **第一節 家長與教師的相互期待**

綜觀近來世界各國的教育改革，都提及家長應該關心學校的運作情形，並且說明家長參與對教育的可能助益。以英國1967年公布的〈普勞登報告書〉（The Plowden Report）及1988年保守黨所提的教改方案（即〈貝克法案〉）為例，曾將家長對於學校教育的權利及義務納入計畫方案中，所依據的基本假定如後（Wolfendale, 1989）：

·讓孩子在社會中學習·

孩子的世界不是只有家庭，他也是社會的一分子，將來可能是某公司的總經理，或大學裡的教授，或擔任公司的業務員，都是對社會有貢獻的重要公民。我們希望他從小就能學習人際關係的技巧，能與別人和睦相處，家長可以運用各種機會，培養孩子適應社會的知能，例如到自家附近的商店買東西，在鄰近公園和別家孩子溜滑梯，或逢年過節到別人家作客等，都是教孩子社會技巧的好機會。

1. 如果家長愈了解孩子的學校及其教育的過程，對孩子將愈有幫助。
2. 愈多家長參與，會增加孩子得到更高品質教育的機會。
3. 家長對於學校的課程發展與實施將有所貢獻。
4. 家長參與學校活動，將使學校減少陷於困惑之境。

可見使家長更加了解孩子的學校教育情形，不僅將會使學校教育接受多樣的刺激與挑戰，最重要的受益者還是孩子本身。

一　全美親師協會的「家長參與聲明」

美國前總統布希（G. Bush）曾在 1991 年的演講中談到美國教育系統的缺失，他認為：「家長應該為自己孩子的行為負責，我們對於教師有太多不真實的期望，我們甚至期望教師們都是社會工作者、心理學家與諮商員」（Wagonseller, 1992）。全美親師協會（The National PTA）在 1986 年的指導委員會中通過「家長參與聲明」（parent involvement statement），明列父母的權責如後（Cutright, 1989, p.221）：

(一)責任部分

1. 保護並涵育兒童生理、心理、社會及精神上的教育。
2. 養成兒童對自己、他人及學習的尊重。
3. 提供兒童與其他孩子及成人互動的機會。
4. 奠定兒童成為負責公民的基礎。
5. 提供良好的家庭環境，做好兒童學習的楷模。
6. 與教師及學校行政人員保持接觸，並適時提供協助。
7. 參加學區負責人的選舉。

(二)權利部分

1. 正確、清楚並完整地得到關於學習及每一個孩子進步的訊息。
2. 關於自己孩子學習情形的正確訊息。
3. 清楚了解如何與學校聯繫的管道，參與並制訂影響孩子的相關決策。

　　由前述可知，學校尋求家長在孩子教育過程中給予協助配合，並期望在孩子成長的過程中，家長不應只是居袖手旁觀的地位，必須投注更多的努力；此等要求家長善盡親職責任的呼聲已日趨普遍。

 二　Hornby 的研究結果

　　Hornby（2000, pp.16-17）曾經以家長與教師為研究對象，各以「我們希望從教師處獲得什麼？」「我們希望從家長處獲得什麼？」為題，以英國、紐西蘭、巴貝多以及印度等地區的家長與教師為調查對象，茲將所蒐集的研究結果分述如後：

(一)家長希望從教師處獲得的事項

1. 教師能諮詢他們的意見，並傾聽他們的觀點。
2. 教師能夠保持更開放、容易親近的心。

3.教師願意虛心承認對某些事情的無知。

4.當他們懷疑孩子出現問題時，教師都能與他們聯繫。

5.教師能尊重對待所有的孩子。

6.教師能允許孩子間的個別差異。

7.教師能指出並試著處理孩子的學習困難問題。

8.召開有效率的親師會議，以討論他們孩子的進步情形。

9.教師能定期地訂正孩子的課堂與家庭作業。

10.定期地詳述孩子的進步情形。

11.希望有更多的教師參與親師協會（PTA）。

12.教師能更常以他們做為學校的資源人物。

(二)教師希望從家長處獲得的事項

1.能夠更真誠地說明孩子的特殊需求或健康問題。

2.告訴他們任何可能影響學生的家庭環境。

3.與他們合作，在家裡也共同強化孩子遵守學校的紀律。

4.藉由檢查家庭作業或聆聽孩子閱讀，幫助孩子強化學校的課業。

5.教孩子了解學校期望的行為表現。

6.對於孩子能力所及應該有真實的期待。

7.參加親師協會召開的會議。

8.參加與教師一同的會議，以討論孩子的進步情形。

9.閱讀並告知已收到學校寄到家裡的各項報告與信件。

10.隨時了解學校最新的地址與電話，以便進行聯絡。

11.當孩子不舒服的時候能陪他們在家。

12.自願利用各種方式幫學校解決困難。

從教師與家長的立場觀之，雙方對於相互在學校教育過程中的職責各有觀點，並盤算對方的應有作為。就教師的立場言，無非期待教學工作得以順利圓滿，希望家長提供影響孩子的細節訊息，並在必要時能夠提供協助；就家長的立場言，希望教師能夠心胸開放地傾聽他們的看法，尊重孩子個別差異並予以必要的協助，甚至也自願成為學校教育的資源提供者。

　　林晏瑢（2007）曾就臺北市公幼家長參與親職教育活動現況與需求進行調查研究，發現教師與家長對於親職教育活動存在以下看法：

1. 幼稚園教師認為了解家長親職需求甚於舉辦親職教育活動；
2. 幼稚園親職教育活動多為動態，與家長需求相符；
3. 幼稚園辦理親職教育活動時間與家長需求存在差異；
4. 幼稚園規劃親職教育活動多基於過去經驗，缺少相關專業協助；
5. 家長參與親職教育活動意願與成效不佳皆待提升。

　　幼兒園辦理的親職教育活動與家長需求存在差異，教師則是認為了解家長親職需求更甚於辦理相關活動；教師與家長彼此對於親職教育需求都未能準確掌握之際，幼兒園仍以辦理親職教育活動為主要作為，其間存在的落差實令人關切。

　　歸結前述的研究結果，親師之間對於強化孩子學習、解決孩子的教育問題已然具有高度的共識，對於合作也表達出一定程度的意願。Dymacek（1988）指出，到了1990年早期，原本父母完全排除在兒童教育之外的情形將有極大的轉變，家長逐漸從以往未參與任何教育方案，轉而成為學校專業人員共同決策的伙伴，由此可見親師合作已有不錯的利基，對於學校實施親職教育也具備良好的起始點。只是，親師雙方彼此間仍有不少期待，是否也意味著雙方都少做了些什麼？

 ## 第二節　社會變遷與親職教育

　　近年來，臺灣歷經政治、經濟，乃至社會等轉型發展，帶來了許多進步的現象，但也造成許多失調和脫序之舉。衡諸近數十年來的臺灣社會發展，其變遷方向大致可歸納為三：從社會結構與心理價值的轉變而言，由傳統農業社會轉型為現代工商業社會；從政治的民主、開放程度而言，由威權轉變為民主；從經濟的發展建設而言，由貧窮發展至富裕（張樹倫，1998）。整體言之，政治的開放、經濟的成長、社會結構的轉型等，隨著社會不斷地轉型而呈現多元

且富裕的樣貌；但居於其中的個體如何因應？家庭屬於社會結構的一環，又隨之產生何等變化？

在各項社會變遷的發展下，家庭結構以及婚姻狀況的轉變時常受到關注，其中婦女角色的轉變更是受到注目的議題之一。鍾思嘉（1993，頁 4-7）曾指出，婦女角色隨著家庭與婚姻狀況的變化而發生革命性的改變，婦女自我實現的重要性立升，反使家庭與婚姻首當其衝成為自我實現的最大障礙，因此造成下述三種現象：

1. **孩子數減少**：孩子成為強調自我實現此刻的累贅，是一種沉重、甚至可怕的責任；

2. **沒有孩子的家庭增加**：如美國現今只有 52% 的家庭有 18 歲以下的孩子，該比率創下歷史新低；而國內也愈來愈多人接受「一個孩子恰恰好」的觀念和作法；

3. **為人父母的壓力**：成就感和自我滿足成為許多人追求的目標，人們漸漸不願意為孩子做出過多的犧牲。

婦女角色的重新調整，對家庭生活而言，「男主外、女主內」的家庭經濟結構產生改變，成員間的角色與定位重行調整，再加上社會思潮的開放與多元，使得婦女不再承襲昔日的單純家庭主婦角色，更在自我實現的動力下，試圖擺脫傳統社會與家庭思潮對於達成前述目標的可能障礙。但家庭結構變遷也衍生許多兩難困境，例如：孩子數減少、父母育兒的壓力卻持續攀升；育兒工作可能是父母職涯發展或追求自我實現的可能障礙因素，「少子化」的當下卻可見許多父母暫時捨棄自己的理想而盡力促成孩子的成長。家庭結構的改變究竟對於父母壓力產生哪些變化？是更加地放棄（不願做出犧牲）這為數已少的孩子以尋求自我實現？還是更加地珍惜這為數已少的孩子而做出些許讓步？家長的選擇不僅攸關家庭的發展，對整體社會發展也將產生實質的影響。

林清江曾根據 R. McGee 的分析，將社會變遷與教育的基本關係歸納為三：(1)在意識型態方面，教育常為社會變遷的動因（agent）；(2)在經濟方面，教育成為社會變遷的條件（condition）；(3)在技術方面，教育成為社會變遷的結果（effect）（陳奎憙，1996，頁 50）。社會變遷與教育間存在著辯證關聯，對

家庭而言，社會變遷帶來家庭結構、成員角色、教養態度、成員價值等不同程度的影響與變化，對學校教育以及親職教育而言，自難免於社會變遷所導致的影響。

歸結近年學者對社會變遷的特徵及其對親職教育可能影響的討論，可歸結為八點，分別說明如後（王麗容，1994；李建興，1999；洪福財，2004）。

一 婦女勞動參與增加對父母職責的影響

就主要國家的勞動參與率言，依據性別區分可以發現各國男性勞動參與率相近，約略落在 7 成左右，其中以義大利 60.6%及法國 62.0%相對較低，我國則有 66.4%；反觀女性勞動參與率部分則有較大差別，我國女性勞動參與率為49.6%，高於日本、韓國，以及義大利等國（見圖 6-2-1），女性就業已成為不容忽視的環節。

男主外女主內的型態，使得教養子女成為婦女的當然職責，但婦女勞動參與的增加，使得前述穩定結構發生改變，甚至擁有年幼子女的婦女勞動比例，近年來也一直居高不下。依據行政院主計處（2002）對女性人力資源的調查

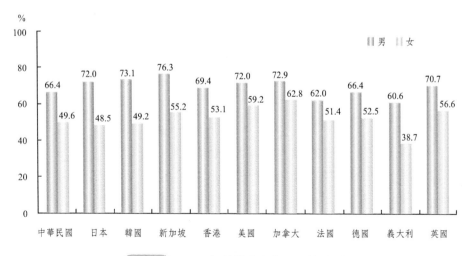

圖 6-2-1　2009 年勞動力參與——按性別分

說明：加拿大、德國、義大利、法國及英國為 2008 年，餘各國為 2009 年
資料來源：行政院勞工委員會（2010）。勞動情勢統計要覽。台北：作者。

（見表 6-2-1）可知，婦女教育程度逐年提升，就業人數也逐年提升，以 2001 年為例，女性勞動力人口 397.7 萬人，較十年前增 23.7%，平均年增率 2.2%，其中大專以上程度占 30.4%，較十年前增 14 個百分點；又從女性勞動參與力的婚姻狀況觀之，有配偶或同居的女性勞動參與人口逐年提升，可見已婚或同居女性的就業情形有逐漸普遍之勢。其次，以參加勞動者的職業分，女性以專業及技術人員提升的幅度最高，而隨著傳統產業式微，生產操作工人的比例逐年減少，職業型態的改變對女性生活型態的影響，值得關注。

表 6-2-1 我國女性人力資源概況

	1991年	1996年	2001年		1991年	1996年	2001年
勞動力（萬人）	321.4	364.8	397.7	就業人數（萬人）	316.5	356.0	383.0
按教育程度分（%）				按職業分（%）			
國中以下	50.1	40.1	31.6	民代及主管人員	1.8	1.6	1.6
高中（職）	33.5	36.4	38.1	專業、技術人員	20.0	23.1	25.0
大專以上	16.4	23.5	30.4	服務、售貨人員	21.2	22.9	25.0
				生產操作工人	31.7	25.4	22.7
				其他	25.3	27.0	25.7
勞動力參與率（%）	44.4	45.8	46.1	未參與勞動力原因（%）			
按婚姻狀況分				料理家務	65.1	59.8	57.3
未婚	54.5	51.9	53.0	求學及準備升學	21.0	23.1	22.7
有配偶或同居	42.5	46.0	46.3	想找工作而未找工作	0.7	0.9	1.3
離婚、分居或喪偶	26.7	27.2	26.6	其他	13.2	16.2	18.7

資料來源：行政院主計處（2002）。人力資源調查統計年報。2010 年 9 月 26 日下載自 http://www.dgbas.gov.tw/public/ Attachment/411116155771.doc。

附　　註：勞動力參與率＝勞動力／15 歲以上民間人口（勞動力＋非勞動力）

再者，根據行政院主計處「受僱員工薪資調查」，2009 年受僱員工平均每人月工時為 176.7 小時，其中女性勞工平均每人月工時為 174.7 小時，略低於男性之 178.4 小時。若依行業別觀察，女性受僱者每人月平均工時較長為「其他服務業」（每人月平均工時 202.2 小時）、「藝術、娛樂及休閒服務業」（185.3 小時）、「不動產業」（179.6 小時）、「用水供應及污染整治業」（177.9 小時）、「支援服務業」（177.8 小時）等五行業，而工時較短之行業為「教育服務業」（141.9 小時）、「金融及保險業」（167.8 小時）、

「資訊及通訊傳播業」（168.6 小時）、「電力及燃氣供應業」（168.7 小時）、「住宿及餐飲業」（169.1 小時）（行政院勞工委員會，2010）。可見婦女長時間參與勞動工作已成為普遍的趨勢。

進一步分析婦女未從事工作的原因（見表 6-2-2），依據內政部（2006）的婦女生活狀況調查結果，婦女沒有工作的最主要原因有 24.7% 是因為照顧小孩，其次則是因在學或進修中而沒有工作者占 24.4%，可見照顧小孩已成為婦女能否參與勞動的主要影響因素。再者，在未從事工作的婦女中，仍有 11.2% 在尋求工作機會，尤其是離婚、分居或喪偶婦女，則有 21.0% 正急於找工作，顯示婦女在家中的經濟地位顯有改變。

表 6-2-2 婦女未從事工作原因

單位：%

項目別	總計	照顧小孩	照顧老人或病人	料理家事	退休	在學或進修中	找工作中（含失業）	健康不佳	工作暫時休息，不想找	其他	很難說或拒答
2002 年 9 月	100.0	26.0	1.9	14.5	5.7	27.9	14.8	4.1	3.4	1.3	0.3
2006 年 10 月	100.0	24.7	0.9	19.4	8.8	24.4	11.2	4.9	3.7	0.8	1.1
按婚姻狀況分											
未婚	100.0	0.3	0.3	0.8	1.6	76.8	13.8	2.1	3.1	0.2	1.0
有配偶或同居	100.0	37.5	1.3	29.0	11.7	0.5	8.9	5.0	3.9	1.1	1.1
離婚、分居或喪偶	100.0	19.8	0.3	17.2	16.5	-	21.0	17.0	4.9	1.4	1.9

資料來源：內政部（2006）。婦女生活狀況調查。2010 年 9 月 27 日下載自 http://sowf.moi.gov.tw/stat/gender/analysis2-6.doc。

婦女職業人口的增加造成其角色的多元，父親角色也需相對地進行調整，分擔教養責任。事實上，近來「父職」參與的提升，實受到許多因素的影響，如女性就業人口的增加、兩性性別角色觀念的改變、女性的「母職觀念」改變與重視工作承諾、成長過程缺少「模範」的父職認同過程、育兒經驗增加父親的認同，以及社會參照團體給予適切的支援等（王叢桂，2000），母親不再是擔負教養責任的唯一角色。

親子關係與親職教育

 家庭結構變遷造成教養型態的改變

　　傳統農業社會的大家庭結構，隨著社會變遷也有所改變。依據內政部統計處（2001）調查指出（見表 6-2-3），兒童家庭組成以核心家庭占最多數：核心家庭（父母加子女）占 51.77%，較五年前的 59.79% 減少 8.02 個百分點；三代同堂的主幹家庭〔（外）祖父母加父母加子女〕及混合式家庭〔（外）祖父母加父或母之兄弟姊妹加父母加子女〕，加起來占 40.15%；單親家庭（父或母加子女）占 2.68%，較五年前減少 0.6 個百分點，唯祖孫二代家庭〔（外）祖父母加子女〕占 1.57%，較五年前增加 1.49 個百分點。

　　在核心家庭中，子女教養責任主要由雙親肩負，部分家庭可由雙親協調採輪流或單方專職等方式為子女主要教養者，也有部分家庭受限於雙親均需就業的影響，必須另覓專人或社會教養機構協助教養子女（如將嬰兒託付給保母、幼兒託付給托兒所或安親班等機構），所衍生的教養與親子互動問題值得持續關注。

　　另就不同家庭型態的兒童教育問題言（見表 6-2-4），「尋找適當的課後托育有困難」、「配合學校在家輔導做功課有困難」，以及「無法引導孩子重

表 6-2-3　臺灣兒童家庭組織型態比較

單位：%

項目　　　　　年	1991 年	1995 年	2000 年	比較增減百分點 (2000 年～1995 年)
總　　計	100.00	100.00	100.00	-
核心家庭	58.71	59.79	51.77	-8.02
主幹家庭	23.36	25.04	24.43	-0.61
混合家庭	11.27	9.56	15.72	6.16
單親家庭	3.21	3.28	2.68	-0.60
祖孫兩代	0.21	0.08	1.57	1.49
其　　他	3.24	2.25	3.83	1.58

資料來源：內政部統計處（2001）。中華民國九十年臺閩地區兒童生活狀況調查報告分析。2010 年 9 月 27 日下載自 http://www.cbi.gov.tw/CBI_2/upload/8b5cae75-9fe6-49b6-ba0f-ebe708c86737.doc。

視作業」等，是三項各家庭型態都感受到的教育問題。進一步分析各家庭型態的兒童教育問題可以發現，單親家庭與祖孫兩代家庭型態所占數量雖然有限，但其感受有兒童教育問題的比例頗高，值得加以重視。茲分就前述兩種不同家庭型態的兒童教育討論如後。

表 6-2-4 學齡在學兒童家庭遭遇之教育問題

單位：人；%

項目別	總計	不足適合的托養學校	孩子校教育方式不能適應學	尋找適當的課後	托育有困難	配合學校在家輔	導做功課有困難	視作業無法引導孩子重	好孩子學業表現不	其他	大致無問題
1991 年	100	1.15	2.18	2.27	7.67	6.19		7.10	1.50		78.73
1995 年	100	2.05	1.80	3.81	6.20	7.32		4.93	1.38		79.97
2000 年	100	1.88	1.88	3.56	8.67	10.59		5.92	2.08		75.74
按家庭組織型態											
核心家庭	100	1.76	2.12	4.10	7.75	9.00		4.83	1.90		77.32
主幹家庭	100	2.45	1.63	2.61	8.65	11.75		6.69	2.12		75.53
混合家庭	100	2.08	1.39	2.08	7.99	12.85		6.94	2.43		75.00
單親家庭	100	1.20	3.61	7.23	8.43	12.05		9.64	4.82		73.49
祖孫二代	100	-	2.44	-	24.39	21.95		4.88	2.44		58.54
其他	100	0.91	-	4.55	16.36	12.73		10.00	0.91		67.27

資料來源：內政部統計處（2001）。中華民國九十年臺閩地區兒童生活狀況調查報告分析。2010 年 9 月 27 日下載自 http://www.cbi.gov.tw/CBI_2/upload/8b5cae75-9fe6-49b6-ba0f-ebe708c86737.doc。

(一)單親家庭型態的兒童教育

依據行政院主計處（2003）的統計指出，就 2002 年 8 月臺灣地區家庭類型而言，由父或母單獨一人和未婚子女所組成之單親家庭占全部家庭之 6.34%。若就構成單親家庭之原因而言（見表 6-2-5），以喪偶最多，占五成六，其餘為離婚、未婚生子或領養子女所構成之單親家庭。再次，就單親家長之性別分析，女性約為男性之三倍，構成單親家庭原因，男性主要以未婚與離婚為主，女性則為喪偶為主。

表 6-2-5　單親家庭的原因分析

單位：%

總計		男性單親家長			女性單親家長		
		計	未婚或離婚	喪偶	計	未婚或離婚	喪偶
總　計	100.00(100.00)	25.00	15.49	9.51	75.00	28.53	46.47
按就業狀況分							
有就業	100.00(54.62)	27.36	18.90	8.46	72.64	36.32	36.32
未就業	100.00(45.38)	22.16	11.38	10.78	77.84	18.56	59.28
按有無未滿 18 歲子女分							
有未滿 18 歲子女	100.00(31.52)	31.89	26.72	5.17	68.11	44.83	23.28
無未滿 18 歲子女	100.00(68.48)	21.83	10.32	11.51	78.17	21.03	57.14

資料來源：行政院主計處（2003）。2002 年臺灣地區社會發展趨勢調查（家庭生活）統計結果。2010 年 9 月 27 日
　　　　　下載自 http://www.stat.gov.tw/public/Attachment/4112614514471.pdf。

　　由於婚姻與家庭結構同時轉變，使得單親家庭家長須面臨獨立支撐整個家庭之經濟負擔及子女教養等問題，依前述調查結果，單親家庭之家長未就業者計有 45.38%，其中男性家長約占二成二，女性家長約占七成八。另就其有無未滿十八歲子女觀之，有未滿十八歲子女之單親家庭占全部單親家庭之31.52%，前述家庭的高比重也顯示其兒童教育議題的重要性。諸如當單親家庭中的單親就業時，其子女的教養如何安置？如何解決教育問題？前述解決方式對親子關係的影響為何？此等教養型態的轉變，親職教育應當如何因應？等議題，在單親家庭比率持續攀升之際，顯然成為現階段刻不容緩之待解議題。

　　其次，就前述單親家庭中單親的就業狀況言，單親家庭中單親就業者約近五成四，就有未成年子女的家庭言，高達八成的單親選擇就業，其中男性單親就業占 25%，女性單親達 55.17%，就業比率各占該單親性別的大多數（見表6-2-6）；依據行政院主計處（1998）的調查指出，離婚分居及喪偶等失婚且有子女者，有子女教養問題者占 32.58%，可見教養問題對單親家庭影響之重。

表 6-2-6　單親家庭家長之就業狀況──按有無未滿 18 歲子女分

單位：%

	總計	男性單親家長			女性單親家長		
		計	就業	未就業	計	就業	未就業
總計	100.00	25.00	14.95	10.05	75.00	39.67	35.33
有未滿 18 歲子女	100.00	31.90	25.00	6.90	68.10	55.17	12.93
無未滿 18 歲子女	100.00	21.83	10.32	11.51	78.17	32.54	45.63

資料來源：行政院主計處（2003）。2002 年臺灣地區社會發展趨勢調查（家庭生活）統計結果。2010 年 9 月 27 日下載自 http://www.stat.gov.tw/public/Attachment/4112614514471.pdf。

(二)隔代親子教育機會減少的問題

依據行政院主計處（2007a）的調查（見表 6-2-7），2006 年臺灣在父母健在之成年人口中，或因求學、就業、結婚等因素而未能與父母同住者之比率呈下滑之勢，2006 年 9 月降為 54.7%，成年子女與父母同住者之比率則相對上升至 45.3%。若依性別及婚姻狀況觀察，男性與父母同住者占 59.3%，高於女性之 31.0%，其中未婚男女與父母同住比率均達九成，男性有偶者與父母同住比

表 6-2-7　父母健在之成年人口與父母同住狀況

單位：%

	總計	與父母同住情形				未同住
		計	均與父母同住	僅與父同住	僅與母同住	
1998 年 3 月	100.00	35.27	24.54	2.39	8.34	64.73
2002 年 8 月	100.00	38.42	26.34	2.85	9.23	61.58
2006 年 9 月	100.00	45.32	31.34	3.00	10.97	54.68
按父母健在情形分						
父母均健在	100.00	52.13	46.68	1.51	3.94	47.87
僅父親健在	100.00	29.22	－	29.22	－	70.78
僅母親健在	100.00	31.98	－	－	31.98	68.02
按性別及婚姻狀況分						
未婚者	100.00	91.13	69.54	5.10	16.48	8.87
有偶者	100.00	19.31	10.45	1.84	7.02	80.69
失偶者	100.00	43.70	21.85	2.66	19.19	56.30

資料來源：行政院主計處（2007a）。2006 年臺灣地區社會發展趨勢調查統計。2010 年 9 月 27 日下載自 http://www.stat.gov.tw/public/Attachment/79139135671.doc。

率逾三分之一，女性則僅 3%，顯然大部分女性結婚後即搬離成長家庭。

其次，若以成年人口的婚姻狀況觀之，已婚的成年人與父母同住的比率僅占 19.31%，可見昔日大家庭型態已逐漸減少，成年人口結婚後尚與父母同住的比率不及兩成，老年人的生涯規劃、成年人及其父母的關係、隔代互動機會等議題，都將隨前述家庭型態的轉變而陸續受到重視。

有別於昔日大家庭型態為主的教養互動形式，多數祖父母不必然肩負協助教養孫子女的責任，此應與老年人口生涯規劃以及生活價值等轉變有關；只是少了隔代教養機會，除了對家庭兒童而言將減少一經驗互動的來源，代之而起的教養機制勢必適時地補足，以協助家庭教養工作的順利進行。

 ## 三 平等意識的抬頭影響教養的內涵

平等意識成為當今社會的主流價值之一，落實在家庭中對於婆媳關係、夫妻關係、親子關係，以及手足關係等層面都產生深刻的影響。平等意識的發展實與傳統文化價值規範經過一番角力，而文化價值的轉變則受到社會變遷所帶動各項條件的更迭所影響，包含文化價值對各種角色的可能歧視或誤解等，隨著社會不斷開放，以允許各種角色擁有發揮機會之餘，已然成形的主流價值方經過再反省的過程，逐漸產生質變。

平等意識的出現可以從檢視夫妻條件看起。首先是年齡差異部分，傳統觀念中夫長女幼，就年齡上女性自然就是「後輩」，受到有如「大哥」（甚至可達叔伯輩）的先生照料，「兄」友焉有「妹」不恭之理？雖得表面和諧，但上下尊卑觀念已然存繫其間。若檢視夫妻間的年齡差異情形，可發現前述現象已有變化。以行政院主計處在 2006 年 9 月進行的夫妻年齡差異統計結果為例（見表 6-2-8），如以夫的年齡為標準，夫較妻長的夫妻數量高達 80.3%，但其間以年長 1-3 歲為多，夫妻同年齡或妻較夫年長者則分占 10.89%、8.81%。前述夫較妻長的趨勢隨著夫妻年齡越輕者，有減緩之勢，其中在 20-29 歲的夫妻年齡組中，同年齡或妻較夫年長者分占 25.12%、22.22%，可見傳統男大於女的婚姻觀念有逐漸淡化之勢❶。

表 6-2-8 　20 歲及以上同住夫妻之年齡差異──按夫之年齡分（2006 年 9 月）

單位：%

| | 夫較妻年長 | | | | | 同年齡 |
	合計	1-3 歲	4-6 歲	7-9 歲	10 歲及以上	
總　計	80.30	37.99	25.33	9.04	7.94	10.89
20-29 歲	52.66	37.20	14.49	0.97	─	25.12
30-39 歲	73.01	40.63	22.26	7.24	2.88	14.66
40-49 歲	81.66	42.64	26.08	8.28	4.65	10.13
50-59 歲	83.97	38.46	31.06	9.14	5.32	9.22
60 歲及以上	86.22	29.97	23.40	12.82	20.03	7.77

資料來源：行政院主計處（2007b）。臺灣地區社會發展趨勢調查結果提要報告。2010 年 9 月 30 日下載自 http://www.dgbas.gov.tw/public/Attachment/7720935971.doc。

另就平均年齡差距言（表 6-2-9），夫較妻年長者平均年長 4.9 歲，且隨夫之年齡層上升而增加，惟隨夫之教育程度提高而下降。

表 6-2-9 　20 歲及以上同住夫妻之平均年齡差距（2006 年 9 月）

單位：歲

| | 總計 | 夫之年齡 | | | | | 夫之教育程度 | | | |
		20-29 歲	30-39 歲	40-49 歲	50-59 歲	60 歲及以上	國小及以下	國(初)中職	高中(職)	大專及以上
夫較妻年長平均之歲數	4.85	2.79	3.77	4.12	4.39	7.08	5.76	4.97	4.42	4.42
妻較夫年長平均之歲數	2.00	2.17	2.25	2.05	1.82	1.64	1.65	2.17	2.04	2.12

資料來源：行政院主計處（2007b）。臺灣地區社會發展趨勢調查結果提要報告。2010 年 9 月 30 日下載自 http://www.dgbas.gov.tw/public/Attachment/7720935971.doc。

其次，以夫妻的教育程度觀之（見表 6-2-10），20 歲及以上同住夫妻中，以夫妻教育程度相同者最普遍，占 59.0%；次為丈夫教育程度高於妻子者，占 29.2%；另妻子教育程度高於丈夫者占 11.8%，且隨夫之年齡層下降而增加。隨女性接受教育機會增加，夫妻教育程度相同者較 2002 年 8 月增加 7.7 個百分點，而丈夫教育程度高於妻子者相對下降 6.8 個百分點，夫比妻教育程度高

表 6-2-10 20 歲及以上同住夫妻之教育程度差異情形——按夫之年齡分

單位：%

	總計	夫教育程度高於妻	夫妻教育程度相同	妻教育程度高於夫
1998 年 3 月	100.00	42.83	42.44	14.76
2002 年 8 月	100.00	35.99	51.34	12.68
2006 年 9 月	100.00	29.15	59.04	11.81
20-29 歲	100.00	15.46	64.25	20.29
30-39 歲	100.00	20.50	63.45	16.05
40-49 歲	100.00	33.20	52.70	14.10
50-59 歲	100.00	33.97	54.32	11.71
60 歲及以上	100.00	29.49	66.35	4.17

資料來源：行政院主計處（2007b）。臺灣地區社會發展趨勢調查結果提要報告。2010 年 9 月 30 日下載自 http://www.dgbas.gov.tw/public/Attachment/720935971.doc。

的觀念不若以往普遍受到遵循，夫妻教育程度相同有逐漸普遍的態勢。併同前述家庭婦女就業比率接近五成的情形觀之，婦女就業已非常普遍，在生涯規劃與家庭經濟來源等方面，婦女漸有獨當一面的能力，不需如傳統端賴丈夫養家維生。

新興以個人主義（individualism）為基礎所開展的民主意識，強調個人權利多於團體權利，昔日的家庭權威逐漸消解，個人具有打破傳統家庭關係的選擇越顯增加，致使家庭成員的角色不斷地轉變。從前述檢視夫妻角色可知，隨著社會變遷，夫妻在各項條件有逐漸平等之勢，伴隨而來的是倡議家庭中夫妻角色的平等，教養子女的職責也漸由夫妻共同擔負；而孩子在家庭的角色定位上，在少子化的趨勢以及尊重孩子為完整發展的個體等思潮帶動下，不再視孩子為「小大人」，尊重孩子的主體性及其在家庭中的發言權，也有漸獲接受之勢❷。隨著前述的轉變，夫妻對子女的教養態度、方式也必須立於平等的共識上尋求共通原則，昔日威權管教方式將受重視輔導、溝通等所取代，從平等互信的基礎中建立親子關係。

四　社會價值的多元影響親子間互動

　　隨著社會變遷，社會發展歷經農業、工業及爾後都市化與資訊化的發展，不但人類生活形態發展改變，也影響每個人生活所持的基本價值。臺灣社會迭創舉世注目的經濟奇蹟與寧靜革命，加上近年政治民主化的發展，成為世界國家發展的重要典範之一，然隨之而來的傳統優良社會價值的逐漸解體，也使其發展面臨抉擇（林東泰，1997）。

　　受到社會結構的轉變、社會互動、個人人格系統，以及文化等因素的影響，造成社會價值的漸趨分歧，但多元價值取代昔日單一權威價值的趨勢，也使社會不同份子獲得發聲的機會，對於家庭結構的發展自也產生影響；如影響既有的家庭成員關係，改變社會成員的互動與溝通方式等，使現有的生活型態得到前所未有的挑戰。而家庭間的親子關係，在此等社會價值趨向多元的社會裡也必須重加省思，親職教育的意義、內容及重要性等如何因應社會價值多元化的變革而做調整，以及家長在社會價值的體認與選擇上所應持續的努力等，都將是親職教育未來發展必須面對的重要課題。

五　民主化的思潮影響親職教育機制

　　臺灣社會另一個變遷的方向是由威權轉向民主，主要表現在政治層面，而隨著政治上的民主，在各層面也展現出更多元、自由的發展（張樹倫，1998）。國民政府遷臺後，歷經威權主義的統治、地方自治的開始發展、戒嚴時代的結束、政治自由化及民主化的開展等，社會透過教育的手段薰陶人民的政治素養，因此，對教育而言，民主的理念不僅是教育的內容，也是教育的方法。民主化的思潮開展，影響著對人的平等看法與尊重；及於制度，則是透過民主涵養教化出的人民，孕育出有利於涵養民主素養民眾的環境與機制。

　　家庭屬社會制度的一環，受到民主化思潮的影響，家庭成員的互動與父母教養方式更著重民主化的程序及內涵，藉由親職教育的過程試圖建構適合未來社會發展的民主理念。因此，已然萌芽開展的民主思潮成為親職教育的內容，

其理念也影響親職教育運作的方式，為親職教育機制的發展樹立重要的基石。

 六　經濟自由化提供有利的教養機會

　　近年臺灣經濟的發展，從安定中尋求契機、從勤奮中等待出路，一連串經建計畫的落實與成就，自由化的經濟發展機制與企業相互合作，使臺灣社會擺脫貧窮的陰影，逐步向已開發國家挺進，一再創造「經濟奇蹟」的成就，著令國際社會感到詫異與敬佩。

　　隨著經濟條件與物質生活的不虞匱乏，就消極層面言，經濟富裕產生了福利社會，改變傳統養兒防老的觀念及父母對子女的期待，更影響了父母教養子女的目的與內容；就積極層面言，整體社會的經濟發展提供了有利的教育環境與資源。是以，經濟自由化的發展提升整體物質環境的質量，如何有效地導引這些新興發展的條件投入教育，便成為教育的重要課題。家庭隨著經濟條件的改善，增加了提供良好教育條件與品質的可能性，此刻親職教育的工作要項應是積極爭取更多的有利資源，強調父母再教育的可能性及教育品質，提供父母教養子女所需的相關知能。

 七　科技發展改變親職教育互動內涵

　　自歷史與比較的觀點言，有意義的社會成長與發展勢必發生於生存科技充分改進時或改進後，即生存科技之改進是任何數量、複雜性、財富和權力增加的先決條件。區位演化論（ecologicalevolutionary theory）的基本原理之一，即是指生存科技決定一個社會的限度，以及決定在這些限度內各個選擇的相對價值（涂肇慶譯，1992）。是以生存科技的發展影響所及，將使社會互動的型態、管道及內容等產生實質的改變。就親職教育言，便利的資訊傳遞管道，改變了昔日以家長為唯一的資訊來源，家長如何為子女篩選適度的資訊內容、子女如何因應多元的資訊內容，甚至調適家長與其他資訊來源所陳不相符者，對於親職教育都將產生一定程度的影響❸。

　　隨著資訊科技的發展快速且普及，家長及其子女在資訊取得管道上逐漸發

·你曾扼殺孩子的自信心嗎？·

在幼兒期我們可以發現每個孩子都很有自信心，雖然還不怎麼會走路，卻搖搖晃晃地要自己走；雖然不會使用剪刀，卻堅持要自己剪，這樣的場景隨處可見，表示幼兒天生是有信心的。但是大人的無心干涉有時會扼殺孩子的自信，例如挑剔孩子的缺點，常拿孩子與他人比較來批評取笑孩子。為了繼續保持孩子的自信心，家長最好常強調孩子的優點以及做對的地方，例如先說孩子做某件事或繪畫作品的優點，再指導應改進的地方。

生改變，尤其昔日家長為子女資訊單一取得管道，同時擁有資訊權威者的角色，子女對家長的資訊仰賴不言可喻；當家長在資訊提供的角色方面產生改變時，如何因應親子關係的可能變化，就成為待解的重要課題。其次，科技發展也提供學校經營親職教育的不同選擇，如部分地區積極推展「網路家庭聯絡簿」，便是可能的發展途徑之一（中央社，2001），學校更應掌握科技發展的脈動，思索在親職教育的可能作為。

八　國際化視野豐富親職教育的內容

　　經濟、科技以及政治民主化等發展，增加了民眾與國際社會互動的機會，也使整個國際社會形成一個相互依賴的龐大體系，不同國家之間的距離也由於科技與交通的發展而更顯拉近。隨著國際化社會發展日益成熟，作為現代社會的成熟公民，如何具有國際觀的視野與能力，當為現代社會的重要任務之一。跨國文化經驗的豐富資源，對親職教育的實施也有正面的助益，例如：積極引進或選擇良好的跨國實施親職教育經驗，將跨國社會互動列入親職教育內容，

以及適時提供或尋求實施親職教育的協助等。因此,國際化視野一方面豐富了親職教育的內容,另方面為積極獲益於國際化的發展,親職教育的內容勢必加入涵養公民的國際觀、世界觀,以及成為世界公民的必要素養,養成包容文化的氣度;如此將有助於國際競爭力的提升,健全國際間的交流互動,豐富親職教育的內容。

附註

❶ 「老少配」應可算是 2001 年臺灣社會最熱門的話題之一，這個女長於男三十餘歲的案例，掀起臺灣社會一股道德批判、媒體追逐之風，雖屬個案，但從一連串出自社會的多元批判聲音可見，其所受責難之情遠輕於各方預期，或暫可解讀為臺灣社會可容許此等議題得到公開討論的空間，較之過往也算是有別。

❷ 關於兒童權利的發展，無論從社會或哲學思潮層面等論述已多有之，本處不再析論；讀者如有興趣可逕參閱拙著（洪福財，2000b）。

❸ 如廣受爭議的「網咖」（網路咖啡店）管理議題，拜網路科技發展快速之賜，網咖成為時下青少年及兒童流連駐足的場所，但網路資訊缺少篩選的機制，又使得社會陷入一片「產業自由」與「教育」孰為輕重之辯；2001 年 5 月臺北市政府商管處所研擬〈臺北市電腦網路遊戲業管理自治條例草案〉內容一經曝光，引發「家長稱慶、業者撻伐」的偏鋒反應，其間也反映出社會不同階層對科技發展的期待與因應方式各有差異。

研究題目

1. 近十年來臺灣的社會朝哪些方向變遷？這些演變在親職教育方面有哪些現象值得注意？

2. 歸結學者對社會變遷的研究，認為對親職教育可能有哪些影響值得討論？

延伸活動

1. 訪問幼兒園及小學家長各一，了解他們覺得幼兒園及小學的老師應該提供哪些教學服務？依他們目前的經驗，哪些教學服務是明顯不足的？應如何改善？

2. 訪問幼兒園及小學教師各一，了解他們對於家長在學校教育過程中應扮演的功能及提供的具體協助有哪些？依他們的教學經驗，哪些功能及具體協助是明顯不足的？應如何協助？

3. 以你（妳）的觀點，請分析前述活動一、二的結果，你認為家長及教師對彼此的看法是否合理？為什麼？

4. 近年臺灣經濟發展有呈逐漸衰退之勢。請至少訪問三位不同職業的家長，了解他們面臨此等情勢下，對孩子的教育抱持哪些態度和期望？與昔日相較，有哪些差異？

7 Chapter
親職教育的內容與規劃

 第一節　親職教育的內容與實施

一、內容

二、實施方式

三、實施原則

 第二節　親職教育活動計畫示例

一、幼兒園親職教育實施計畫示例

二、國民小學親職教育實施計畫示例

 第三節　親職教育活動設計示例

一、幼兒園親職教育活動設計示例

二、國民小學親職教育活動設計示例

　　豐富並顧及家長需求的親職教育內容，是促使家長主動投入親職教育活動的主要誘因，如能配合適切的規劃，將更有助於親職教育方案的推動。衡諸學校推展的親職教育方案，旨在健全家長教育觀念以及協助家長解決子女教養問題，其中又以協助家長解決子女教養問題的情形最為常見。教師常會抱怨：「最想見到的家長總是最少出現在學校！」尤其在社經地位相對低落與大部分孩子都有特殊需求的學校，這些抱怨更是時有所聞（Hornby, 2000, p.1）。這些家長中有部分屬於親職教育的「高危險群」（high-risk group）❶，更待學校主動發掘，進而予以必要的支持與協助。

　　教師慨嘆：「該來的沒來！」這種現象普遍存在於學校推行親職教育的過程，究其發生的原因，主要還是源於教師與家長間可能存在的各項互動障礙。Lombana（1983）曾指出，老師和家長關係大部分的障礙可以歸納成下述三大類（邱書璇譯，1995）。

1.因人性引起的障礙

　　此種障礙係個人為求保護自我形象，將任何可能威脅到個人自我形象的觀點都視為一種障礙。常見的幾個與保護自我有關的恐懼，諸如：

　　(1)批評的恐懼。

　　(2)隱藏在「專業」面具下的恐懼。

　　(3)失敗的恐懼。

　　(4)差異的恐懼。

2.因溝通過程引起的障礙

　　此種障礙係源於各種溝通訊息可能因發送或接受端的態度與詮釋不同而形成誤解，可能的障礙諸如：

　　(1)對角色的反應。

　　(2)其他的情感反應。

　　(3)個人的因素。

3.因外在因素引起的障礙

　　此種障礙係源於教師及家長所處情境因素所造成的誤解，可能的障礙諸如：

(1)時間。

(2)忙碌。

(3)父母參與的舊式觀念。

(4)管理政策。

(5)個人問題。

因此，學校做為親職教育的發起者，必須先行評估並盡力排除當前推廣親職教育存在的各項障礙，或在規劃親職教育方案時，納入有助於排除前述障礙的活動，以利落實親職教育方案的成效。

本章旨在介紹親職教育的內容及其規劃，除從學理探討外，並加上實際的範例。首先，探討親職教育的內容與實施；其次，列舉親職教育的活動計畫示例；再次，提供親職教育的具體活動設計示例，茲分節論述如後。

第一節 親職教育的內容與實施

本節旨在介紹親職教育的內容與實施，茲分就內容、實施方式以及實施原則等三部分說明如後。

一 內容

學校推展親職教育方案已有一段歷史，不同時期在方案內容著重的焦點上各有差異。傳統親職教育方案將焦點置於特定的家長行為，教導家長一些技巧與策略，以增強其子女的認知或學業能力。有些是設計給幼兒家長改善子女的就學準備度，其他則是為學齡兒童的家長設計；低收入或低教育水平的家長也常是規劃的對象。各種方案透過研究計畫、學校、學區、教育機構、社區組織、營利團體個別諮詢等方式提供，以學校為例，推廣的親職教育方案內容焦點有部分在語文互動，部分在親職的教養行為，其他則是關於閱讀或其他學科的輔導；嚴格說來，仍是多在協助學生能在學校有良好的學習表現。茲將傳統

的親職教育方案內容分述如後（Kellaghan et al., 1993, pp.97-99）。

(一)語文互動

最常使用在幼兒園的親職教育計畫，旨在增加孩子的語文互動量，或改善其品質，例如家長增加複雜語詞的使用或使用更高層的語言；在使用這些語詞的過程中，相當重視家長的語調及反應。如許多幼兒園會辦理「聽懂童言童語」主題的親職座談，即屬此類。

(二)親職教養行為

許多方案提供家長一些教材在家裡使用，或教家長如何與孩子互動，以及如何教孩子語言溝通或問題解決的能力，代表方案之一如「親職教育接續計畫」（parent education follow-through project）。這些方案提供在家學習活動的指引，是用來補充或擴充課室的學習，結合家庭材料及學校活動到學習情境裡，重點在學習的過程而非結果。如許多學校辦理以「做孩子成長的朋友」為題的演講或工作坊，即屬之。

(三)閱讀

親職教育方案最常見的策略之一，就是讓家長變成孩子在家庭裡閱讀的樣版，以成為孩子閱讀的促進者。由於孩子離開學校後的閱讀行為與其在學校表現有極強的關聯，所以增強家長有關鼓勵孩子閱讀的能力就顯得更加重要。在此方案中，家長可以採取非常多元的方式，例如：Silvern（1985）曾定義五種類別：(1)唸書給孩子聽；(2)唸書時同時有一些互動行為，如發問；(3)孩子輕易的取得閱讀材料，並看到家長閱讀的模範；(4)回饋與期望，給予讚美及增強；(5)指引與教導。近幾年強調「親子共讀」的議題推動即屬此類。

(四)其他學科

近來也看到一些鼓勵家長參與孩子數學及科學學習的親職教育方案，有不同程度的親子共同加入，或由學校寄發不同的材料，讓家長幫助做這些學科的家庭作業。如許多學校辦理「和孩子玩科學」的親子活動即屬之。

　　前述親職教育的內容主要為協助家長熟習一些技巧及技能，協助其子女能完成學校教育所要求的學習表現，藉由親師合作以提升孩子的學習表現為目的。但從學校推廣親職教育的權責觀之，學校教育的目的不僅在促成學生在學校有良好的學習表現，同時要協助其在學校以外的環境也得到良好的教育，以教養學生成為一個良好的社會人為目標；因此，學校推廣親職教育除前述協助學生在校的學習表現外，也提供其專業知能，協助家長有妥適的教養知能與經驗，以提供孩子良好的成長環境。

　　依據井敏珠（1995）的看法，親職教育的內容主要包含五大項目：

1. 親職教育的基本任務：
   (1)對子女的養育工作。
   (2)提供子女心理上的安全感。
   (3)培養子女良好的生活習慣與行為規範。
   (4)建立子女正確的學習態度。
   (5)培養子女健全的人格。
   (6)提供子女經濟支援和社會資源的運用。

2. 教養子女的專業知識與方法：
   (1)教養子女的專業知識，如兒童心理學、社會學、教育學以及醫學等相關知識。
   (2)教養子女的方法：
   　①維持和諧親密的親子關係。
   　②循循誘導子女成長。
   　③運用合理的獎懲建立子女良好的學習行為。

3. 父母對學校教育應有適當態度。
4. 協助子女的家庭適應。
5. 提供為人父母的準備。

　　此外，鍾思嘉（1993）則認為親職教育的內容應該包含下述四個層面：

1. 配合學校教育，以增強教育的功效。
2. 針對當前父母所需，助其解決疑難。

3. 引導父母加強親職教育功能，以促進家庭和諧。

4. 另行將親職預備教育納入學校正規課程。

前述學者主要從學校與家庭的關係分析親職教育的內容，其內容包含學校及家庭生活等層面，不僅在支持學校教育，也提供家長與即將成為家長者所需的教養知能，以協助解決當前遭遇的困難，促進家庭的和諧發展，提供學生健全的成長環境。

另有學者從社區心理衛生三級預防的觀念，將親職教育的內容依研習重點的不同，分成下述三類（林家興，1997，頁 22-27）：

1. 初級預防（primary prevention）的研習課程：是指在孩子問題與親子衝突尚未發生之前所做的預防工作，主要項目內容有三：

   (1)關於兩性與婚姻的課程。

   (2)關於親子關係與子女管教的課程。

   (3)關於經營家庭生活的課程。

2. 次級預防（secondary prevention）的研習課程：是指在孩子問題與親子衝突發生之後所做的努力，目的在於早期發現、早期解決，避免問題的惡化。

3. 三級預防（tertiary prevention）的研習課程：是指對有嚴重親子問題和子女問題的家庭所做的努力，其目的在於減少身心功能的喪失。

從社會心理衛生的角度分析親職教育內容，是更廣義的看待親職教育，但所需求人力及資源等支持，顯然不是學校所能獨力擔負的，須整合學校及其他社會教育（養）機構的協助，方能達成前述親職教育的預防甚至治療等功能。

歸結前述有關親職教育內容的論述可知，親職教育涵蓋的範圍極廣，學校在確定推廣親職教育的範圍及內容時，除應先了解前述親職教育涵蓋的內容，其次應務實地掌握學校所能提供的專業人力與資源、學校成員專業知能涵蓋的範圍及可能得到的社會支持與協助等，再決定學校所能提供的親職教育內容。

此外，親職教育方案的內容應不僅止於知識技能的傳遞，同時也應包含家長對教養角色的反省以及良好親子互動態度的養成等❷。Tavormina（1974）曾

經檢視親職教育領域的相關研究發現，大多數的方案取向可以歸納為反省式與行為式兩種（Hornby, 2000, p.92）：

1. 反省式的親職教育方案主要關注家長的情感需求，旨在幫助家長了解並處理自身的角色，進而改善他們與孩子間的關係。

2. 行為式的親職教育方案旨在教導家長有關行為改變的技巧，進而促成他們對孩子行為的管理並改善親子關係；Tavormina（1975）在後續的研究也指出，方案如能兼採前述兩種取向，方能發揮最大的效益（Hornby, 2000, p.92）。因此，親職教育方案無論是偏於知識技能的傳遞或行為的改善，抑或是僅重親子角色的反省，其成效各有所限；故親職教育方案的規劃，應能同時兼顧家長情感的支持與行為改變技術及教養知能的練習，並且提供家長支持性的學習環境，當是較為適當。

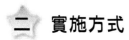 實施方式

親職教育方案受目的、對象以及內容特性的因素影響，各有不同的實施方式。例如：若依父母功能障礙的程度及親職教育的專業性質做劃分，其實施方式大致可分為親職教育、親職訓練以及親職治療（曾端真，1998）；如以實施對象人數、互動型態，以及內容的專業性等劃分，實施方式可分為四大類型（林家興，1997，頁 123-135）：

1. 個案方式：包含個別指導、個別諮商、個案管理。
2. 團體方式：包含單次舉行的團體方式、系列式的團體方式、持續式的團體方式。
3. 家訪方式：家訪指導、家訪諮商、家訪個案管理。
4. 其他方式：以大眾媒體實施親職教育、透過學校的訓輔工作實施親職教育。

從前述學者所提的親職教育實施方式可知，學校可採取的親職教育方式，就親職教育的目的言，若依積極性的預防或消極性的治療等作劃分，實施的方式有一般性的親職教育、親職訓練及親職治療等；依實施者的目的劃分，可分

團體方式實施親職教育，其成效頗受肯定

為指導、諮商以及管理等實施方式；依實施對象❸的人數言，可分個別及團體等方式；依實施的互動型態言，可分為主動訪視、非主動訪視，以及藉由大眾媒體非親自接觸等方式；依方案的內容劃分，可分為技能、認知，及情意等三種方式。可見實施方式受到目的、對象以及方案內容特性等因素影響而有不同的劃分方式。

　　儘管親職教育的實施方式會依劃分標準而有不同，但具體而言，學校教育欲落實親職教育的各項內容時，可採行下述方式規劃實施（臺北市政府教育局，1991）：

1. 演講：請學者專家蒞校講演或校內同仁擔任。
2. 座談：問題討論、經驗分享。
3. 參觀：教學參觀、社會資源機構參觀。
4. 晤談：個別晤談、團體晤談。
5. 研習：親職教育課程研習。
6. 出版刊物：單張、摺頁、報紙、雜誌、專書等方式。
7. 諮詢專線：設於輔導室或導師室或提供其他諮詢專線服務（如師大特教諮詢專線、輔導諮詢專線）。
8. 成長團體：組織成長性或矯治性團體，以提升親職教育功能。

9. 家庭訪視：電話聯繫、約談家長、家庭拜訪。

10. 親子活動：趣味競賽、親子營、親子郊遊、親子溫馨時間。

11. 幸福家庭教室：烹飪社、插花社、韻律社、合唱團等才藝研習團體。

12. 家庭聯絡：利用日記、週記及聯絡簿。

13. 提供資訊：親職教育書籍、錄音帶或雜誌、親職教育活動消息。

14. 學藝活動：配合節慶（如母親節、教師節）舉辦合唱比賽、詩歌朗誦比賽、卡片製作等學藝競賽活動，並邀請家長參加。

從前述的實施方式觀之，無論演講、參觀、座談或成長團體等方式，多屬於團體形式。G. Hornby 曾經以他自己 1980 年代在紐西蘭奧克蘭的實務經驗為例：他當時針對特殊學校一些學習困難學生的家長，提供一系列親職教育團體工作坊形式的服務，前述親身經歷讓他體會到團體親職教育方案對於家長所提供的指引與支持的正面助益。Hornby 認為團體形式的好處有（Hornby, 2000, pp.86-87）：

1. 家長藉由與他人互動的過程，了解遇到相同問題的不只他一個人。

2. 藉由團體成員的經驗交流及支持，幫助他們對於為人父母感到更有自信。

3. 在團體中，成員可以對於個別家長所遇到的特殊難題，依其經驗提出解決的建議。

4. 對教師而言，團體形式可以協助的家長人數遠較採取個別形式為多。

5. 團體形式可較個別形式省時，省下來的時間可以多聘其他領域的專家參與指導及分享經驗。

雖然有前述五項優點，但親職教育採團體方式實施仍有三項可能的缺點：

1. 團體的方式讓部分家長缺少安全感。

2. 為了讓更多家長參與，勢必要用到晚間或假日的時間，如此將壓縮老師的家居及休閒時間。

3. 團體形式較個別形式需要更多的相關技巧及知識，在實施團體親職教育前，教師必須事先培養相當程度的能力。

儘管以團體方式實施親職教育仍有許多限制，但總括來說，團體方式在實施成效、對教師的負擔、服務對象人數等方面，均為學校可行的型態。歷來也有許多以團體方式實施的著名親職教育方案，茲擇數項廣受重視的方案介紹如後（Hornby, 2000, pp.90-91）：

(一)家長效能訓練（parent effectiveness training, PET）

T. Gordan 在 1970 年出版了一本同名暢銷書，這是在西方世界廣為傳布的一種親職教育方案，參與的家長人數眾多，方案的目的在促進親子間的溝通並改善他們之間的關係。在形式上，是由一位受過 PET 團體訓練的領導人帶領十至十二位家長，課程全長為八週，實施的方法包含由領導人解說、帶領角色扮演、參加人員圍成圓形進行討論。

此方案所關注的親子關係有四：(1)教導家長傾聽，以改善他們傾聽孩子心聲的能力；(2)教導家長表達感情，多用「我」而不用「你」這種類似責備的語句；(3)教導家長釐清問題的能力，以利家長辨別哪些是自己的問題，哪些問題應該留給孩子處理；(4)如果問題是屬於親子雙方的，另教導家長「無漏失問題解決法」（no-lose problem solving），使用六個步驟解決問題，以化解可能的衝突。此六個步驟如下：

1. 認清並界定衝突。
2. 尋找各種可能的解決辦法。
3. 評估這幾種辦法。
4. 決定何種辦法最合適。
5. 尋求實行此一辦法的途徑。
6. 追蹤評估實行後的效果。

(二)行為團體訓練（behavioural group training, BGT）

BGT 是以家長行為訓練（parent behavioural training）的原理延伸到家長團體中運作，這種方法廣泛地用在有行為問題及特殊需求孩子的家長上，旨在教導家長有關行為分析的原理與實務，以改善對子女行為及學習困難等的管理。典型的 BGT 由一位受過行為主義訓練的心理學家帶領六至十二位家長，課程

為期八到十週，領導人所使用的訓練技巧包含：講演、模仿、角色扮演、使用家長訓練手冊、討論以及指派家庭作業等。

典型的 BGT 包含對適當行為正增強的概念，也討論家長能使用的不同類型增強物以及有效使用的制約情形，同時包含其他增加適切行為發生的技巧，如刺激操弄、隨機連結。此外，亦包括用來減少不當行為的技巧如差別增強、抑制等。最後，對特殊需求孩子的家長也教導一些發展新技巧的方法，如工作分析、行為塑造以及反向連結等。

(三)其他親職教育的形式

還有其他著名的團體親職教育形式，如有效親職的系統訓練（systematic training for effective parenting, STEP）與交流分析法（transactional analysis, TA）。STEP 源於 A. Adler 的想法，Dinkmeyer 和 McKay（1976）進一步發展出一套親職教育的方案；STEP 的目標是幫助家長更了解孩子的行為，改善其與孩子的溝通，並期使家長對孩子的行為能有更高的影響力。整套 STEP 包含領導人手冊、欲教導的主要概念之解說圖表、團體討論指導卡、給家長聽的簡短演講卡帶與技巧練習習作，最重要的還是希望家長透過此方案能了解孩子行為的目的，並能夠用自然方式處理孩子的不良行為。

TA 源於 J. N. Berne 及 N. Harris 的想法，後來 R. J. Babcock 及 B. Keepers 將其應用到孩子的身上，主要是希望讓家長更了解他們與孩子間的關係，進而改善家庭內部的溝通。這種方法的主要概念是讓家庭裡的父母、成人與孩子透過「自我陳述」（ego states）凸顯出家庭的溝通，以了解家庭裡的溝通有哪些是互補的、交錯的，甚或是隱藏未獲了解的；另一重要的概念是家庭內每位成員所採取的「基本生活地位」（basic life positions），以及成員無意識運作的「遊戲」（games）。課程包含講授與經驗分析，讓家長閱讀相關文獻，並有實際的家庭作業，參加者如有特殊的問題可以帶到團體中討論，並且在團體中採腦力激盪的方式尋求解決。

三　實施原則

　　為使親職教育方案順利實施，歸結前述討論結果，茲提出十項實施原則以供參考。

(一)學校應謹慎評估可提供的方案內容

　　學校做為親職教育方案的主要提供者，首先必須就所能提供的範圍、內容以及方式等審慎評估。雖然學校成員接受過教育專業知能的訓練，但由於成員專長各異，未必皆可提供親職教育方案內容的各項知能，而原有可用的社會支援又有限，因此在規劃各項親職教育方案前，學校應就可提供的方案內容進行審慎評估，以利於各項方案具體落實。

(二)方案規劃前應積極了解各方的需求

　　親職教育的主要服務對象為家長及學生，其次則是提供學校成員熟習親職教育知能的機會。因此，在規劃各項親職教育方案前，學校成員應主動了解家長、學生及內部成員的需求，評估各項需求的差異及滿足各項需求的迫切性，期能確實掌握各方的需求情形，規劃出受到家長及成員認同的親職教育方案。

(三)學校應就可提供的內容作長期規劃

　　親職教育的範圍廣泛，需求會因時間、家長等不同而有差異，其相關問題也絕非短期內可完全解決。因此，為求親職教育能持續地協助家長解決相關問題，學校有必要針對不同的需求內容以及衡量自身的能力所及，就親職教育的實施進行長期規劃，務使方案內容能系統地提供各項親職教育知能，也使學校不因行政更替而破壞親職教育內容的銜接。

(四)實施內容兼重行為塑造與態度反省

　　歷來相關親職教育方案或偏於行為塑造知能的傳遞，或偏於親子教養態度的反省。相關研究顯示，實施內容兼重行為塑造與態度反省者將為最具效率的

方案，故方案內容的規劃應當秉此原則，除規劃塑造、改變子女行為的具體策略及知識外，也應提供家長反省教養態度、溝通方式及內容等機會，以藉由方案習得教養子女行為的具體策略，也能習得良好的親子溝通方式及教養態度，確保良好親子關係的維持及延續。

(五)實施方式應能滿足家長的多元需求

由於家長的背景及需求各異，親職教育方案除內容應盡可能滿足各方的需求外，實施方式也應考慮不同背景家長的接受程度，盡可能提供不同的活動型態，以滿足家長的多元需求。例如：活動的實施方式宜多樣化，針對年級、行為問題等不同的學生家長安排不同主題，在時間上也考量家長的限制多加配合，以適應不同家長之需要。

(六)排除親師間的可能障礙以鼓勵參與

親師間因人性、溝通以及外在因素等可能導致的障礙，使得教師或家長囿於前述原因，影響辦理或參與各項親職教育方案的意願。因此，學校成員可安排自我成長團體或觀摩的機會，澄清對各項恐懼的可能誤解。在溝通方面應利用多元管道進行溝通並重視回饋，避免各項誤解；在外在因素方面則是盡可能協助家長排除障礙，在時間的安排方面也提供多元選擇，務期家長能更安心地參與各項方案活動。

(七)對於積極推廣方案者提供實質鼓勵

親職教育的推廣本是學校辦學的重要任務之一，學校成員推廣親職教育不但是辦學的「本業」之一，學校對於推廣認真者也應當給予實質獎勵，以收推廣之效。此外，對於參與方案的家長也可採鼓勵方式使其持續參與，必要時可採取如給予學生記功獎勵或發紀念品等方式，或由學生積極向家長宣導參加，以期所有家長都能積極參與親職教育活動。

(八)方案的實施方式可多採取團體方式

考量學校人力及資源的負擔，以團體方式實施親職教育，有利於學校在短

時間內就多數家長進行推廣；又，相關研究也顯示，團體互動不但有助於家長間經驗的交流，更可協助家長增加面對親子問題的自信。因此，學校成員可以在評估自身的專業能力及家長的需求後，規劃適切的親職教育主題及內容，採取團體方式加以推廣，如此將有助於方案的推廣並提高實施成效。

(九)善用社區資源及支持以利方案實施

愈來愈多的證據指出，學校存在於一個動態且隨時改變的社會秩序中，倘若沒有公眾參與學校事務，學校將無法讓自己主動改變或對教育計畫做出必要的改進（Bagin, Gallagher, & Moore, 2001, p.11）。學校不但需要公眾參與以提供改革的建議，廣大的社區資源更有助於學校親職教育方案的推動，彌補學校成員在專長或資源等方面的不足。

(十)積極評鑑方案結果以做為改進依據

誠如前述，親職教育方案的推廣應有延續性，因此，有必要積極評估各項方案結果以了解實施成效，據以做為改進下一階段方案內容的參考，甚至從中發覺現有方案規劃的不足或家長的新興需求，以便即刻將各項需求列入下階段的規劃範圍。教師可就親職教育方案的實施製作成一評量卷宗，就家長在不同方案活動的參與情形加以描述記錄，以了解家長參與系列方案後的成長情形。前述紀錄並可與學生的資料整合成為完整的檔案，做為教師輔導學生及進行家庭訪問時的參考。此等評量卷宗也應隨學生的年級成長提供給下一階段任教的教師參考，不僅有助教師在短期內了解學生的發展情形及其家庭情況，更有助於安排與改進接續的親職教育方案。

第二節　親職教育活動計畫示例

親職教育的規劃與推展是學校的重要工作，由於學生對象背景不一，從幼兒園到中小學，孩子的年齡也不相同，對其家長之親職教育，若沒有周詳的計畫，則效果必差；若能就各校的社區情況，研擬計畫，逐項實施，則較能獲得

良好之效果。一般而言，擬定親職教育實施計畫應考慮下列事項（陳娟娟，1991；蔡春美、張翠娥、陳素珍，2000）：

1. 現階段本校親職教育目標為何？父母參與的層面如何？哪一種活動應優先辦理？家長最關心的事項為何？
2. 學校經費有多少額度可以列入計畫？人力資源、空間資源及社會資源各有若干？如何調配？
3. 學校人員是否都能參與計畫的擬定過程？如需透過會議則如何安排，使參與人員能參與意見達成共識。
4. 是否確實考量一切因素？如哪一天最可能有較多家長參加？家長如帶孩子來，則孩子如何安排照顧等。
5. 家長對計畫所安排之各項活動有何意見？
6. 如何評估家長對親職教育活動之滿意度？

通常一份周詳完整的親職教育實施計畫之內容，至少應包括下列六點（蔡春美等，2000）。

(一)目標

親職教育實施計畫的目標應與國小或幼兒園的教育目標相配合，再依據各校的需要決定簡明清楚的目標，一項或兩三項皆可。

(二)對象

全學年或全學期的親職教育對象，當然以全校或全園的家長為主，但分項的活動則可分為大班、中班或低年級班，甚至亦可分專為單親家庭辦理或三代同堂家庭辦理的活動。實施親職教育的最大困難是：教養方式最差、對學校教育態度不適當的家長，是最少參與親職教育活動者。事實上，他們大部分根本就不參加；少數參加的情況是被動的成分多於主動的成分。在計畫時，注意親職教育方法彈性化，使活動具有吸引力，設法提高家長參與率，才能達到目的。

(三)活動方式

全學年或全學期的計畫，可將活動方式大要列出，如為某一次的親職教育活動，則須針對該次活動性質做較詳細的說明，包括活動程序、每一步驟所需時間、如何展開活動、如何結束活動……等都須仔細規劃。

(四)人員

原則上，全校的教職員工都是親職教育推展的人員，但為分工合作起見，在實施計畫中應列出將運用哪些人員，任務如何分配，有否校外社區人士參加，如為講座方式，則須列出聘請主講的學者專家。

(五)經費

在整學年或學期的實施計畫中，經費預算是大致估計每次多少經費？一學年辦八次則大約需多少經費？有的學校是全學年的也要求列出細目預算表，有的是每次活動再詳列即可。因為經費的支出直接影響全校的財務運作及舉辦活動規模的大小，故須在計畫中列出。

(六)效益的預估或稱之為「預期效果」

此乃所有計畫的關鍵所在。全年度或上學期或某項親職教育實施計畫預計達成的效果是什麼？可分項或綜合的敘述，以做事後檢討改進的依據。

上述計畫的內容如能有量化的事實資料列入，則更能使計畫確實，提高其可行性。親職教育實施計畫貴在具體可行，老師須在這方面多充實自己，從經驗與觀摩中獲得成長。

不論國小或幼兒園，在年度評鑑項目中，皆列有專項以考評親職教育實施計畫與推展情形，茲將學年度的實施計畫示例如下頁所示。

幼兒園親職教育實施計畫示例

○○幼兒園○○學年度親職教育實施計畫

(一)目標

1.提供本園家長正確教養子女的知識、技能、態度與概念。
2.增進本園家長與子女之親子和諧關係。
3.加強本園與家長之互動關係,給幼兒快樂成長的童年。

(二)對象

本園之親職教育實施對象以全園幼兒的家長為主。

(三)活動方式

1. 家長座談會:每學期至少舉辦兩次,讓家長了解幼兒在園的作息及活動情形。
2. 親職座談會:邀請專家學者來園專題演講,並解答家長育兒的疑難問題。
3. 園家通訊:每兩週發刊一次,讓幼兒家長了解單元活動內容,與家長共享幼兒新知、餐點內容及家長協辦事項。
4. 家長教學觀摩:可隨時來園(每一位幼兒家長一學期中至少來園一次)。
5. 親子活動:化裝舞會、親子體能、親子烤肉活動及親子登山活動等。
6. 園家聯絡:透過每週「寶寶聯絡手冊」、「家長須知」、「家庭訪問」、「電話熱線」等方式,與家長保持密切聯繫,交換教育子女的心得。

(四)工作人員

全園性的活動由園長、主任分配工作,全體教保服務人員共同參與。班級性的活動則由原班老師、教保員負責,並請全園行政人員協辦。

(五)校外參與講座或指導人員

在教育會議中討論講座主題,建議兩三位適當人選,由園長負責聯絡邀請事宜。

(六)經費

全學年親職教育活動預計約需新台幣八萬元，詳細預算請各項負責人員編擬詳細預算表，提報有關會議討論。

(七)預期效果

本學年度的親職教育活動預期達成下列效果：
1. 每學期家長座談會、親職座談會能有八成家長參加，由其填寫之參加後心得問卷統計，能獲得七成的滿意度。
2. 「園家通訊」能獲得家長七成五的滿意回饋。
3. 每學期每位幼兒的家長至少能來園一次，並留下教育觀察心得或建議表。
4. 每項親子活動至少有六成的家長參加，每位家長至少參加過一項親子活動。

(八)附則

本實施計畫經園務會議通過後實施，如有未盡事宜者，得提出修正案，於臨時召開之園務會議中通過後，依修正案執行。

資料來源：蔡春美等（2000）

・童年的回憶・親子之愛・

我們可幫孩子留下幼稚園時代的照片、繪圖作品、出生時的小腳印，及每年的手印、腳印、小學與中學時代的日記本、作文本等，等到他們都長大成人後，會非常珍惜父母為他們留下的這些紀念品，有時朋友來了，還會拿出來和他們分享，顯得非常得意的樣子。趁孩子尚未長大時，多少為孩子留下一些童年的點滴吧！每年留一幅畫作、一張照片、一張手印腳印，也就足夠他們長大後的回味了。這是孩子生長的軌跡，也是你們表現親子之愛的一種方法。

二 國民小學親職教育實施計畫示例

（設計者：國立臺北師院國民教育研究所碩一班　吳淑妤）

○○國小○○學年度親職教育系列活動推展計畫結構圖

實施目標	實施策略	執行項目
一、建立家長正確的親職概念與態度	(一)引領家長成為教育事業的伙伴，提供學生健全豐富的生活品質	1.團體動力遊戲／講座 　家長與學校建立教育的伙伴關係
二、加強家長教導子女的知能	(二)提供家長有效的親職知能，並能重視子女的身心發展	2.親職教育講座 　提供孩子健康安全的生活環境
		3.親職教育講座 　兒童人格成長面面觀
	(三)協助家長了解學校的學習內容和提供輔導子女學習的策略	4.親職教育講座 　學習的新方向
		5.親職教育講座 　子女如果有特殊學習需求該怎麼辦？
三、增進親子互動和諧關係	(四)透過活動探討親子之間的互動關係，並提供因應的策略	6.大地遊戲 　校園尋寶
		7.團體動力 　建立和諧親密的親子關係

(一)實施依據

　　○○學年度第二學期第二次校務會議決議事項。

(二)實施目標

　　建立家長正確的親職觀念與態度，加強家長教導子女的知能，增進親子互動和諧關係。

(三)實施策略

1. 引領家長成為教育事業的伙伴，提供學生健全豐富的生活品質。
2. 提供家長有效的親職知能，並能重視子女的身心發展。
3. 協助家長了解學校的學習內容和提供輔導子女學習的策略。
4. 透過活動探討親子之間的互動關係，並提供因應的策略。

(四)執行項目

本學年共規劃七次親職成長系列活動，分上、下學期執行完成，各次活動內容規劃分別詳細表列於以下附件。

附件：○○國小○○學年度親職成長系列活動

	時間	活動名稱	活動類別	對象	地點	負責處室
1	9/15	家長與學校建立教育的伙伴關係	團體動力遊戲／講座	全校家長	視聽教室	校長 教務處
2	10/20	提供孩子健康安全的生活環境	親職教育講座	全校家長	視聽教室	訓導處
3	11/17	兒童人格成長面面觀	親職教育講座	全校家長	視聽教室	輔導室
4	12/15	學習的新方向	親職教育講座	全校家長	視聽教室	教務處
5	1/12	子女如果有特殊學習需求該怎麼辦？	親職教育講座	全校家長	視聽教室	輔導室
6	3/9	校園尋寶	大地遊戲	全校家長	校園	訓導處
7	5/18	建立和諧親密的親子關係	團體動力活動	班級家長	各班教室	輔導室

註：以上七項活動之內容請參閱本章第三節。

(五)活動特色

1. 此一系列的七次活動由靜態的講座與動態的室內外活動交織而成，透過活動的過程，達成親職教育的目標。一學年中分七次實施，大約每個月進行一次活動。首先，由校方明確地表達家長參與學校教育與親職成長的重要性；其次，以家長親職知能的成長為基礎，以生活的實踐為目標，協助父母親建立和諧的親子互動關係。

2. 活動中講座與大地遊戲適合多數人共同參與，為全校性的活動；而團體動力適合小團體，因此以班級為單位進行精緻而深入的互動，當然各班也可以同時段分場地一起進行此類活動。

3. 「校園尋寶」戶外活動是親職理論知能的實踐演練活動。父母親在聆聽講師有關理論與實例的演講之後，依照教務處與訓導處的活動設計，和子女及其他家庭組成團隊，透過討論與協商，訂定遊戲與活動的策略。在活動過程中練習以和諧的互動關係來解決問題並互相扶持，以完成戶外的探索活動。

(六)經費

全學年親職教育活動預計約需新台幣十萬元，詳細預算請各項負責處室編擬預算表，提報相關會議討論。

(七)預期效果

1. 藉由本學年系列活動，能增進家長與子女的親子互動關係。
2. 透過本學年度安排之活動，家長能建立正確的親職觀念與態度。
3. 每項活動能有八成以上家長參加，每位家長至少參加過一項親職教育活動，並能留下心得或建議表。

第三節 親職教育活動設計示例

有了周詳完善的親職教育實施計畫後，就須有細部的親職教育活動設計，

例如：在本學年預定辦理八種有關親職教育活動，有靜態的，也有動態的，每一項活動在預定實施日期之前一個月或更早，就應著手準備，該活動之設計是最重要的藍圖，每位教師應能自己規劃設計親職教育活動。在設計各項親職教育活動時，至少應注意：

1. 活動對象的家庭背景之了解：包括家長的教育程度、職業、居住環境、關心的問題、對孩子的期望等。

2. 活動型態的考量：因對象是幼兒或小學生或較大的中學生，會影響活動型態，因為不同年齡層的孩子興趣不同，能力也不同。

3. 活動場地、時間與程序之估計：整個活動要能熱烈而有秩序，不能只為玩樂，須能達到原訂的親職教育目標，故對場地、時間、進行程序、需要的工作人員等都需仔細估計，才能順利進行。

茲以八十九學年度，國立臺北師院幼兒教育學系對全校學生舉辦之「親職教育活動設計能力分級鑑定」，入選幼稚園組與國小組之優良作品示例如下頁，以供參考。

‧班級媽媽、班級爸爸‧

小學或幼兒園推展親職教育的方法很多，有些學校老師的班級經營，就是把家長列為教育伙伴，他們請各班家長選出或徵求一位或數位「班級媽媽」或「班級爸爸」。這些爸爸或媽媽就是義工，協助小朋友健康檢查、排路隊過馬路、在晨間活動時替小朋友說故事，甚至有人專門負責照相、補修班上兒童讀物，或用電腦文書處理出版班刊書，真是小朋友的快樂守護者，他們在工作中也學得許多親子溝通的技巧。

一 **幼兒園親職教育活動設計示例**

（設計者：國立臺北師院幼教系 90 級幼四甲　吳孟平）

活動名稱	闖關遊戲
活動目標	1. 家長可以欣賞幼兒平日的作品及成果，以進一步了解各班所進行的主題活動。 2. 讓家長與幼兒一起參加幼兒校內所進行的主題活動。 3. 讓家長了解自己的子女在幼稚園中的群體表現。 4. 藉著孩子間的互動，讓家長有機會了解幼兒的想法與思考模式，以促進親子間的溝通。 5. 藉著一起遊戲及闖關的方式，建立家長與子女間良好的默契與親子關係。
活動對象	本園只有大班及中班的小朋友，每個年級各三班。 全園的教師、小朋友及其家長（父母中至少要有一人來參加，且每班家長的參與度須達八成）。
活動方式	1. 各班老師必須於學期開始時預先告知家長有此活動，並於兩個星期前發通知單告知家長確定的時間以及活動內容。活動主要是以闖關的方式進行，總共有六關，皆以各班的主題為基礎進行活動設計。各關的名稱為「恐龍：恐龍走路」、「海洋：角色扮演」、「社區：校園寫真」、「交通工具：小小工程師」、「天氣：夾我！夾我！」、「動物：超級比一比」（六項闖關遊戲活動內容分述於後）。 2. 以班為單位，每班分成兩組，每組十五位小朋友。每個班級的小朋友總共要闖六關。 3. 闖關的順序皆是以原班級為起點，照動線前進（每班活動進行的順序如下表所示）。其闖關的順序以數字為標記。 4. 活動進行到第三關時會有休息、上廁所及吃點心的時間（家長可以自備點心，園所也會準備點心）。 5. 每一關帶領的老師會有獎勵卡，只要在那一關贏了，就可以在那一關得獎勵卡。遊戲結束後會有頒獎活動。

工作人員	由於此活動為全園性的活動，所以由園長、主任分配工作，由活動組負責策畫，並由全體教保服務人員共同參與。各班老師可以依情況請家長支援此項活動。
預期效果	1. 從與家長的通訊項中能獲得七成五的滿意回饋。 2. 每項親子活動至少有七至八成的家長參加，能到園的家長多能全程參與。

班級 （主題）	各班闖關的順序						
	1	2	3	◎	4	5	6
猴子班 （恐龍）	恐龍走路	角色扮演	校園寫真	休息喝水	小小工程師	夾我！夾我！	超級比一比
獅子班 （海洋）	角色扮演	校園寫真	小小工程師	休息喝水	夾我！夾我！	超級比一比	恐龍走路
綿羊班 （社區）	校園寫真	小小工程師	夾我！夾我！	休息喝水	超級比一比	恐龍走路	角色扮演
蜜蜂班 （交通）	小小工程師	夾我！夾我！	超級比一比	休息喝水	恐龍走路	角色扮演	校園寫真
天鵝班 （天氣）	夾我！夾我！	超級比一比	恐龍走路	休息喝水	角色扮演	校園寫真	小小工程師
浣熊班 （動物）	超級比一比	恐龍走路	角色扮演	休息喝水	校園寫真	小小工程師	夾我！夾我！

遊戲一：恐龍走路

地點：戶外的操場

時間：約二十分鐘

材料：已經畫好的恐龍腳印、錄音帶、錄音機

進行方式：將每班分成兩組，每組十五位小朋友

1. 先在地面貼上一些恐龍的腳印，其排列間隔可以比照一般大人走路的間隔，而排列的次序則先是有秩序的排列（即一般走路的腳步），再改變成較無次序的排列（全程的距離約五十公尺）。

2. 請小朋友先將腳踏在爸爸或媽媽的腳上，再請爸爸媽媽依照地上

的腳印走路。另外,在走腳印的時候會播放音樂,請小朋友和爸爸媽媽盡量在音樂停止前到達終點。

3. 在走路的時候小朋友要跟著爸爸媽媽一起行動,盡量不要從爸爸或媽媽的腳上摔下來。

4. 看哪一隊的小朋友最先完成就贏了(如果有小朋友和爸爸媽媽合作得很好或是很有興趣,則可以在闖完全部關卡之後再來挑戰比較快速的音樂)。

遊戲二:**角色扮演(*海底的動植物*)**

地點:教室內(在進行以海洋為主題的教室內)

時間:約二十分鐘

材料:多種可以再次利用的材料、可以參考的工具書、一些簡單的工具(剪刀、膠帶、彩色筆等)

進行方式:仍然是將每班分成兩大組,每組十五位小朋友;但是以小朋友和其家長為一小組進行遊戲。

1. 先在教室內規劃好的一區內擺上多種可以利用的材料,以及所需要的工具,和一些可以參考的工具書。

2. 請父母親與小朋友先參觀一下這個以海洋為主題進行布置的教室。

3. 因為這個班的主題是海洋,請父母親配合利用現有的資源,並在二十分鐘之內將小朋友扮成海洋裡的一種動物或植物。

4. 小朋友在製作之前可以先和父母親討論,並參考一旁的工具書。

5. 盡量在二十分鐘之內完成裝扮,如果實在沒有辦法,則可以帶回家完成。只要能在固定的時間內完成的都算贏,最後看哪一隊贏的小組最多,那一隊就算贏。

遊戲三:**校園寫真**

地點:整個校園(主要為教室外的區域)

時間:十五至二十分鐘

材料：事先準備好的謎語與問題、園所地圖、照片（園內景觀）

進行方式：仍然是將每班分成兩大組，每組十五位小朋友；但是以小朋友和其
家長為一小組進行遊戲。

    1. 請小朋友和父母親一起到這一關領取數個已經出好的謎語與問題
（約三～四題，謎題的內容可以有文字、圖片或是照片）以及園
所地圖。

    2. 請父母親和小朋友一起合作，在時間內找出各個問題的答案，並
將答案帶回原關，看是否為正確解答。答對兩題以上的小朋友都
算贏，最後看哪一隊贏的小組最多，那一隊就算贏。

遊戲四：小小工程師

地點：教室內（在進行以交通為主題的教室內）

時間：二十分鐘

材料：大小積木、木片、石頭、線、牙籤、工具書

進行方式：仍然是將每班分成兩大組，每組十五位小朋友；但是以小朋友和其
家長為一小組進行遊戲。

    1. 先在教室內的一區擺上需要用到的材料。

    2. 請父母親與小朋友先參觀一下這個以交通工具為主題進行布置的
教室。

    3. 因為這個班進行的主題是交通，請家長與小朋友一起動動腦，用
現有的材料搭成一座橋（拱橋、吊橋等）。

    4. 在製作的過程中可以參考工具書，並請家長與小朋友盡量在規定
的時間內完成。在時間內完成的小組就算贏，最後看哪一隊贏的
小組最多，那一隊就算贏。

遊戲五：夾我！夾我！

地點：戶外

時間：十五至二十分鐘

材料：氣球數個、椅子數張、書面紙數張

進行方式：將每班分成兩組，每組十五位小朋友。

    1. 每個小朋友與一個家長為一組。請家長和小朋友一起夾球走到終點處的椅子，繞一圈之後再回來。

    2. 請家長和小朋友先抽籤，看兩個人要用哪兩個部位一起夾球。

    3. 最先輪完的那一組獲勝。

    4. 過程中，如果球掉了，應撿起並在原地夾球再進行。

    5. 最先到達終點的那一組就算贏。

遊戲六：超級比一比

地點：教室內（在進行以動物為主題的教室內）

時間：二十分鐘

材料：動物的圖片、膠帶

進行方式：仍然是將每班分成兩大組，每組十五位小朋友；但是以小朋友和其家長為一小組進行遊戲。

    1. 請父母親與小朋友先參觀一下這個以動物為主題進行布置的教室。

    2. 請家長與小朋友到規劃好的區域內，每一個小朋友和一位家長一組。請小朋友到關主那裡抽取動物圖片，關主並將小朋友抽出來的動物片黏在小朋友的背後，且注意不可以讓小朋友看到圖片上的動物。和小朋友一組的家長可以用發出聲音以外的任何方法，告知小朋友他們背後貼的動物是什麼。

    3. 在活動進行的過程中，家長不可以發出聲音，可以用動作表演的方式讓小朋友知道其背後貼的是哪一種動物。

    4. 同時間可以進行數組，最先猜出的那一組就算贏，最後看哪一隊贏的小組數多，那一隊就算贏。

二　國民小學親職教育活動設計示例

（設計者：國立臺北師院國民教育研究所碩一班　吳淑妤）

(一)團體動力遊戲與講座——家長與學校建立教育的伙伴關係

1.活動目標

　　建立家長正確的親職觀念與態度，使其了解參與子女的成長和學習的重要性，並樂於參與。

2.活動說明

　　愈來愈多的學校主動將家庭納入教育事業的伙伴關係，與家長攜手共同經營一個教育的願景。家庭背景與家庭所做的努力，對學生在校成就有極重要的影響力，而且家庭的影響力甚至遠大於學校，可見學校教育的成敗，維繫於家庭的參與和配合與否。如果家庭對子女在學校的生活漠不關心，對教育的價值觀念不清楚，則不論學校如何重整設備、更新課程，甚至聘請優秀的老師，都無法有效提高學生的學習成就。因此，基於這一個信念，學校乃積極邀請家長參與學生的各種學習活動和學校的公共事務。

　　此次親職教育講座由校長向家長宣達上述學校的重要教育政策，透過團體動力活動，家長們可以發現家庭背景對子女的影響是什麼、家庭可以做的努力有哪些，以及家庭可以參與學校事務的內容為何。

3.活動對象

　　本校全體家長。

4.活動地點

　　立新樓二樓視聽教室。

5.活動程序與工作人員

活動名稱	家長與學校建立教育的伙伴關係		講師	林大萌校長
時　間	活 動 流 程	活　動　內　容		
9:00	1.家長分組	1.以「大風吹」遊戲，根據物以類聚的特質，將家長分為三組，再以十人為一小隊，分為若干隊。		
9:15	2.腦力激盪時間	1.三組的主題分別為： (1)家庭背景對子女的影響。 (2)在子女學習與人格發展的過程中，家庭可以做的努力。 (3)家庭參與學校事務的內容。		
9:45	3.心得分享	1.各組於討論後，在海報紙上寫出內容，並且派代表對全體報告。		
10:00	4.演講—— 家長與學校建立 教育的伙伴關係	1.校長分析與歸納上述討論結果。 2.向家長宣達學校的重要教育政策。		
11:00	5.活動結束	1.預告本學年度各項親職教育講座。		

6.預期效果

(1)家長們可以整理出家庭背景對子女的影響是什麼。

(2)家長們可以明瞭在子女學習與人格發展的過程中，家庭可以做的努力有哪些。

(3)家長們可以明瞭家庭可以參與學校事務的內容有哪些。

(4)建立家長正確的親職觀念與態度，樂於參與子女的成長與學習過程。

(二)親職教育講座——提供孩子健康安全的生活環境

1.活動目標

建立家長正確的親職觀念與態度，提供有關子女健康的飲食、體能發展和安全的生活空間，以及犯罪防治的觀念。

2.活動說明

家庭是學生生活的重要場所，家庭的背景因素影響學生的健康和人格發展，而學生的身心狀況則直接影響其在校的學習和表現。因此學校基於教育的立場，關心學生的整體發展，提供父母親在健康與安全方面的親職教育。本講座由訓導主任與健康中心的護士就健康的飲食、體能發展、安全的生活空間，以及犯罪防治等主題，分別提供家長認知與施行的策略，以期家長能經營一個健康安全的生活空間。

3.活動對象

本校全體家長。

4.活動地點

立新樓二樓視聽教室。

5.活動程序與工作人員

見下頁表。

6.預期效果

(1)家長們可以了解健康的飲食、體能發展、安全的生活空間，以及犯罪防治等的重要性。
(2)家長們有良好的策略，能在家中經營一個健康安全的生活環境。

活動名稱	提供孩子健康安全的生活環境	講師	訓導處王明羚主任
時　間	活 動 流 程		活 動 內 容
9:00	1.演講		1.主題為： (1)健康的飲食。 (2)體能發展。 (3)安全的生活空間。 (4)犯罪防治。
10:30	2.討論與心得分享		1.家長提出問題。 2.家長分享實務經驗。 3.王主任總結。
11:00	3.活動結束		1.預告下一次親職教育講座內容。

(三)親職教育講座——兒童人格成長面面觀

1.活動目標

建立家長正確的親職觀念與態度，了解兒童人格成長的特質與各階段的需求，並能在親子互動中建立和諧的關係。

2.活動說明

兒童人格的成長自幼兒時期起，即已受到家庭、社會環境和學校的多元影響。家人之間的感情和互動關係、家中常規的訂定和執行、家庭空間和時間的使用規則等等，都是影響子女生活態度以及人格的因素。此外，父母親對於學校學習的價值觀，包括對子女所要達成的教育目標是否有所計畫與準備，亦將影響子女在校學習的態度和成就。父母親如能了解兒童人格成長的特質與各階段的需求，則更有機會在親子互動中建立和諧的關係。

3.活動對象

本校全體家長。

4.活動地點

立新樓二樓視聽教室。

5.活動程序與工作人員

活動名稱	兒童人格成長面面觀		講師	訓導處張淑貞主任
時　　間	活　動　流　程	活　　動　　內　　容		
9:00	1.演講	1.主題為： 　(1)兒童人格成長的特質。 　(2)各階段的需求。 　(3)培養子女良好人格的策略。		
10:30	2.討論與心得分享	1.家長提出問題。 2.家長分享實務經驗。 3.張主任總結。		
11:00	3.活動結束	1.預告下一次親職教育講座內容。		

6.預期效果

(1)家長們可以了解兒童人格成長的特質。

(2)家長們可以了解各階段的需求。

(3)家長們能在親子互動中建立和諧的關係。

(四)親職教育講座——學習的新方向

1.活動目標

建立家長正確的親職觀念與態度，了解學校學習的內容與教育改革的新趨勢，並能夠配合學校教育，在家協助子女學習。

2.活動說明

　　家庭是學校教育的伙伴，父母親除了在家經營一個健康安全的生活空間之外，若有機會了解學校學習的內容，包括課程設計和教學實務，與教育改革的新趨勢等等，便能積極的配合學校教育，在家協助子女學習。子女學習行為的養成有賴父母親的關懷鼓勵和督促，當子女有學習上或情緒上的困擾時，父母親適時的協助可以化解孩子的挫折感，建立孩子積極的人生態度，成為有效且快樂的學習者。再者，父母親熟悉教育改革的新趨勢，有助於免除教育觀上的成見，可以養成孩子正確的學習觀念。

3.活動對象

　　本校全體家長。

4.活動地點

　　立新樓二樓視聽教室。

5.活動程序與工作人員

活動名稱	學習的新方向		講師	教務處梁立民主任
時　　間	活 動 流 程		活 動 內 容	
9:00	1.演講		1.主題為： (1)九年一貫課程與學校的發展。 (2)教學的實務討論。 (3)學生各階段學習目標。	
10:30	2.討論與心得分享		1.由家長提出問題。 2.家長分享實務經驗。 3.由梁主任總結。	
11:00	3.活動結束		1.預告下一次親職教育講座內容。	

6.預期效果

(1)家長們能了解學校學習的內容與教育改革的新趨勢。

(2)家長能在家協助子女學習,養成孩子正確的學習觀念,並建立積極的人生態度。

(五)親職教育講座——子女如果有特殊學習需求該怎麼辦?

1.活動目標

建立家長正確的親職觀念與態度,使其洞察子女學習上可能有的困難和特殊需求,提供家長解決策略和社會資源。

2.活動說明

子女的某一些行為和態度,例如:過動伴隨不專注或憂鬱消極,可能是在反映學習上的困擾和特殊需求。一般而言,父母親往往只著重在行為的矯正,而不能洞察子女在學習的困境,長久以往,彼此的互動關係可能受影響而趨於惡化。透過本次講座,父母親能夠洞察孩子的需求,並能擁有良好的策略協助子女學習,如有需要,亦能夠找到社會資源幫助子女解決特殊學習需求。

3.活動對象

本校全體家長。

4.活動地點

立新樓二樓視聽教室。

5.活動程序與工作人員

活動名稱	子女如果有特殊學習需求該怎麼辦？	講師	輔導室張淑貞主任
時 間	活 動 流 程	活 動 內 容	
9:00	1.演講	1.主題為： (1)檢視孩子的學習能力。 (2)什麼是學習障礙和情緒障礙。 (3)過動伴隨不專注缺失的孩子。 (4)善用社會資源	
10:30	2.討論與心得分享	1.由家長提出問題。 2.家長分享實務經驗。 3.由張主任總結。	
11:00	3.活動結束	1.預告下一次親職教育講座內容。	

6.預期效果

(1)家長們能夠洞察子女學習上可能有的困難和特殊需求。

(2)家長們能夠擁有良好的策略協助子女學習。

(3)家長們能夠找到社會資源幫助子女解決特殊學習需求。

(六)大地遊戲──校園尋寶

1.活動目標

透過此次戶外活動，父母親實際演練親職講座所提供的理論知能。以和諧的互動關係解決問題，並與子女互相扶持，完成戶外的探索活動。

2.活動說明

此次戶外活動，是親職理論知能的實踐演練活動。父母親在聆聽講師有關理論與實例的演講之後，依照教務處與訓導處的活動設計，和子女及其他家庭

組成團隊,透過討論與協商,訂定遊戲與活動的策略。在活動的過程中練習,以和諧的互動關係來解決問題,並且互相扶持完成戶外的探索活動。

3.活動對象

本校全體家長。

4.活動地點

本校校園。

5.活動程序與工作人員

見下頁表。

6.預期效果

(1)家長們根據親職理論的知能,透過活動實際演練。

(2)父母親透過討論和協商,與子女訂定遊戲和活動的策略。

(3)父母親與子女能建立和諧的互動關係。

活動名稱	校園尋寶		講師	訓導處王明羚主任
時　間	活動流程		活動內容	
活動前的準備	1. 家庭分組 2. 準備器材 3. 準備一家一菜餐點		1. 以家庭為單位分組。 2. 依照活動進行規則，規劃小組成員的角色與任務。 3. 小組成員共同製作進行大地遊戲所需的器材。 4. 由家人共同決定菜單和製作。	
		活動流程		
9:00	1. 報到		1. 各小組領隊至報到處領取活動手冊。	
9:15	1. 大地遊戲活動開始		1. 各小組依照活動手冊第二章的活動內容進行大地遊戲： (1)校園植物探索。 (2)校園最美的角落。 (3)體能挑戰闖關。 (4)校園藏鏡人：找出學校人物之最。	
11:00	1. 結束大地遊戲活動 2. 活動成果彙報 3. 準備愛宴		1. 各組由小組長至報到處彙報活動成果，並將活動中製作的海報與手冊張貼展覽。 2. 各組將一家一菜餐點，布置在校園中庭。	
12:00	1. 愛宴 2. 參觀活動成果展		1. 校長致詞。 2. 愛宴開始。 3. 和其他家庭分享活動成果。	
14:00	1. 活動結束 2. 環境整理		1. 預告下次親職教育講座。 2. 各組負責清理責任區環境。	

(七)團體動力活動——建立和諧親密的親子關係

1.活動目標

根據親職理論的知能，與活動實際演練的經驗，探討親子關係的困境和解決策略。

2.活動說明

　　父母親已經在前面數次的親職講座中建立了親職理論的知能；另一方面，在生活中與「大地遊戲」的活動經驗裡，體驗無數親子關係的瓶頸，因此需要解決困境的策略。

　　此次團體動力活動——建立和諧的親子關係，將提供父母親小團體的經驗分享與互相支持。由各班導師帶領，深入探討每個家庭的困境，小團體成員彼此同理，共同找出解決策略，建立班級家庭互相支援的風氣。

3.活動對象

　　班級家長。

4.活動地點

　　各班教室。

5.活動程序與工作人員

　　見下頁表。

6.預期效果

(1)家長們彼此可以分享經驗與找出解決策略。
(2)家長能夠建立和諧的親子關係。
(3)由各班導師帶領，建立班級家庭互相支援的風氣。

活動名稱	建立和諧的親子關係		講師	輔導室張淑貞主任
時　間	活　動　流　程		活　動　內　容	
活動前的 準備	1. 教師研習		1. 由輔導主任主持： (1)小團體輔導的方法。 (2)此次活動目標與策略。	
活　動　流　程				
9:00	1. 相見歡		1. 團體遊戲「猜猜我是誰的爸媽」拉開序幕。 2. 導師說明活動意義。	
9:15	1. 活動開始 2. 放鬆與舒緩 3. 小組討論與分享		1. 將家長分為三組。 2. 聆聽祥和愉快的音樂，放鬆身心。 3. 討論主題： (1)親子互動關係的瓶頸 (2)瓶頸的成因	
10:00	1. 角色扮演		1. 各組就上階段討論的案例，選取一個案例做角色扮演。 2. 由該案例家庭及其他小組成員支援演出。	
10:30	1. 團體討論		1. 全體家長圍坐在一起，共同討論角色扮演的內容。 2. 導師分析親子互動的困境。 3. 全體家長同理並討論解決策略。	
11:15	1. 結束前的凝固		1. 導師肯定家長的努力。 2. 全體家長組成支援系統，互相扶持。	
11:30	1. 活動結束			

　　上面列舉之親職教育活動乃針對一般家庭所設計，老師可針對各種實況加以改變或延伸運用，由於篇幅有限，有關單親家庭、隔代教養家庭與身心障礙子女家庭之親職教育活動設計，請參見附錄二。

附註

❶ 依據林家興（1997，頁 137-138）的看法，所謂親職教育中的高危險群，是指具有某些特徵的父母，由於本身的問題或環境的不利因素，導致他們無法善盡為人父母的工作，以至於影響子女的健康和人格發展；可能的因素包括父母未成年、特殊兒童、流動勞工、領寄養家庭、精神疾患、具虐待案例，甚至是父母酗酒或吸毒等。

❷ 歷來著名的親職教育方案的確各有所偏，如以幾個著名的團體形式親職教育方案言，知識技能的傳遞是親職教育方案的重要內容之一（如 BGT），但許多方案除重視教養知識技能的傳遞外，也希望進一步反省親子間的溝通行為及關係（如 TA），甚至糾正家長教養態度中多以權威為主導的溝通心態（如 PET）。前述各項方案內容的介紹，參見本節「實施方式」部分。

❸ 歷來也出現一些針對不同實施對象所設計的親職教育方案，主要以工作坊型態實施，例如自我協助的團體、倡議團體（advocacy groups）、家長對家長的型態、祖孫隔代工作坊、父親方案、手足方案等，參見 Hornby（2000, pp. 95-97）。

研究題目

1. 通常老師與家長關係中易產生的障礙，可分哪三大類？

2. 名詞釋義：(1)家長效能訓練
   (2)行為團體訓練

3. 試擬一所國小或幼兒園一學期的親職教育活動計畫。

4. 試述親職教育方案的實施原則。

延伸活動

1. 「團體方式」是親職教育重要的實施方式之一。請以一所幼兒園或小學為例，了解他們採取（計畫或曾經採取）團體方式所實施的親職教育活動有哪些？再訪問一位老師，了解他們對實施前述活動的意見。

2. 請編寫一份幼兒園或小學的親職教育活動設計，可以編寫整學年或整學期的活動，亦可針對單次的親職教育活動設計其內容；整個設計至少應包括目標、對象、活動方式、活動過程、工作人員、經費預算、預期結果等。

8 Chapter 不同家庭型態的親職教育

　　世界上沒有兩個家庭完全相同，各種家庭型態的親職教育也應有不同的重點。隨著工商業發達、科技進步所帶來之社會變遷，使得家庭的類型增多，本書第六章〈社會變遷中的親職教育〉已對此現象加以說明。教育部有鑑於此，提出「學習型家庭」的方案，希望國人在邁向二十一世紀之際，能提升國家競爭力，加強人文關懷，以滿足不同家庭型態的成員個人發展的需求，落實終身學習與學習社會的理念於家庭。

　　所謂「學習型家庭」是一種家庭的型態，不論雙親、單親或其他樣式家庭，也不分中產階級或勞工家庭，在其中，家庭提供成員有效的學習環境，能對學習有積極的態度和參與的行動。臺灣地區家庭教育中心編製之《學習型家庭手冊》中亦提到：「學習型家庭是透過家庭成員的相互學習，共同創造新知識，並透過知識的運用及轉化，進而能持續家庭整體的生命力與適應力。」學習型家庭的主要精神在於家庭成員都從事學習活動，而且彼此分享學習的經驗或心得，進而促進個人和家庭的成長發展。所以，學習型家庭能孕育健康的個體，讓家庭走向健康穩固，是良好社會的根基，也是社會學習風氣的催化者，更是提升國家競爭力的必要途徑；學習型家庭對問題有較佳的免疫力及處理能耐，亦可使家人有較佳的機會掌握競爭的優勢（王以仁，2001）。

　　本章將討論現代社會較常見的單親家庭、重組家庭、收養家庭、隔代教養家庭、有身心障礙子女之家庭、雇用外勞照顧子女之家庭，及跨國婚姻等七類家庭的親職教育問題，並從學習型家庭的觀點與作法提出建議，期能協助所有的家庭皆能發揮家庭功能，維持良好的親子互動關係。

第一節　單親家庭的親職教育

　　所謂的單親家庭一般係指因離婚、喪偶、分居、服役、服刑、長期異地工作或未婚的單一父親或母親，和其十八歲以下未婚子女所組成的家庭。全球各工業先進國，單親家庭的比例都在增加之中，在臺灣的情形亦是如此。根據行政院主計處調查，以 2010 年為例，單親家庭占整體家庭數的 12.71%，有未滿 18 歲子女的女性單親多於男性單親（56.68%比 43.32%），有未成年子女者約

為全部單親家庭數的 29.57%。單親家庭的原因有離婚、喪偶、未婚生子、遺棄等，以前二者居多，以 2002 年為例，單親家庭中單親就業者男性單親家長占 27.36%；女性單親家長占 72.64%（參見第六章表 6-2-5）。而鄰近地區香港有關單親家庭之研究報告顯示：香港單親家庭的成因有 56.4%是離婚或分居，這些家庭中有五至十四歲的孩子者占 62%。另發現 97.5%的家長表示家庭的收入僅足夠或甚至是不敷開支的，78%的單親家長表示極需要資源協助他們對子女的照顧和管教。在九七回歸後，香港的工業及貨運事業北移，因而產生「父或母因工作或居留問題而須長期離港」的單親家庭（邵次英，2000）。可見子女的教養問題、生活維持問題是單親家庭最迫切需要解決的問題。

 ## 一　單親家庭易遭遇到的難題

不管是男性單親或女性單親，當他們獨立撫養子女時，都可能遇到下列難題：

1. 單親家庭的孩子容易產生焦慮情緒。據邵次英（2000）所進行之研究：單親家庭對小學生的情緒有較多負面影響，孩子也容易把這些不快樂的情緒外顯於行為態度及學業上。在三種單親家庭（離婚、喪偶、異地工作）中，喪偶家庭學生的哀傷情緒較顯著及持久，異地工作家庭之子女受影響較小；以學生性別來看，男性在外顯行為上有較負面的傾向，而女生則會把不快的情緒藏在心裡，以致性格較沉默。

2. 孩子模仿認同對象易限於父親或母親。父母單獨撫養子女須拚命工作，無暇照顧子女，則親子互動時間相對減少，難顧及子女身心之需求，易造成子女偏差行為的發生。

3. 單親家長本身常面臨心靈無依靠、經濟來源困難、心情苦悶、沒有安全感，又擔心子女在校受人另眼看待等問題。

4. 單親家庭不一定是問題家庭，但因承受較多社會與經濟壓力，使孩子成長過程比雙親家庭辛苦，有些孩子須面對父母離婚、爭吵或施虐情形，常有逃避、失落與憤怒的情緒，如不適時疏導，則很可能走入歧途。

 二　單親家庭的親職教育重點與方法

(一)辦理成長團體及聯誼團體，強化社會支持體系

　　學校或社會教育機構，可加強辦理單親家長的成長團體或聯誼團體，讓同樣處境的家長可以互相傾訴、互相打氣、交換經驗、互相扶持，以盡快渡過灰暗期、重新出發，迎向光明的未來。據 1995 年臺灣省所做的單親家庭福利需求調查，其結果顯示，有 35.6%的單親家庭需要「成長團體」，有 39%的單親家庭需要「心理調適」。

(二)辦理單親家庭親子活動，以豐富單親家庭子女之成長經驗

　　據上述調查發現，單親家庭有 49.4%需要辦理親子活動，有 48.1%需要有關子女人格成長輔導之活動。因此，辦理這類主題的夏令營、冬令營或假日活動，都可促進這些子女的親子關係與人格發展。

(三)注意不造成二度傷害或標記

　　在方法上，須注意不要刺傷單親家長內心之傷口，故通知單或簽到本上應避免出現「單親家庭」字眼，以防標記之二度傷害。

(四)採用多元的活動方式

　　對於子女管教問題，與離婚另一家長如何分享與子女團聚時間，以及家族人際關係調整、家庭經濟改善……等問題，亦可辦理講座或成立諮詢專線，介紹相關書刊，以協助單親的家長獲得適當親職知能。

 **第二節　重組家庭的親職教育**

　　隨著單親家庭的增加，重組家庭（reconstituted family）也會不斷增加。所

謂重組家庭乃指單親家長再婚所組成的家庭。重組家庭有許多情況，通常是單親家庭的戶長再婚，其再婚對象可能是單身未婚者，也可能是單親的另一位戶長。若是後者，則重組家庭裡可能會有「你的孩子和我的孩子，打我們的孩子」之狀況發生，在教養上更需特殊的技巧（黃迺毓，1988）。

在美國，單親的戶長約有半數在三年內會再婚，但在臺灣的情形較不相同。臺灣的單親戶長，尤其是女性單親，常願意為子女犧牲，過著母子相依為命的日子。不過近年來，隨著西風東進之影響，女性單親重組家庭的情形也逐漸增多。

一　重組家庭易遭遇的問題

重組家庭比較常見的難題如下：

1. 由於不同家庭生活背景及角色型態需在重組家庭中重新調整，許多原先習以為常的生活方式，在新的家庭成員眼中可能認為不妥，故大家必須配合新的家人重新調整改變。

2. 重組家庭由於來自不同家庭，可能都是原來家庭的主要決定者，一旦重組新家庭，則由誰來公平分配時間、精力、物質、財務、情愛等，將成為重組家庭需面對的問題。

3. 親子關係、家庭向心力需重新培養，對新加入的家庭成員，在孩子的想法仍屬「外人」，故在心理上需要較長時間去調整、培養；而傳統小說、故事或戲劇中，繼父或繼母常被刻板描述為陰險惡毒，故孩子在調整新的親子關係時，常受影響而有抗拒、不合作、故意唱反調之現象。

4. 鄰居、親友不具同情心或主觀介入，也會使繼父或繼母在教養子女的過程中倍感艱辛，吃力不討好。據研究（Duberman, 1973），繼母所遭遇的困難比繼父來得多，可能與繼父會保護孩子，能負責家庭經濟，彼此像朋友，母親因再婚心情較佳，孩子就較不排斥繼父等有關。但繼母的角色則困難重重，常被認為是家庭幸福破壞者，不易得到丈夫前妻子女的諒解與接受。

· 請為繼母塑繪新形象 ·

隨著社會變遷，婚姻狀況與昔日社會大不相同，再婚或續弦者日多，古來認為「後母都是壞心腸」的兒童文學作品或口傳故事頗多。為適應當前的社會變遷，學校教師或文學工作者應多為繼母塑繪好的形象，讓孩子對其家庭的新成員能不先入為主的排斥，這是新世紀的重要親職教育工作。

 二 重組家庭的親職教育重點與方法

(一)親職教育的重點

重組家庭的親職教育重點在適時支援繼父母親，透過各種策略教導繼父母能理智、耐心，並提供重新建立良好親子關係的方法。

(二)教導父母認知孩子的身心發展階段

了解丈夫前妻所生之子女，目前正處哪一發展階段？其特徵為何？透過講座或專書介紹，可以協助父母更早進入狀況，把握孩子的身心發展特質，在溝通上更能得心應手。

(三)設計多樣親子活動

學校除安排一般家長參與親職教育活動外，可設計親子共遊的活動，如親子烤肉、親子登山等活動，亦可設計孩子的讀書會，技巧而不露痕跡的，有計畫邀請重組家庭的親子或子女參加，透過精心設計的活動與刻意選擇的書籍，化解他們親子之間的心結，協助這些家庭早日建立良好的親子互動。

(四)避免標記並保持家長隱私

由於重組家庭可能較不希望別人知道，故老師在辦理親職教育活動時，一定要以平常心對待每位家長，不可強調哪一位家長之特別狀況，只要在適當時機一對一的表達關心，或針對問題做輔導即可。

第三節　收養家庭的親職教育

收養家庭乃指收養他人之子女為自己子女的家庭。一般家庭之所以會收養子女，其原因有下列六點（黃迺毓，1988）：

1. 夫婦至少有一方不能生育。
2. 結婚多年，膝下猶空，民間迷信收養孩子會「招弟妹」，故想收養一個孩子，以期能再親生自己的孩子。
3. 晚婚，不願冒高齡產婦之危險。
4. 夫婦只生一個孩子，很想再收養孩子來做伴。
5. 出於愛心，收養破碎家庭或父母雙亡之遺孤。
6. 收養孩子，以求孩子長大後可以成為家務之助手，這在臺灣早年較常見，尤其是收養女孩當養女來幫忙家務，不過目前已很少見了。

 收養家庭常見的問題

1. 由於收養子女同樣會有一般孩子所具有之辛苦撫育過程，因此如果孩子個性較倔強，與養父母間溝通不良時，極易歸咎於收養關係，認為是養父母所以不像親生父母會疼愛他。
2. 由於許多小說、故事或大眾傳播媒體，常介紹不好的養父母形象，或過分強調生育之情，而忽略養育之恩，因此養子女常會為一點小摩擦就離家出走，想去找親生父母。

3. 鄰居或親友也常以有色眼光或雙重標準來看待，例如：孩子做錯事，養父母責罵孩子時，很容易被解釋為養父母虐待孩子，沒有好好對待收養的子女，有時更造成養父母與子女間之不必要對立，使親子關係無法建立。

4. 養父母不懂法律，以致辦理收養手續不全，經過一段時間之後，親生父母變卦，或養子女有意回歸親生父母處，而產生一些不必要的糾紛，因此走上法庭，帶來不少麻煩。

二 收養家庭的親職教育重點與方法

(一)親職教育的重點在促進親子關係之和諧

提升養子女對養父母的信任感，協助養父母運用適當的方法去經營其親子關係。

(二)增進對收養相關法規的認識

老師可以關心其收養手續是否合法。依據《民法》第 1079 條：「收養應以書面為之，並向法院聲請認可。收養有無效、得撤銷之原因或違反其他法律規定者，法院應不予認可。」收養子女應在戶籍所在地報戶口，完成合法手續，以正式取得養父母之地位，執行養父母之權利與義務。

(三)辦理多樣親子活動

與重組家庭相同，學校可辦理各項親子活動或專為孩子辦的活動，透過精心設計的活動方式，提高父母親的教養知能，並培養孩子們能感謝養育之恩。

(四)敏銳關心收養家庭動態

由於收養家庭之狀況歧異，收養動機也各不相同，老師在推展親職教育工作之同時，也應注意收養家庭是否有下列情形。我國《民法》第 1081 條規定：「養父母、養子女之一方，有下列各款情形之一者，法院得依他方、主管機關

或利害關係人之請求，宣告終止其收養關係：

　　1.對於他方為虐待或重大侮辱。

　　2.遺棄他方。

　　3.因故意犯罪，受二年有期徒刑以上之刑之裁判確定而未受緩刑宣告。

　　4.有其他重大事由難以維持收養關係。

　　養子女為未成年人者，法院宣告終止收養關係時，應依養子女最佳利益為之。」

　　養子女與親生父母間之自然血緣關係，絕不因收養而消滅，只是權利義務因收養而終止，但養父母應善盡父母之職責，善待養子女，不過度縱容，也不應過度嚴格。

第四節　隔代教養家庭的親職教育

　　隔代教養事實上是早已存在的家庭問題。隨著社會、經濟結構快速的改變，傳統家庭結構中，小家庭逐漸取代大家庭及折衷家庭的型態，這樣的改變對於傳統家庭的功能產生很大的衝擊。一般人認為，在傳統的家庭中，父親主要扮演家庭經濟的來源，而母親則是扮演持家照顧老幼的角色，整體而言，對於小孩的教養雖有祖父母的協助，但基本上仍是以母親為主。然而，現代社會之小家庭經濟負擔增加，同時也因女性主義的抬頭，有愈來愈多的女性在婚後仍必須就業，以增加家庭的收入，形成許多雙薪家庭。如此一來，女性原有的角色也無法扮演，不但無法肩負奉養父母之責，甚至連教養子女的任務也無法勝任，需要他人來協助，這所謂的「他人」中，大部分人常以自己的父母為第一優先考慮，而祖父母基於愛護子女的心態，再加上祖父母常須依靠子女在經濟上的協助與照顧，自然形成「隔代教養」的家庭型態（李富言，2001）。

　　據行政院主計處的資料顯示，即使家有六歲以下的子女，仍有 60.03% 的婦女投入就業市場；而大專以上教育程度的已婚女性就業比例更是高達 70% 以

上（行政院主計處，2010），可見婦女就業會改變家庭生態關係，造成許多雙薪家庭無法兼顧孩子的照護，須將子女交由祖父母或親友、保姆來照顧。本書第六章第二節雖提及祖孫家庭比率日減，隔代親子教育機會減少，但在小家庭孩子幼小時，仍有將年幼子女送到非同居祖父母或外祖父母家托育的現象。

隔代教養的情形並不局限於孫子女年幼時的照顧，也不局限於僅是白天的托育，有許多祖父母面臨孫子女之父母親死亡或離婚的情況，擔負起照顧孫子女的全部責任。隨著時代的改變，有愈來愈多的父母親則是不能或不願意照顧孩子，所以，祖父母就必須擔負起照顧孫子女的任務，這包括父母親在獄者、情緒或精神失常者、身體暴力或性暴力犯罪者、藥物濫用者、未婚生子者、父母親故意遺棄者、父母親喪偶者等等。當前隔代教養的問題已由過去特定的對象轉為多元化的對象，有些祖父母也從偶爾分攤年幼孫子女照顧，轉為全時間擔負教養的責任。

有關隔代教養家庭的類型，參考李富言（2001）與王鍾和（2000）之研究，做下列分類之說明：

1. 以祖孫家庭型態來看：有「非同居型」祖孫家庭、「三代同堂型」祖孫家庭、「隔代教養型」祖孫家庭。前二者雖非全時負起教養孫子女之責任，但仍常有受託照顧撫養孫子女之機會。

2. 以廣狹義分：則包括祖父母、外祖父母，以及隔代其他親友如姑婆、舅婆、姨婆等之照顧，不論是全時或部分時段之照顧，皆歸類為隔代教養家庭；如完全由祖父母、外祖父母全時照顧，父母只在週末來探望或接回，甚至完全放棄照顧子女者，則歸屬為狹義之隔代教養家庭。

一　隔代教養家庭易遭遇的問題

1. 當教養孫子女的觀點與自己的兒子和媳婦不同時，往往造成失望或無所適從之困擾，尤其兒子或媳婦如不體諒，以較重口氣糾正或質問某些教養事件時，年紀大的長輩將承受頗大的心理負擔與壓力。

2. 由於體力較差，無法與孫子女進行較耗體力的活動，加上對孫子女的寬容度往往較兒子或媳婦為大，因此常顯現過度保護或縱容孫子女的情

形。

3. 語言溝通的問題：由於祖父母與孫子女年代相隔較久，且所處外在社會環境的不同，可能會使祖孫間產生語言溝通上的問題。

4. 價值觀念差異的問題：祖孫所處的年代大不相同，彼此所形成的價值觀念時常大相逕庭，而容易有代溝的情形產生。祖父母常被認為是文化刺激較弱的一群，即使其過去有教養小孩的豐富經驗，卻不見得能給予孫子女完善的照顧，更別說能給予課業上的指導，或是提供較多的文化刺激。

5. 相關資源網絡的問題：因祖父母對於孫子女的照顧常處於封閉的狀態下，欠缺有效的支援網絡，特別是教養孫子女能力的支援與培養方面。

 二 隔代教養家庭的親職教育重點與方法

(一)選擇隔代教養學習型家庭的對象

包括（內外）祖父母、學童、父母三者，若從協助隔代教養的方案為著眼點，還可包括其他親友、教師、志工及社會上有心推動方案之人士等。因此，在推展隔代教養學習家庭方案時，可考慮直接從擔負教養責任之祖父母進行，同時也可以考慮由相關之父母親或學童本身著手，透過相關理念的引導，間接促成隔代教養學習型家庭的成長，當然也可透過外圍可能具有影響力之老師、志工或社會相關人士，進行由點而面的全面隔代教養學習型家庭的形成。

(二)隔代教養學習型家庭方案可以下列十點為目標（李富言，2001）

1. 協助祖父母新角色認知與調整，始能妥善安排家庭生活，維持良好的健康生活。

2. 協助祖父母學習新的知識，特別是當前流行文化與價值觀之了解，及學習有效的管教策略態度。

3. 協助隔代教養家庭建立良好的溝通管道。

4. 協助祖父母建立新的社會支持系統。

5. 協助祖父母充實文化，減少祖孫間的隔閡。

6. 協助祖父母對自己教養責任有正確的認識。

7. 讓祖父母對孩子的發展成長階段與心理行為特質有正確的了解。

8. 增進祖孫間之關係與溝通要領。

9. 協助祖父母紓解教養責任壓力。

10. 讓祖父母對教養工作有經驗分享與相互支持。

(三)隔代教養家庭親職教育活動設計示例

隔代教養家庭之親職教育方式應能迎合祖父母的胃口，以下方式是可以考量的活動設計示例（詳細內容請參看附錄二）：

1. 到宅服務。

2. 結合旅遊之親子活動。

3. 祖父母說故事。

4. 舉辦讀書會。

5. 舉辦座談會。

6. 孫子女訪談祖父母的活動。

 第五節　有身心障礙子女家庭的親職教育

依據 1999 年總統令修正公布的《特殊教育法》第 3 條規定：「本法所稱身心障礙，指因生理或心理之障礙，經專業評估及鑑定具學習特殊需求，須特殊教育及相關服務措施之協助者；其分類如下：

1. 智能障礙。

2. 視覺障礙。

3. 聽覺障礙。

4. 語言障礙。

5. 肢體障礙。

6. 腦性麻痺。

7. 身體病弱。

8. 情緒行為障礙。

9. 學習障礙。

10.多重障礙。

11.自閉症。

12.發展遲緩。

13.其他障礙。」

　　雖然我國《特殊教育法》的對象分身心障礙者與資賦優異者兩大類，依據教育部特殊教育統計，高中以下學校之特殊教育學生人數，身心障礙學生有93,611 人，資賦優異學生則有 13,407 人（教育部，2014）。本書因限於篇幅，只就身心障礙者父母之親職教育加以說明，有關資賦優異及身心障礙分類之詳細介紹及教育安置、教學方法等，請參考坊間「特殊教育導論」等相關書籍，修習中小學教師及幼兒園教師學程者，將可在學程內修習此科目。

 ## 一　有身心障礙子女家庭常遭遇的問題

　　本節不擬依不同類別一一詳述其遭遇之困擾與問題，只就所有身心障礙者之一般需求進行討論。有身心障礙子女之家庭，其面臨之問題並非自願或選擇而產生（林淑玲，2001）。根據何華國（1996）整理，認為家有身心障礙子女容易產生下列困境：

1. 社會接觸的受限，使得障礙者家庭與社會關係之素質產生變化。

2. 因醫療及照顧費用增加所造成額外的財力負擔。

3. 身心障礙者的照顧需要獲得多方面的協助，包括醫療、教育、訓練、看顧、輔導等，需要各界的統整合作與協助。

4. 家有身心障礙者對家庭所有成員都是一種壓力，它包括主觀與客觀的負擔：

　(1)主觀的負擔是指因家有障礙人士所引起的情緒效應，如否認、驚嚇、憤怒、悲傷、罪惡感、不安、沮喪、退縮、矛盾情感、恐懼等情緒皆

是。這種情緒反應可能會持續很久，形成一種慢性的悲痛。

(2)客觀的負擔指的是因家有障礙者而對家庭所造成的實質要求，例如對家庭的功能和活動的限制、照顧的需要、財力的負擔、對父母身心健康的不利影響、婚姻的衝突、帶給同胞手足的壓力、對家人社交生活的限制、社會性的羞恥感等皆是。這些問題可能會因障礙程度提高而更趨嚴重與複雜。

5. 身心障礙者之家庭面臨的另一困境在於：女性是大部分身心障礙者之主要照顧者。林淑玲（2001）引用呂寶靜、陳景寧之研究：女性占照顧者之比例在 70% 至 80%之間。而女性被歸因為照顧者的原因多在於強調女性的照顧天性，但卻忽略照顧對女性的負荷與壓力、經驗與心理感受，甚至是經濟安全的影響。女性成為主要照顧者的另一問題在於：當家有障礙兒，母親常成為理所當然的照顧者，父親較採取逃避的方式面對此問題，不參與照顧者相關問題的探討與成長，形成在親職教育或家庭教育推展上的困境，對於協助身心障礙者家庭成為學習型家庭實為一大挑戰。

二　有身心障礙子女家庭的親職教育重點與方法

對身心障礙子女之家長所實施之親職教育，往往不能只針對家長個人，而須對整個家庭及其成員做全盤考量。林淑玲（2001）統整各項研究結果，提出身心障礙者家庭之教育需求有下列十三項：

1. 家庭全員的心理建設，包括：

(1)縮短身心障礙者家人的心理調適過程中之否認、爭議、憤怒、沮喪階段的時間，及早接受並積極提供進行早期療育的機會，以及心理自我之重建工作。

(2)手足倫理教育：接納障礙者，並不排斥或覺得羞恥。教導他以自己的家人為榮。尤其是手足到了適婚年齡，家有身心障礙者可能會造成正常手足之婚姻困擾甚至破裂。

(3)身心障礙者家庭之凝聚力與願景。

2. 情緒管理、壓力調適課程：包括家長壓力調適、障礙者本身壓力調適、家庭暴力的了解與防範。

3. 家長心理支持課程：透過電影欣賞、評論，讓家長彼此支持，探討障礙者之問題。

4. 身心障礙者家長之夫妻成長營：加強身心障礙者之照顧者先學會照顧自己的需要與心理成長。父母的需求滿足才能提供身心障礙者較好的成長環境。如父母本身為身心障礙者，則需做心理建設、自我重建，包括如何面對社會大眾異樣眼光，及父母與子女人際關係的建立。

5. 家庭溝通訓練：幫助身心障礙者家庭學習有效溝通與平等之對話溝通方式。

6. 親職教育：幫助身心障礙者之家長認識並了解其身心障礙子女的優點，相信子女的能力，並有適當的教養期望、態度與教養行為。身心障礙者父母對於正常子女的教養態度會影響正常子女對於障礙子女的互動與態度，因此也要教導身心障礙者父母學會省視自己對於非障礙子女的教養，是否因家有障礙兒而受到忽略或剝奪。

7. 生涯規劃課程：包括障礙者本身及障礙者父母之生涯規劃，如孩子的就養、就學、就業等。

8. 強調早期療育重要性的課程：在發現子女有身心障礙的初期，就給予家長早期療育重要性的觀念，幫助家長及早求助專業機構及團體，以提早進行學習及補救。

9. 生活教育：教導及訓練身心障礙者禮儀及生活自理能力、安全教育、生活教育，使之有自理能力，並養成良好的衛生習慣，建立障礙者之自信心。

10. 性教育：指障礙者本身性需求的解決、生育問題。有些家長會讓智障者結婚並生育，可能因而滋生種種社會問題，必須及早謀求因應之道，提早與智障者家長及智障者溝通有關家庭生育功能及子嗣之相關議題。

11. 障礙者暑期課程：以延續學校教育，避免障礙者因放暑假而退步。

12. 有系統的法律宣導課程：教導身心障礙者相關法律知識以自保。

13. 政府福利政策的溝通與說明。

　　有關對身心障礙子女家庭實施親職教育的重點與方法，茲綜合各家所言，整理如下（王天苗，1996；林淑玲，2001；張蓓莉、孫淑柔，1995；黃世鈺，1997）。

(一)重點

1. 認識家庭功能與家庭成員責任，以及面對孩子身心障礙事實之調適方法。
2. 以家庭為本位的親職教育，整體考量家庭的個別性，設計個別化的家庭服務計畫。
3. 增進對孩子特殊需求的了解與合理的親子互動方法。
4. 設計能支持家長情緒、紓解家長壓力的活動。
5. 解說相關法規，引介社會資源，如教養方法、教育訓練、生活補助金申請、復健醫療、社會福利……等訊息之提供。

(二)方法

1. 積極敦促家長參與孩子個別化教育計畫（individual educational plan, IEP）或個別化家庭服務計畫（individual family service plan, IFSP）的擬定與執行過程。
2. 辦理方式宜以小團體方式或一對一方式進行，以解決個案的問題，少辦團體式的講座，以免不符個別需求。
3. 辦理時間須長期持續，不斷追蹤評估，並調整方法，才能達到效果。
4. 結合社會工作、醫療護理、特殊教育、心理與治療等人員進行科際整合的服務，才能真正解決身心障礙兒童及其家庭的問題。
5. 在方法上除請家長來學校外，亦可考慮採用巡迴式、流動式、定點式等型態，將親職教育送上門，讓每一家庭皆能發揮功能，協助孩子健康成長。

第六節　雇用外勞照顧子女家庭的親職教育

　　根據勞動部的統計，至 2014 年，外勞在社會服務業及個人服務業（包括家庭幫傭、家庭及養護監護工）的在臺人數為 502,966 人。目前臺灣有六成以上的雙薪家庭，二十五至四十九歲婦女勞動參與率超過 60%，大專以上教育程度的婦女勞動率更高達 87%。婦女就業的浪潮除了造成社會產業結構的大變革外，也使家庭生態關係起了變化。雙薪家庭之子女養育問題首先浮上枱面，因此有些家庭將孩子送到祖父母家撫育，如三代同堂家庭，可能就在家中由祖父母照顧，也有請保姆或送親友家照顧的。但近年來，愈來愈多家庭採取雇用外勞照料家庭又兼顧幼小子女的方式，據行政院主計處於 2014 年 4 月公布「臺灣地區婦女婚育與就業調查報告」顯示，由外勞照顧子女的比率，相較三十年前（1984 年）已增加二十倍以上，可見雇用外勞照顧子女的情形愈來愈多，而其家庭親子關係、子女教育問題更值得關切。

 一　雇用外勞照顧子女易遭遇的問題

(一)孩子語言發展的問題

　　目前國內引進的外勞有菲律賓籍、印尼籍及泰國籍等，但在家庭當女傭者大都為菲傭或印傭，菲傭會以其菲律賓腔調之英語與孩子交談，印傭則大半以不純熟的有限國語來溝通。如果孩子正值語言學習的關鍵階段，則孩子可能學到不正確的國語與不是很正統的英語腔調。孩子的語言靠模仿觀察的方式學習，不正確的示範當然會學到不正確的語音、語調與語法，當這些孩子上托兒所或幼兒園時，明顯地被發現語言發展遲緩現象，也影響孩子與別的孩子之互動關係。

(二)文化差異影響孩子的認知與社會學習

　　由於外勞來自不同文化的國家，無法深入了解我們的文化，家長整日將孩子託付外勞，孩子有任何問題也只能問外勞，但他們是否能適當回答孩子所有的問題，這是存疑的。曾有人提及孩子看古裝連續劇時，聽到「員外」一詞，問外勞是何意，她就無法解釋。諸如此類的情況，讓我們的孩子減少許多及時學習的機會，到學校後，與一般孩子相比，明顯地有學習落後的現象。

(三)孩子生活自理能力與禮節問題

　　由於外勞對孩子不敢得罪，言聽計從，加上模仿父母命令傭人的行為，容易養成飯來張口、茶來伸手的壞習慣。許多幼兒園老師發現，一些由外勞照顧的孩子，到了中、大班尚不會自己穿脫衣服，也不會穿脫鞋襪，生活自理能力較差，對人的禮節也無法達到同年齡孩子的一般水準。

 二　雇用外勞照顧子女家庭的親職教育重點與方法

(一)重點

1.了解每個家庭雇用外勞的狀況

　　老師在學校開學時，應對班級的小朋友做家庭狀況調查，以便了解每個家庭雇用外勞的情形，例如雇用的是菲傭或印傭？除照顧孩子外，是否也照顧病人？與孩子互動情形如何？

2.訂立符合教育理念的作息時間表

　　請家長為孩子的生活訂立較規則且符合教育意義的作息時間表，供外勞執行。

3.規範外勞工作範圍

例如東西太高，可以替孩子拿，但如果東西就在孩子可以自行拿取的範圍，則不應該替孩子拿，以免孩子養成依賴習慣；亦即要請外傭像父母一樣給孩子自我處理生活事物的機會。

4.請家長自己以身作則

家長對待外勞應保持基本的禮貌，給孩子好的榜樣，才能讓孩子尊重傭人，以禮待人。

5.請家長認清自己的角色

家長宜保持「子女的教養自己來，粗重的家務給傭人做」的原則，才能彌補因忙碌而疏於與子女互動的缺憾。

(二)方法

1.運用多元的親職教育管道

雇用外勞的家長或許工作忙碌，在親師合作上，可能較不易請家長到學校來，因此在方法上可以採用e-mail的方式，或將相關資訊印成通訊短文，讓小朋友帶回家給家長簽字，或定期／不定期用電話聯絡等溝通方式。

2.辦理多樣的親子活動

如能辦理家長、外勞、孩子三種對象一起或分開的親職教育活動，也是一種規劃方向。不過最重要的仍是家長的教養觀念要正確，才能影響外勞以更正確的態度共同教養孩子，導正孩子的行為。

3.察覺異狀及時聯繫溝通

老師在校可多注意學生身心發展狀態，如有發展遲緩現象或偏差行為則應隨時與家長討論，如果原因在外勞，則可早日改善，以免錯過孩子的學習關鍵期。

· 母親節別忘了感謝代替母職的親人 ·

學校辦理母親節慶祝活動時，應特別指導母親不在家的小朋友，感謝代替母親的照顧者。許多老師只記得請小朋友佩戴紅色康乃馨表示母親健在，此種作為往往刺傷母親往生或母親離婚已搬離家中的孩子，因此我們應特別指導孩子戴紅花的意義，不但表示母親健在，也可以感謝目前有一位像媽媽一樣照顧我的人。在多元社會裡，我們要教孩子以多元化、人性化的胸襟處理事情，給每一個孩子快樂而有意義的童年。

第七節　跨國婚姻家庭的親職教育

　　所謂跨國婚姻家庭係指夫妻雙方的原生國籍各異，經通婚共同組成的家庭而言；在臺灣，近年跨國婚姻家庭多指本國籍與外籍配偶共同籌組的家庭，其中外籍配偶所指多為東南亞國家與中國等國籍者，此等跨國婚姻家庭的數量不斷攀升，其相伴而生的文化調適、家庭互動，以至於親職教育等議題，俱成為近來各方關切的焦點。

　　關於外籍配偶的數量方面，以外籍與大陸（含港澳）配偶人數言（如表8-7-1），自 1987 年 1 月至 2014 年 3 月底止，外籍與大陸（含港澳）配偶總數有 489,156 人，其中中國籍配偶占 67.67%，其餘外籍配偶占 32.33%，跨國婚姻已然成為臺灣重要的配偶組成型態。除中國（含港澳）以外，外籍配偶的原生國籍集中於越南、印尼、泰國、菲律賓，以及柬埔寨等東南亞國家，所占比率達 28.14%，近外籍配偶總數的八成七。前述中國（含港澳）與東南亞國家籍的婚配集中現象，成為臺灣社會近年的新興社會趨勢，臺灣社會就前述家庭的外籍配偶有以外籍新娘、外籍配偶、新移民，以及新住民等不同概念稱之。

表 8-7-1 外裔、外籍配偶與大陸（含港澳）配偶人數（1987年1月至2014年3月底）

單位：人；%

總計	外籍配偶（原屬）國籍																	大陸、港澳地區配偶					
	合計		越南		印尼		泰國		菲律賓		柬埔寨		日本		韓國		其他國家		合計		大陸地區		港澳地區	
	人數	%	人數	%	人數	%	人數	%	人數	%	人數	%	人數	%	人數	%	人數	%	人數	%	人數	%	人數	%
489,156	158,154	32.33	89,267	18.25	28,008	5.73	8,345	1.71	7,781	1.59	4,280	0.87	4,215	0.86	1,248	0.26	15,010	3.07	331,002	67.67	317,729	64.95	13,273	2.71

資料來源：內政部入出國及移民署（2014）。各縣市外裔、外籍配偶人數與大陸（含港澳）配偶人數。2014年5月19日下載自 http://www.immigration.gov.tw/public/Attachment/443017235750.xls。

　　在跨國婚姻家庭的子女數量方面，以 2009 至 2013 學年度新移民子女就讀國中、小人數為例，該五學年度的新移民子女就學數量呈現逐年增加的趨勢（如表 8-7-2），2012 學年度以後的就學數量已超過二十萬人，平均每學年的就學人數達 187,772 人，前述已經是國民教育階段的新興族群。再以學生家長的原生國籍區分，其中以越南的人數最多且人數逐年增加，2013 學年度已有 83,674 人；中國大陸籍則次之，2013 學年度已有 77,678 人。關於「外籍配偶子女」或「新住民子女」的成長與學習狀況，早已成為臺灣社會的重要課題，值得正視。

表 8-7-2 2009～2013 學年度新移民子女就讀國中、小人數統計

國籍＼學年度	2009	2010	2011	2012	2013	平均
中國大陸	56,188	63,778	69,477	74,397	77,678	68,304
越南	49,001	61,234	71,758	79,365	83,674	69,006
印尼	27,704	28,668	28,499	27,128	25,668	27,533
泰國	4,234	4,285	4,347	4,263	4,109	4,248
菲律賓	5,713	5,828	5,638	5,365	5,060	5,521
柬埔寨	3,258	3,968	4,538	4,994	5,177	4,387
日本	1,065	1,038	1,071	1,093	1,149	1,083
馬來西亞	1,788	1,766	1,630	1,562	1,513	1,652
美國	686	691	752	774	849	750
南韓	651	631	617	617	602	624
緬甸	2,475	2,467	2,363	2,314	2,279	2,380
新加坡	188	174	183	166	185	179
加拿大	157	181	219	245	286	218
其他	2,218	2,318	1,970	1,380	1,555	1,888
總計	155,326	177,027	193,062	203,663	209,784	187,772

資料來源：教育部統計處（2013）。新移民子女就讀國中小人數統計（94～102學年度）。2014年5月19日下載自 https://stats.moe.gov.tw/files/main_statistics/fomas.xls。

前述跨國婚姻的家庭，新住民的性別多為女性，隨著跨國婚姻移居來臺，相伴的生活適應與育兒教養等問題，對此等新住民都將形成新興挑戰。尤其值得關切者，新住民在尚待文化適應、語言隔閡，以及對於育兒教養知能尚乏之際，隨著子女出生，育養與生活適應等壓力並進，其角色的調適情況值得關切；其次，隨著子女進入教育機構，機構也期待家庭能攜手因應孩子的教養議題，對於新住民也有著親職教育職責的期待，但機構與家庭間是否建構適切的聯繫網絡，將是影響前述親職教育能否順利實施的關鍵。

一　跨國婚姻家庭常見的親職教育難題

為了解跨國婚姻家庭面臨親職教育議題可能遭遇的困難，筆者曾於 2004 年於新北市某鄉鎮進行田野調查研究，經訪談幼托人員歷來收托新住民子女的經驗與實際進入新住民家庭調查，歸結出該等家庭在與幼托機構的親職教育議題上，常見的問題或困難有五（洪福財、翁麗芳，2004）：

1. 新住民仍乏與本地銜接的基本能力：如仍有不識國字者，在推廣與溝通教養資訊時仍有問題。

2. 新住民即便想參與校務，但乏能力：除不識得國字的因素外，家庭經濟、居住的地理環境等都是影響能否參與校務的相關因素。

3. 新住民家庭對幼兒教養職責的偏執：在許多家庭中，母親仍被委以家庭教養主責，但其自身教養知能（此部分或有母親年齡與成長背景差異，不純然為國籍使然）與自主能力有限，加上家中男性較不願意與學校溝通，成為另一待解難題。

4. 居住的聚落分散，增添教師家訪困難：以筆者參與的研究為例，新住民家庭所處的聚落分散，導致教師進行家訪的困難；又部分新住民家庭的經濟狀況不佳，居住的地理區位相對處於邊陲；加上幼托人員多為女性，在路途難以掌控以及考量教師安全等因素下，教師親訪形成不小困難。

5. 新住民社會互動的機會遭相對剝奪：新移民受到自理能力或文化影響，社會互動的機會受到限制，較難藉由社會互動獲得教養資訊或支持。以

筆者參與的研究為例,該地區幅員廣闊,幼托機構未能普遍分佈,部分家庭與幼托機構地理區域相距遠,成為限制新移民社會互動的因素之一;其次,交通自理能力不足,凡行必仰賴家中成員協助,加深互動難度;再次,家庭成員對新移民參與社會互動或有擔憂及戒心,同時缺乏了解或改變的動力,形成另項限制因素。

生活適應狀況未臻純熟、家庭賦予多數的子女教養職責、缺乏育兒經驗與教養子女的知能、缺乏討教對象、缺乏社會互動機會導致教養支持網絡匱乏,以及對子女教養職責能否勝任的擔憂等特質,在田野調查的歷程中一一呈現。當幼兒的教育及成長成為家庭期望的核心,新住民對自身育兒知能及子女發展的擔憂逐漸呈現。是以,如何協助新住民解決前述難題,強化該等家庭與教育機構密切聯繫地進行親職教育,誠為現階段應予正視並積極研擬對策的目標。

跨國婚姻家庭的親職教育重點與方法

面對殷切待解的跨國婚姻家庭的親職教育問題,除呼籲政府應建構適切的教養支持網絡,以協助前述家庭消解若干結構性因素的桎梏外,教育人員面對此等議題,應積極面對並構思解決策略,以協助其子女獲得良好的教養照料。關於跨國婚姻家庭的親職教育重點與方法,茲建議如後。

(一)親職教育的重點

跨國婚姻家庭的親職教育重點在於提供父母即時的兒童教養資訊,並引發父母對參與子女教育的關注。母親常是此等家庭的子女教養主要負責人,但母親在子女教養的議題上,卻同時處於待學習及適應的狀態;家庭其他成員若能於此際施予協助,不僅能協助子女的教養,亦將有益於強化母親的教養知能。親職教育的重點,應積極地喚起家庭成員對子女教養的責任與共同關注。

(二)親職教育的方法

在跨國婚姻家庭的親職教育方法方面,茲提出四項建議如後。

1.建立與家庭聯繫的有效管道，並確認訊息有效傳遞

由於新住民多為子女教養的主要負責人，但新住民與家庭成員間的角色互動與職掌分工未必明確，另方面新住民雖負有子女教養之責，卻未必擁有決策之權，故部分子女教養的訊息，仍須徵得家庭主要決策者的了解與支持，方能順利落實。囿於新住民的語言能力可能未佳、家庭成員間的訊息傳遞管道可能未臻暢通等因素，教師應透過與家庭互動的機會，逐步了解該等家庭的實際運作情況，進而建立與家庭聯繫的有效管道，並隨時確認各項互動訊息的傳遞狀況，保持親師間的良好互動。

2.採文字、電訪及親訪等多元方式進行親師聯繫

多數教育機構習以文字為單一的親師互動媒介，但新住民囿於語文能力，未必能以文字聯繫，教師在聯繫方式上有必要採取電話訪談或親自家訪等方式以為彌補。教師應掌握家庭主要成員的聯繫方式（如工作場所及家庭的電話號碼），亦應提供家長便利的聯絡方式，以利親師間互動。

3.提供父母便利的進修資訊與協助訊息

協助強化跨國婚姻家庭成員的教養知能，是根本的解決之道。目前各校普遍辦理成人教育班、外籍配偶成長班等，相關訊息雖有正式發布管道，教師如能進一步主動提供並協助解惑，將有助於提升前述家庭成員的進修意願；再者，透過訊息的密切聯繫與互動，亦有助於教師與家庭成員間的互動意願及信賴感，對親職教育的實施更添助益。

4.必要時應尋求社福體系的協助

在建立與家庭密切且有效的聯繫網絡之餘，教師平時亦能對於新住民的生活適應狀況加以關切，以了解其適應情況與待協助之處；若有生活適應困難、家庭經濟狀況待救急等情況，教師除能掌握具體狀況外，必要時應代為尋求社福體系的協助，共同協助新住民在臺的生活適應，如此亦有益於其子女獲得良好的教養機會。

研究題目

1. 名詞釋義：(1)單親家庭
   (2)重組家庭
   (3)收養家庭
   (4)隔代教養家庭
   (5)有身心障礙子女的家庭
   (6)雇用外勞照顧子女的家庭
   (7)跨國婚姻家庭

2. 試述幼教老師對前述(1)～(7)的親職教育重點與方法（參看第八章相關章節及各類相關文章）。

延伸活動

1. 請訪問本章七種家庭型態之任兩種，訪談記錄其遭遇之問題，並對家長提出具體之親職教育建議。

2. 請設計任一種有關本章七種家庭型態之親職教育活動內容。可任擇小學或幼兒園為推展活動之現場。

親子關係與親職教育

■ 參考文獻 ■

◇中文書目

中央社（2001 年 6 月 1 日）。網路家庭聯絡簿帶不會電腦的家長進網路世界。
　　2001 年 6 月 25 日下載自 http://news.kimo.com.tw/2001/06/01/leisure/
　　cna/1789090.html。

井敏珠（1995）。從親職教育之理念論國民中小學親職教育之實施。輔導季
　　刊，**31**（3），13-20。

內政部（2006）。婦女生活狀況調查。2010 年 9 月 27 日下載自 http://sowf.moi.
　　gov.tw/stat/gender/analysis2-6.doc。

內政部入出國及移民署（2014）。各縣市外裔、外籍配偶人數與大陸（含港
　　澳）配偶人數。2014 年 5 月 19 日下載自 http://www.immigration.gov.tw/
　　public/Attachment/443017235750.xls。

內政部戶政司（2010a）。內政統計通報 2010 年第 3 週。臺北：內政部統計處。
　　2010 年 10 月 4 日下載自 http://sowf.moi.gov.tw/stat/week/week9903.doc。

內政部戶政司（2010b）。戶籍人口統計月報 2010 年 3 月。2010 年 10 月 4 日
　　下載自 http://www.ris.gov.tw/gateway/stpeqr01.cgi? s_code=m0&sheet0name
　　=s3。

內政部統計處（1995）。臺灣地區兒童生活狀況調查（八十四年）。2001 年 6
　　月 20 日下載自 http://www.dgbas.gov.tw/census/stseason/s32ft21.htm。

內政部統計處（2001）。中華民國九十年臺閩地區兒童生活狀況調查報告分
　　析。2010 年 9 月 27 日下載自 http://www.cbi.gov.tw/CBI_2/upload/
　　8b5cae75-9fe6-49b6-ba0f-ebe708c86737.doc。

內政部兒童局（2001）。對兒童及少年施虐人數統計。2001 年 8 月 8 日下載

自 http://www.cbi.gov.tw/static/13.htm

王天苗（1996）。臺灣地區心智發展障礙幼兒早期療育服務供需及相關問題之研究。**特殊教育研究學刊，14，**21-44。

王文科等（1995）。**教育概論。**臺北：五南圖書出版公司。

王以仁（2001）。社會變遷與家庭學習。嘉義大學家庭教育中心（編），**單親學習型家庭方案執行策略彙編。**2001 年 7 月 28 日下載自 http://140.130.43.145/fecenter/301（單親）學習型家庭彙編.htm。

王連生（1997）。**親職教育——理論與應用。**臺北：五南圖書出版公司。

王靜珠（2000）。**托育機構行政管理與實務。**臺北：華騰文化。

王鍾和（2000）。單親家庭的親職教育。載於何福田（主編），**單親家庭之教育與輔導**（3-38）。臺北：心理出版社。

王鍾和、郭俊豪（1998）。祖孫家庭與親職教育。**學生輔導，59，**50-61。

王叢桂（2000）。促使參與父職因素的探討。**應用心理研究，6，**131-171。

王麗容（1994）。社會變遷中的親職教育需求、觀念與策略。**國立臺灣大學社會學刊，23，**191-216。

行政院主計處（1998）。**臺灣地區社會發展趨勢調查結果提要報告。**2001 年 6 月 20 日下載自 http://www.dgbas.gov.tw/census/three/analysis1.doc。

行政院主計處（2000）。**學齡前兒童托育概況。**2001 年 6 月 20 日下載自 http://www.dgbas.gov.tw/dgbas03/bs3/ANALYSE/DOC/N89302.DOC。

行政院主計處（2001）。**人力資源調查統計年表。**2001 年 6 月 4 日下載自 http://www.dgbas.gov.tw/dgbas03/bs3/analyse/new90191.htm

行政院主計處（2002）。**人力資源調查統計年報。**2010 年 9 月 26 日下載自 http://www.dgbas.gov.tw/public/Attachment/411116155771.doc。

行政院主計處（2003）。**2002 年臺灣地區社會發展趨勢調查（家庭生活）統計結果。**2010 年 9 月 27 日下載自 http://www.stat.gov.tw/public/Attachment/4112614514471.pdf。

行政院主計處（2007a）。**2006 年臺灣地區社會發展趨勢調查統計。**2010 年 9 月 27 日下載自 http://www.stat.gov.tw/public/Attachment/79139135671.doc。

行政院主計處（2007b）。**臺灣地區社會發展趨勢調查結果提要報告。**2010 年

9 月 30 日下載自 http://www.dgbas.gov.tw/public/Attachment/7720935971. doc。

行政院主計處（2010）。人力資源調查統計年報。下載自 http://www.dgbas.gov. tw/ct.asp? xItem=18844&ctNode=4943。

行政院勞工委員會（2010）。**勞動情勢統計要覽**。台北：作者。

何秀珠（1983）。推展親職教育的可行方案。載於中國教育學會（主編），**親 職教育研究**（93-108）。臺北：華欣文化事業中心。

何華國（1996）。**特殊兒童親職教育**。臺北：五南圖書出版公司。

李建興（1999）。社會變遷中的親職教育。**社會教育年刊，47**，12-15。

李富言（2001）。社會變遷與家庭學習。嘉義大學家庭教育中心（編），**隔代 教養學習型家庭方案執行策略彙編**。嘉義：編者。2001 年 7 月 28 日下載 自 http://140.130.43.145/fecenter/601（隔代教養）學習型家庭彙編.htm。

李園會（1996）。**兒童權利公約**。臺北：作者（臺北：心理出版社經銷）。

谷風出版社編輯部（1987）。**中國傳統文化再檢討（上、下二篇）**。臺北：谷 風出版社。

谷瑞勉（譯）（1999）。L. Berk 等著。**鷹架兒童的學習——維高斯基與幼兒 教育**。臺北：心理出版社。

周谷城（1987）。論中西文化的交融。**中國傳統文化再檢討（下篇）**。臺 北：谷風出版社。

周念麗、張春霞（1999）。**學前兒童發展心理學**。上海：華東師範大學出版 社。

周愚文（1996）。**宋代兒童的生活與教育**。臺北：師大書苑。

周煥臣（1983）。談國民中小學親職教育之實施。載於中國教育學會主編：**親 職教育研究**（109-125）。臺北：華欣文化事業中心。

林東泰（1997）。國家發展與社會價值改變。**理論與政策，11**（2），15-23。

林家興（1997）。**親職教育的原理與實務**。臺北：心理出版社。

林晏瑢（2007）。**臺北市公立幼稚園家長參與親職教育活動現況與需求之調查 研究**（未出版之碩士論文）。國立臺北教育大學，臺北。

林淑玲（2000）。臺灣地區親子互動的真面貌：期許研究觀點的突破。**應用心**

理研究，**7**，7-9。

林淑玲（2001）。社會變遷與家庭學習。嘉義大學家庭教育中心（編），**身心障礙者學習型家庭方案執行策略彙編**。2001 年 7 月 28 日下載自 http://140.130.43.145/fecenter/401（身心障礙者）學習型家庭彙編.htm。

林惠雅（2000）。母親與幼兒互動中之教養行為分析。**應用心理研究，6**，75-96。臺北：五南圖書出版公司。

邵次英（2000）。單親家庭對小學生情緒的影響。**基礎教育研究論文集（貳）**（141-168）。香港：浸會大學持續進修學院教師教育部編印。

邱書璇（譯）（1995），C. Gestwicki 原著。**親職教育——家庭、學校和社區的關係**。臺北：揚智文化事業有限公司。

姜得勝（1998）。社會變遷中親子關係的反省與重建。**臺灣教育，567**，6-11。

柯平順（1996）。**嬰幼兒特殊教育**。臺北：心理出版社。

洪福財（1996）。如何強化學校家長會的功能。**教育資料文摘，216**，148-174。

洪福財（2000a）。**臺灣地區幼兒教育歷史發展及未來義務化政策之探討**。國立臺灣師範大學教育學系博士論文，未出版。

洪福財（2000b）。**幼兒教育史——臺灣觀點**。臺北：五南圖書出版公司。

洪福財（2004）。社會變遷中的親職教育：從幾項趨勢談起。**國民教育，44**（3），30-38。

洪福財、翁麗芳（2004）。**新臺灣之子——兒童教養與幼托機構的角色**。發表於 12 月 22 日內政部兒童局主辦「新社區工程——多元文化的兒童學習環境建構」學術研討會。臺北：國立臺北師院。

胡海國（編譯）（1976）。Hurlock 著。**發展心理學**。臺北：華新文化事業中心。

秦家懿（編著）（1999）。**德國哲學家論中國**。臺北：聯經出版事業公司。

馬鏞（1997）。**中國家庭教育史**。湖南：湖南教育出版社。

涂肇慶（譯）（1992）。G. Lanski, J. Lanski, & P. Nolan 等著。**社會變遷**。臺北：桂冠圖書公司。

張蓓莉、孫淑柔（1995）。**特殊需求兒童親職手冊**。教育部國教司補助國立臺

灣師範大學特殊教育中心印行。

翁麗芳、塘利枝子（2011）。少子化日本的育兒：從「待機兒童」問題探討當代日本的托教政策與實際。**台灣社會福利學刊，9**（2），135-183。

張廣達（1987）。唐代的中外文化匯聚和清末的中西文化衝突。**中國傳統文化再檢討（下篇）**。臺北：谷風出版社。

張曉卉（2000）。菲傭帶孩子好嗎？載於**康健雜誌，2000 年 4 月號**。臺北：天下生活出版有限公司。

張樹倫（1998）。臺灣地區五十年來的社會變遷。人文及社會學科教學通訊，**9**（2），37-52。

教育部（2010）。**九十九年度特殊教育統計年報**。臺北：教育部特殊教育工作小組編印。

教育部（2014）。**教育部特殊教育統計**。下載自 http://www.set.edu.tw/staz/default.asp。

教育部統計處（2010）。**大陸及外籍配偶子女就學人數**。臺北：作者。

教育部統計處（2013）。**新移民子女就讀國中小人數統計（94～102 學年度）**。2014 年 5 月 19 日下載自 https://stats.moe.gov.tw/files/main_statistics/fomas.xls。

許美瑞、簡淑真、盧素碧、林朝鳳、鍾志從（1991）。幼兒親職教育問題研究。**家政教育，15**（6），21-34。

郭靜晃、吳幸玲（合譯）（1993）。**兒童發展──心理社會理論與實務**。臺北：揚智出版社。

陳奎熹（1996）。**教育社會學研究**。臺北：師大書苑。

陳娟娟（1991）。跟孩子一起成長──談如何推廣親職教育。**幼教天地，7**，79-90。

陳詩沛、陳淑芳（1999）。**只是過客？由外籍女傭與孩子相處情形看外籍女傭對孩子的影響**。國科會補助專題研究報告（大專學生參與專題研究），編號 88-2815-C-143-002-H。

陳幗眉、洪福財（2001）。**兒童發展與輔導**。臺北：五南圖書出版公司。

陳樹村（主編）（2000）。**簡明教育小法規（修四版）**。臺南：大偉書局。

彭懷真（1993）。親子關係變中求不敗。聯合報（1993 年 8 月 5 日），民意
　　論壇。

曾嬋娥、蘇淑貞等（1995）。**親職教育**。臺北：匯華。

曾端真（1998）。從家庭結構觀點論親職功能。**測驗與輔導，151，**
　　3128-3131。

游恆山等（編譯）（1991）。Robert M. Liebert, Rita Wicks-Nelson & Robert V.
　　Kail 著。**發展心理學**。臺北：五南圖書出版公司。

黃世鈺（1997）。特殊兒童之親職教育。刊於王文科（主編），**特殊教育導論**
　　（562-591）。臺北：心理出版社。

黃正鵠（1973）。**嬰兒期親子關係之研究**。臺北：臺灣商務印書館。

黃迺毓（1988）。**家庭教育**。臺北：五南圖書出版公司。

黃德祥（1997）。**親職教育**。臺北：偉華書局。

黃慧真（譯）（1989）。Olds & Papalia 著。**發展心理學**。臺北：桂冠圖書公
　　司。

楊坤堂（1993a）。親子溝通的基本類型與技巧（上）。**臺北市研習資訊，10**
　　（3），30-34。

楊坤堂（1993b）。親子溝通的基本類型與技巧（下）。**臺北市研習資訊，10**
　　（4），29-32。

楊國樞（1986）。家庭因素與子女行為：臺灣研究的分析。**中華心理學刊，28**
　　（1），7-28。

萬家春（1992）。班都拉的社會學習論。刊於郭為藩（主編），**現代心理學說**
　　（299-336）。臺北：師大書苑。

詹棟樑（1983a）。親職教育理論探討。載於中國教育學會（主編），**親職教**
　　育研究（31-54）。臺北：華欣文化事業中心。

詹棟樑（1983b）。從親子關係談親子教育。載於中國教育學會（主編），**親**
　　職教育研究（159-184）。臺北：華欣文化事業中心。

臺大心理系本土心理學研究室（1995）。**親子關係與教化**。臺北：桂冠出版
　　社。

臺北市政府教育局（1991）。**臺北市國民中小學推展親職教育實施要點**。2001

年 6 月 30 日下載自 http://miss.taipei.gov.tw/miss/lwh/lwh5-1.asp? textFile=
H5125。

臺灣省政府社會處（1995）。**臺灣省單親家庭社會福利需求調查**。2001 年 6 月
20 日下載自 http://www.dgbas.gov.tw/census/stseason/s2933.htm。

廖鳳瑞（1995）。**收視行爲與親子互動的關係研究報告**。臺北：文化總會電研
會。

劉焜輝（1983a）。親子關係的心理探討及親職教育的有效途徑。載於中國教
育學會（主編），**親職教育研究**（69-92）。臺北：華欣文化事業中心。

劉焜輝（1983b）。**指導活動理論與實際問題**。臺北：漢文書店。

滕大春（1990）。**外國教育通史第三卷**。山東：山東教育出版社。

蔡春美（1998a）。**走進孩子的世界──父母成長大學有聲教學系列①**。臺北：
小太陽文化公司。

蔡春美（1998b）。**愛、教、管三部曲──父母成長大學有聲教學系列⑥**。臺
北：小太陽文化公司。

蔡春美、張訓誥（2010）。**教養子女百寶箱**。臺北：心理出版社。

蔡春美、張翠娥、陳素珍（2000）。**幼教機構行政管理──幼稚園與托兒所實
務**。臺北：心理出版社。

鄭學庸（2000）。**菲傭兼保姆當心小孩發展遲緩**。2000 年 4 月 3 日自由電子
新聞網，http://www.libertytimes.com.tw/today0403/today-c9.htm。

盧紹稷（1983）。三民主義教育與親職教育。收錄於中國教育學會（主編），
親職教育研究（1-30）。臺北：華欣文化事業中心。

錢杭（1994）。**幼兒心理保健**。臺北：五南圖書出版公司。

薛文光（譯）（1990）。Dr. Jeanne Calliham 主講。親子之間──愛的溝通
……。**幼教天地，7**，21-41。

鍾思嘉（1993）。**二十一世紀的親職教育**。臺北：桂冠圖書公司。

顏之推原著（1999）。**顏氏家訓**。湖南：岳麓書社。

魏美惠（1995）。**近代幼兒教育思潮**。臺北：心理出版社。

蘇建文、林美珍、程小危、林惠雅、幸曼玲、陳李綢、吳敏而、柯華葳、陳淑

美（1991）。發展心理學。臺北：心理出版社。

◇英文書目

Ainsworth, M. D. S. (1979). Infant-mother attachment. *American Psychologist, 34,* 932-937.

Ainsworth, M. D. S. (1989). Attachments beyond infancy. *American Psychologist, 44,* 709-716.

Ainsworth, M. D. S., Blehar, M., Waters, E., & Wall, S. (1978). *Patterns of attachment.* Hillsdale, NJ: Erlbaum.

Alberts, E., Kalverboer, A. F., & Hopkins, B. (1983). Mother-infant dialogue in the first days of life: An observational study during breast-feeding. *Journal of Child Psychology and Psychiatry, 24,* 145-161.

Bagin, D., Gallagher, D. R., & Moore, E. H. (2001). *The school and community relations.* MA: Allyn & Bacon.

Ballantine, J. H. (1999). Getting involved in our children's education. *Childhood Education, 75*(30), 170-71.

Baumrind, D. (1967). Child care practices anteceding three patterns of preschool behavior. *Genetic Psychology Monographs*, 75, 43-88.

Baumrind, D. (1971). Current patterns of parental authority. *Developmental Psychology Monographs, 4* L l, Pt, 2.

Baumrind, D. (1978). Parental disciplinary patterns and social competence in children. *Youth & Society, 9*(3), 239-276.

Bell, R. Q. (1968). A reinterpretation of the direction of effects in studies of socialization. *Psychological Review, 75,* 81-95.

Bigner, J. J. (1985). *Parent-child relations.* New York: Macmillan.

Brody, S. (1956). *Patterns of mothering.* New York: International University Press.

Bronfenbrenner, U. (1979). *The ecology of human development.* Cambridge, MA: Harrard University Press.

Bronfenbrenner, U. (1984). The parent/child relationship and our changing society. In E. L. Arnold (Ed.), *Parents, children and change.* Lexington, Mass.: Lexington Books.

Buckley, W. (1967). *Sociology and modern systems theory.* New York: Prentice-Hall.

Buckley, W. (Ed.) (1968). *Modern systems research for the behavioral scientist.* Chicago: Aldine.

Cutright, M. J. (1989). *The National PTA talks to parents: How to get the best education for your child.* New York: Doubleday.

Dinkmeyer, D. & McKay, G. D. (1976). *The parent's handbook: Systematic training for effective parenting.* Minn.: AGS.

Duberman, L. (1973). Step-kin relationships. *Journal of Marriage and the Family, 35,* 283-292.

Duvall, E. M. (1977). *Marriage and family development* (5th ed.). Philadelphia: J. B. Lippincott.

Dymacek, R. M. S. (1988). *Parent involvement: Relationship of parent participation, and stress, coping, and satisfaction.* Unpublished doctor dissertation, the University of Nebraska-Lincoln. UMI NO. 8974073.

Epstein, J. L. (1986). Parent's reactions to teacher practices of parents' involvement. *The Elementary School Journal, 85*(5), 274-93.

Geringer, P. S. (1989). *Development of children's metacognition through parent involvement in higher level thinking activities.* Unpublished doctor dissertation, Seattle University. UMI no. 9009126.

Hetherington, E. M. & Parke, R. D. (1986). *Child psychology: A contemporary viewpoint.* New York: McGraw-Hill Book Company.

Hornby, G. (2000). *Improving parental improvement.* New York: Cassell Educational Limited.

Karther, D. & Lowden, F. (1997). The home-school contextual continuum of learning

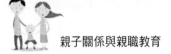

of families characterized as at-risk. *Journal of Early Education and Family Review, 5*(1), 8-13.

Kellaghan, T., Sloane, K., Alvarez, B., & Bloom, B. S. (1993). *The home environment and school learning.* San Francisco: Jossey-Bass Publishers.

Lamb, M. E. (1981). The development of father-infant relationships. In M. E. Lamb (Ed.), *The role of the father in child development.* New York: Wiley.

Papousek, H. & Paponsek, M. (1983). Biological basis of social interactions: Implications of research for an understanding of behavioural deviance. *Journal of Child Psychology and Psychiatry, 24,* 117-129.

Pugh, G. (1989). Parents and professionals in preschool service: Is partnership possible? In S. Wolfendale (Ed.), *Parental involvement: Developing networks between school, home and community* (1-19). New York: Cassell Educational Limited.

Robson, K. S. & Moss, H. A. (1971). *Bethoesda, Maryland: Child Research Branch, NIMH.* Unpublished findings as cited in H. F. Harlow.

Sameroff, A. J. (1986). Environmental context of child development. *Journal of Pediatrics, 109,* 192-200.

Sarason, S. B. (1995). *Parental involvement and the political principle.* San Francisco: Jossey-Bass Publishers.

Scarr, S. C. (1992). Developmental theories for the 1990s: Development and individual differences. *Child Development, 63,* 1-19.

Schiamberg, L. B. (1988). *Child and adolescent development.* New York: Macmillan.

Shaffer, D. R. (1989). *Developmental psychology.* California: Brooks/Cole Publishing Company.

Silvern, S. (1985). Parent involvement and reading achievement: A review of research and implications for practice. *Childhood Education, 62*(1), 44-50.

Spring, K. W. & Stegelin D. A. (1999). *Building school and community partnerships through parent involvement.* New Jersey: Prentice-Hall, Inc.

Stern, D. (1977). *The first relationship: Infant and mother.* Cambridge, MA: Harvard

University Press.

Sussell, A. et al. (1996). Building a parent/school partnership. *Teaching Exceptional Children, 28*(40), 53-57.

Vygotsky, L. (1978). *Mind in society: The development of higher psychological processes.* Cambridge, MA: Harvard University Press.

Wagonseller, B. R. (1992). *Strategies for developing a positive parent-school partnership.* ERIC_NO: ED349665.

Walberg, H. J. (1984). Family as partners in educational productivity. *Phi Delta Kappa, 65*, 363-368.

Wolfendale, S. (1989). *Parental involvement: Developing networks between school, home and community.* London: Cassell Educational Limited.

Wolfendale, S. (1992). *Working for children: Empowering parents and teachers.* London: Cassell Educational Limited.

◇日文書目

井上輝子・江原由美子（1999）。**女性のデータブック**。東京：有斐閣。

日本女子社會教育會（1995）。**家庭教育に關する國際比較調查報告書——子どもと家庭生活についての調查**——。東京：日本女子社會教育會。

汐見稔幸（1999）。**幼兒教育產業と子育て**。東京：岩波書店。

林道義（1998）。**主婦の復權**。東京：講談社。

東京都（2010a）。**東京独自の認証保育所**。下載自 http://www.fukushihoken. metro.tokyo.jp/kodomo/hoiku/n.hoikusyo/ninsyo/index.html。

東京都（2010b）。**I 都が目指す保育施策の方向**。下載自 http://www.fukushihoken.metro.tokyo.jp/kodomo/jigyo/guideline/files/1houkou.pdf。

東京都（2010c）。**子育て応援都市東京・重點戰略～社會全体で子育てを応援する東京の実現に向けて～**。下載自 http://www.fukushihoken.metro.tokyo.jp/kodomo/katei/kosodatejuten/index.html。

厚生省（1990）。1989年人口動態統計概況。

厚生勞働省（2010）。保育所関連状況取りまとめ（平成22年4月1日）。

厚生勞働省雇用均等局、兒童家庭局保育課（2013）。保育所待機兒童數（2012 年 10 月）について。下載自 http://www.mhlw.go.jp/stf/houdou/2r9852000002yapj-att/2r9852000002yar0.pdf。〔Equal Employment, Children and Families Bureau, Ministry of Health, Labour and Welfare (2013). *The total number of Children on the Day Care Center Waiting List*. October, 2012, Retrieved from http://www.mhlw.go.jp/stf/houdou/2r9852000002yapj-att/2r9852000002yar0.pdf〕

Yomiuri On Line 讀賣新聞教育網站「教育新世紀」2000年12月～2001年7月。

附　錄

國內近年親子關係與親職教育之相關論著彙整

_____

不同家庭型態之親職教育活動設計示例

附錄一

國內近年親子關係與親職教育之相關論著彙整

說明

　　為使讀者了解國內近年親子關係與親職教育議題的相關學術論著情形，茲彙整相關論著供讀者參閱，以提供讀者概括了解近年相關議題的研究概況，除可了解相關議題的發展現況外，也可從所列研究歸結相關議題的發展趨勢，甚至發展出具價值的研究主題。

　　本書以「親子關係與親職教育」為題，從概念內涵發展所涉，包含了心理學、人類學、歷史學、社會學，以及教育學等學門內容，從近年前述學門的研究內容觀之，可以發現多少探討了本書所涉的內容，作者自詡為教育社群的一員，在探討的角度自以教育學的角度出發，或有主題係其他學門所關注，但考量本書讀者特性暫時加以捨去，此其一；其次，國內教育學門的蓬勃發展不過是近數十年的事，在彙整論著的年代取捨上，暫以近十數年為蒐集範圍，此其二；再次，衡量一個學門的學術表現並評斷成形與否的可用指標，包含學術社群的成立情形、學術內涵的專門性及獨特性、社群的質量、社群成員的學術表現、學術論著的質量、基礎理論的完整性，以及社會對該學術社群表現的評價等，可見了解一個學門的學術表現所涉的複雜程度，此附錄旨非在評價教育學門在相關議題的學術表現，所舉論著暫只及於近年博碩士論文與國科會或政府機關獎助專案研究等兩大類目，不宜據以判定近年教育學門在此一議題的學術表現❶。

　　拜網路科技發達所賜，本書得以透過網路系統搜尋所需的資訊，主要搜尋資料的網址有二：臺灣博碩士論文資料知識加值系統（http://ndltd.ncl.edu.tw/cgi-bin/gs32/gsweb.cgi/login? o=dwebmge&cache=1286163953219），以及財團

法人國家實驗研究院科技政策研究與資訊中心之政府研究資訊系統（GRB）
（http://grb-topics.stpi.org.tw/GRB_TopicService/KSP/index.jsp）。在資料的蒐
集上，選定關鍵字訂有親子關係或親職教育等，學位論文分別就親職教育與親
子關係兩主題進行彙整，將檢索的結果分別臚列；研究計畫方面，作者依據本
書及讀者特性，就蒐集結果加以取捨後彙整。

　　本書新版蒐集範圍為 2001 年迄今有關親職教育與親子關係議題的研究結
果，學位論文的相關研究數量近幾年有快速增加的趨勢，研究計畫的數量發展
則相對平穩。進一步檢視學位論文相關研究內容，可以彙整出下述幾項趨勢／
特性：

1. 以親子關係為題的研究數量較親職教育為多。
2. 以親子關係為題的研究主題逐漸擴及不同類型的家庭型態，例如以新住
   民家庭、單親家庭、高風險家庭等為探討主題的增加，顯示家庭型態的
   多樣性已經受到研究者的普遍關注。
3. 親職教育需求調查占相關研究的重要部分；親子關係的主題則重在互動
   關係改善策略的探尋。

　　學位論文的大幅增加與我國研究所招生數增加不無關連有關，另方面也顯
示研究生對親子關係、親職教育等相關議題具有相當的研究興趣，如能接續充
實本土相關議題的研究數量，吸引更多新秀參與相關議題研究，對於親職教育
領域的學術充實，自是正面的力量。

　　茲分就學位論文、相關研究計畫等兩大項分別列述如後。

---

❶　行政院國科會曾於 1999 年 11 月委由臺北市立師範學院幼教系辦理「幼兒教育研
　　究的昨日、今日與明日」學術研討會，其間即有透過檢視近年幼教學術研究的發
　　展，藉以評鑑我國幼教學門的學術表現並展望未來發展取向之意；該次研討會有
　　兩篇專文分別分析近年親職教育的相關研究，分從研究數量、主題、方法，以及
　　結果等論述研究發展的情形，讀者如有興趣可逕參閱。作者及篇名分別為黃迺毓
　　〈幼教的親職教育〉、莊貞銀〈幼教親職教育研究探討〉。

一、學位論文

(一)親職教育部分

學年度	學位類別	研究生	論文名稱	校院系所
2013	碩士	張雅惠	影響課後照顧家長親職教育需求因素之研究——以臺北市私立課後照顧服務機構為例	國立臺北護理健康大學嬰幼兒保育研究所
2012	碩士	郭慕恩	親職教育對國小學童之父母教養行為之影響——不縱容與不過度反應	國立臺灣師範大學人類發展與家庭學系
2012	碩士	吳沂家	家庭教育廣播節目協助婦女親職教育之研究——以漢聲電臺「愛家總動員」節目為例	世新大學／廣播電視電影學研究所
2012	碩士	賴慧娟	論莊子思想對教育的啟示——以親職教育為中心	南華大學／哲學與生命教育學系
2012	碩士	張文宜	桃園縣國小特教班學生家長對親職教育瞭解及需求之研究	臺北市立教育大學特殊教育學系身心障礙教育教學碩士學位班（夜）
2011	碩士	蔡明佳	臺南市國小特教班學童家長親職教育認知、參與困境及需求之研究	高雄師範大學教育學系
2011	碩士	黃慧中	臺北市私立幼兒園家長親職教育需求之探究——檢視家庭教育中心功能	國立屏東教育大學幼兒教育學系
2011	碩士	江依紋	以「泡泡」動畫短片——探討想像力與親職教育	國立臺南藝術大學動畫藝術與影像美學研究所
2011	碩士	高欣卉	聽障父母對學齡兒童親職教育主觀經驗之研究	中國文化大學青少年兒童福利研究所
2011	碩士	黃斯儀	新移民女性的文化適應——以親職教育為例	國立中正大學政治學研究所
2010	碩士	鍾瑞蓉	苗栗縣國民小學家長參與親職教育情形與需求調查研究	國立新竹教育大學教育心理與諮商研究所
2010	碩士	游淨如	新移民母親參與親職教育活動之經驗	國立臺北教育大學幼兒與家庭教育學系碩士班
2010	碩士	詹素滿	雲林縣國小學童父母對學校親職教育的態度與需求之調查研究	國立嘉義大學輔導與諮商學系研究所
2010	碩士	張素翠	發展遲緩兒童原住民家庭親職教育需求之研究	國立臺中教育大學早期療育研究所
2009	碩士	吳立偉	探討完全中學學生家長對親職教育之需求與現況分析	中華大學科技管理學系碩士班

（續下表）

學年度	學位類別	研究生	論文名稱	校院系所
2009	碩士	林佩學	嘉義縣市幼兒園所實施親職教育之現況研究	國立嘉義大學幼兒教育學系研究所
2009	碩士	梅君碩	由原住民低收入戶家庭之角度探討親職教育之實施研究——以日日國小為例	國立東華大學族群關係與文化研究所
2009	碩士	蘇雀燕	高雄市幼稚園父母教養方式與參與親職教育阻礙之研究	國立高雄師範大學教育學系
2009	碩士	鄭惠雅	繪本教學融入新移民女性親職教育課程之行動研究	國立高雄師範大學教育學系
2009	碩士	林美雪	發展遲緩兒童單親家庭親職教育需求之研究	國立臺中教育大學早期療育研究所
2009	碩士	洪麗香	新移民女性親職教育方案之行動研究——以幼稚園閩南語教學為例	輔仁大學兒童與家庭學系碩士班
2009	碩士	劉宜佩	發展遲緩兒童新住民家庭親職教育需求之探討	國立臺中教育大學早期療育研究所
2009	碩士	黃淑慧	彰化縣幼稚園教師實施親職教育之信念、經驗、成效與需求研究	國立臺中教育大學幼兒教育學系碩士班
2009	碩士	李羿炘	發展遲緩兒童經濟弱勢家庭親職教育需求之研究	國立臺中教育大學早期療育研究所
2009	碩士	張雅卿	原住民地區幼兒園實施親職教育之研究：以中部地區麗美鄉二家幼兒園為例	國立臺中教育大學幼兒教育學系碩士班
2008	碩士	王淑端	運用在親職教育中的音樂社團活動研究——以德國桌上型豎琴為例	國立新竹教育大學人資處音樂教學碩士班
2008	碩士	王惠琴	新移民婦女親職教育需求評估與親職自我效能感之研究：以臺北縣市為例	淡江大學教育心理與諮商研究所碩士班
2008	碩士	劉嘉新	學前特教班家長親職教育需求與父母效能感之研究	國立臺北教育大學特殊教育學系碩士班
2008	碩士	戴千琇	啟聰學校高職階段聽覺障礙學生家長親職教育認知及需求之研究	國立彰化師範大學特殊教育學系所
2008	碩士	林晏瑢	臺北市公立幼稚園家長參與親職教育活動現況與需求之調查研究	國立臺北教育大學幼兒教育學系碩士班
2007	碩士	張庭娟	新移民家庭父親角色現況與親職教育需求	國立臺東大學幼兒教育學系碩士班
2007	碩士	周政達	以繪本讀書會為主的親職教育方案對特殊學校學生家長成長經驗的探討	國立臺中教育大學特殊教育學系碩士班
2007	碩士	陳素甄	中部四縣市外籍配偶親職教育需求之研究	國立臺中教育大學教育學系
2007	碩士	邱華鑫	臺北市國小學生家長對親職教育的認知與參與需求之調查研究	國立臺北教育大學教育政策與管理研究所

（續下表）

親子關係與親職教育

學年度	學位類別	研究生	論文名稱	校院系所
2007	碩士	鍾欣穎	臺灣親職教育中關於幼兒腦力開發論述之批判性分析	國立新竹教育大學幼兒教育研究所
2007	碩士	陳蕙敏	孩子，我該用什麼方式來愛你？～接受法院親職教育輔導之家長親職經驗探究	國立嘉義大學家庭教育與諮商研究所
2007	碩士	洪淑萍	新移民女性親職教育方案之行動研究──以家有學齡兒童為例	國立嘉義大學家庭教育與諮商研究所
2007	碩士	沈芳榕	發展遲緩兒童隔代教養家庭親職教育需求之探討	國立臺中教育大學早期療育研究所
2007	碩士	蔡世菁	雲林縣公立托兒所新住民親職教育內容需求與實踐需求之研究	雲林科技大學技術及職業教育研究所碩士班
2006	碩士	朱慧君	幼教工作人員親職教育知能之探討	國立臺北教育大學幼兒教育學系碩士班
2006	碩士	徐吉宜	臺北市托兒機構教保人員對親職教育評鑑指標看法與評鑑結果之相關研究	輔仁大學兒童與家庭學系碩士班
2006	碩士	黃韻瑜	隔代教養家庭祖父母親職教育之研究──以嘉義縣三所教育優先區國民小學為例	國立臺灣師範大學人類發展與家庭學系
2006	碩士	陳秋蘭	新莊市幼托機構教保人員實施親職教育之研究	國立臺灣師範大學社會教育學系在職進修碩士班
2006	碩士	王芳如	幼稚園資深教師的親職教育知能與實踐歷程探究	國立嘉義大學幼兒教育學系研究所
2006	碩士	鄭白玉	孕婦親職可能自我與親職教育需求之研究	國立嘉義大學家庭教育研究所
2006	碩士	殷夢轅	臺北縣國民小學特教班學童家長對親職教育需求之調查	國立臺北教育大學特殊教育學系碩士班
2005	碩士	薛永年	高中職教師對推行學校親職教育的態度及其影響因素之探討	國立嘉義大學家庭教育研究所
2005	碩士	黃美惠	學前聽障幼兒家長親職教育認知及其需求之研究	國立嘉義大學特殊教育學系研究所
2005	碩士	吳偉苓	焦點解決取向親職教育團體對中輟高危險群學生家長輔導效果之研究	國立彰化師範大學輔導與諮商學系所
2005	碩士	張兆麗	新竹縣國民小學學童父母參與親職教育與父母效能感、親子互動之研究	國立新竹教育大學進修部學校行政碩士班
2005	碩士	楊雅瑱	團體式親職教育課程對家長教導智能障礙孩子觀念及技巧之成效	國立高雄師範大學特殊教育學系
2005	碩士	陳采明	資優幼兒親職教育方案中的成長經驗	國立臺灣師範大學特殊教育學系

（續下表）

學年度	學位類別	研究生	論文名稱	校院系所
2005	碩士	熊辛蘭	外籍配偶親職教育需求與家庭支持之相關研究	靜宜大學青少年兒童福利研究所
2005	碩士	陳里鳳	臺北市外籍配偶親職教育需求之研究	國立臺灣師範大學社會教育學系在職進修碩士班
2005	碩士	朱美冠	做個好父母？非自願個案接受強制性親職教育輔導政策之施行與反省	國立中正大學社會福利所
2005	碩士	王婉屏	方案規劃者對規劃理論的應用與規劃成效相關之研究——以親職教育方案為例	國立中正大學成人及繼續教育所
2005	碩士	盧淑娟	國民小學親職教育方案規劃成效之自我評估研究	國立中正大學成人及繼續教育所
2005	碩士	蘭美幸	外籍配偶的親子共讀在親職教育上之應用——以繪本為例	國立臺東大學兒童文學研究所
2005	碩士	吳翠倩	高雄市幼稚園學童父親參與親職教育需求與參與意願之研究	國立高雄師範大學教育學系
2004	碩士	黃玲瑗	國中智能障礙學生父母親職教育需求與成效之研究	國立臺灣師範大學特殊教育學系在職進修碩士學位班
2004	碩士	蔡惠銘	國民中學親職教育方案之評估研究	慈濟大學教育研究所
2004	碩士	甘玉霜	屏東地區外籍母親親職角色知覺與親職教育需求之相關研究	屏東師範學院教育行政研究所
2004	碩士	鄭凱壎	彰雲嘉地區高職智能障礙學生家長親職教育需求之研究	國立嘉義大學家庭教育研究所
2004	碩士	簡伊君	親職教育方案實施與可行性之研究——以幼兒學習英語議題為例	朝陽科技大學幼兒保育系碩士班
2004	碩士	劉金蘭	臺中市托兒所幼生父母教養取向、參與親職教育與親職教育安排期望相關性之研究	中國文化大學青少年兒童福利研究所
2004	碩士	徐如美	外籍母親親職教育課程實施之研究	國立臺南大學幼兒教育學系碩士班
2004	碩士	黃淑娟	家長參與親職教育活動與其教養態度關係之研究——以高雄市某完全中學為例	國立高雄師範大學教育學系
2004	碩士	廖介淇	高雄縣市國民小學親職教育實施現況及其可行策略之研究	國立高雄師範大學教育學系
2004	碩士	鄭淑玲	國民小學實施親職教育現況與需求之研究	國立高雄師範大學教育學系
2004	碩士	李雅莉	國小學童家長對學校實施親職教育的需求、參與動機與阻礙之研究	國立高雄師範大學教育學系

（續下表）

學年度	學位類別	研究生	論文名稱	校院系所
2004	碩士	蕭佩珍	高關懷青少年家長親職教育介入研究——以物質濫用預防為焦點	國立臺灣師範大學衛生教育學系
2004	碩士	陳淑樺	社區大學學員參與親職教育課程之學習歷程研究	國立臺灣師範大學社會教育學系
2004	碩士	林振隆	外籍配偶親職勝任感及親職教育需求之研究	國立新竹教育大學職業繼續教育研究所
2003	碩士	張志鴻	高雄市國小家長參與親職教育態度之研究——現況分析與網路運用	國立高雄師範大學成人教育研究所
2002	碩士	李愛華	高雄市國中學生家長對親職教育需求之研究	國立高雄師範大學輔導研究所
2002	碩士	江世大	原住民國民中學實施親職教育之研究	國立政治大學中等教師在職進修學校行政碩士學位班
2002	碩士	林世莉	運用焦點解決法於國小學童家長親職教育方案效果之研究	中國文化大學教育心理與輔導研究所
2001	碩士	馮潔瑩	高級中學親職教育家長態度與實施做法之研究	國立政治大學教育學系
2001	碩士	陳琦瑋	幼教工作者的親職教育知能	國立臺灣師範大學家政教育研究所
2001	碩士	徐嘉男	國小啟智班學生家長對親職教育需求之研究——以臺中縣市為例	臺中師範學院國民教育研究所
2001	碩士	陳貞妃	祖父母對親職教育需求與參與意願之研究	國立嘉義大學家庭教育研究所
2001	碩士	張淑芬	國小學童家長參與親職教育活動需求、動機與阻礙之研究	國立嘉義大學家庭教育研究所
2001	碩士	章昆超	國小資優班學生家長對學校實施親職教育的態度與需求之研究	國立彰化師範大學特殊教育學系在職進修專班

(二)親子關係部分

學年度	學位類別	研究生	論文名稱	校院系所
2013	碩士	許慈芳	單親家庭成年子女親子關係之敘説研究	高雄師範大學性別教育研究所
2013	碩士	廖瑞怡	親子共讀對親子關係影響之研究——以楊梅市幼兒園為例	萬能科技大學經營管理研究所在職專班
2012	碩士	吳珮君	精神病首次發作與疑似前精神病狀態之個體所知覺的親子關係	臺灣大學護理學研究所
2012	碩士	羅郁晴	父母外遇後子女經驗及親子關係變化	國立彰化師範大學婚姻與家族治療研究所
2012	碩士	吳佩錦	高中職學生親子關係、自我概念與幸福感之相關研究	國立彰化師範大學輔導與諮商學系所
2012	碩士	毛瓊瑩	國小高年級學童網路使用行為與親子關係之研究——以臺中市為例	國立彰化師範大學工業教育與技術學系
2012	碩士	劉玉芬	學童網路使用行為對教育期望與親子關係之影響	樹德科技大學資訊管理系碩士班
2012	碩士	郭晏汝	諮商學習對經驗親子關係之敘説研究	國立嘉義大學輔導與諮商學系研究所
2012	碩士	涂冠妤	國中生家庭價值觀、親子關係與生活適應之相關研究	國立嘉義大學輔導與諮商學系研究所
2012	碩士	詹明芬	大學生親子關係、解釋風格與憂鬱傾向之相關研究	國立臺中教育大學諮商與應用心理學系碩士班
2012	碩士	巫金味	獨生女兒與單親母親親子關係之敘説研究	國立新竹教育大學人資處教育心理與諮商碩士專班
2012	碩士	林群穎	跨國分偶家庭之親子關係——以臺商臺幹家庭為例	國立清華大學社會學研究所
2012	碩士	王瑋婷	人格特質、親子關係、同儕關係與兒童憂鬱行為表現之研究	國立政治大學教育研究所
2012	碩士	蔡芸佳	青少年親子關係、自我概念與壓力因應策略之相關性研究	國立政治大學社會工作研究所
2012	碩士	周怡妤	團體親子音樂育療課程對唐氏症幼兒發展及親子關係歷程之個案研究	朝陽科技大學幼兒保育系碩士班
2012	碩士	印永生	原住民國中生的父母教養方式、親子關係與生活適應之研究	高雄師範大學教育學系
2012	碩士	王淑華	高職生親子關係、父母教養方式與青少年價值觀關係之研究	高雄師範大學教育學系

（續下表）

學年度	學位類別	研究生	論文名稱	校院系所
2012	碩士	洪微評	走過峰與谷——子女與再婚父／母親之親子關係探討	國立暨南國際大學社會政策與社會工作學系
2012	碩士	蘇文章	單親家庭的親子關係與學童在校表現關聯性之研究——以嘉義縣海區、屯區為例	南華大學非營利事業管理學系
2012	碩士	丁愛鈺	金融事業人員教養國小子女態度對其親子關係影響之研究	中國文化大學青少年兒童福利碩士學位學程
2012	碩士	吳美琪	親子關係、同儕關係對國小高年級學童自我韌性之相關研究	台灣首府大學幼兒教育學系碩士班
2012	碩士	林岱瑾	兒童氣質、親子關係與幼兒自我韌性之相關研究	台灣首府大學幼兒教育學系碩士班
2012	碩士	王挽華	治療性馬背騎乘對自閉症兒童親子關係之初探	大葉大學運動事業管理學系
2012	碩士	朱鈺雲	教師管教方式、親子關係、同儕關係與學習適應——以新北市某國小為例	國立臺北大學社會學系
2012	碩士	何建威	感化教育少年家庭親子關係與偏差行為之研究——以法務部矯正署彰化少年輔育院為例	國立彰化師範大學商業教育學系
2012	碩士	職璟沂	職業婦女工作、家庭衝突與親子關係之研究探討——以新北市幼兒園為例	中國文化大學青少年兒童福利碩士學位學程
2012	碩士	莊雅茜	幼兒父親參與網路會本讀書會之親子關係探討	輔仁大學兒童與家庭學系碩士班
2012	碩士	鄭珮秀	青少年的親子關係與父母教養差異對手足關係之影響	國立臺灣師範大學人類發展與家庭學系
2012	碩士	李幸蓉	新北市都會型國小高年級學童使用手機現況、手機成癮與親子關係之調查研究	輔仁大學大眾傳播學研究所
2012	碩士	陳涵琳	國中生親子關係、生活適應與幸福感之相關研究	國立嘉義大學輔導與諮商學系研究所
2012	碩士	蘇怡菁	父母教養方式、親子關係與兒童注意力之研究	國立嘉義大學輔導與諮商學系研究所
2012	碩士	黃瑾瑜	高雄市國小高年級家長管教方式、學生內省智能與親子關係之研究	高雄師範大學教育學系
2012	碩士	王婉書	親子遊戲治療團體對提升新住民母親與其子女親子關係之探究	國立臺南大學諮商與輔導學系碩士班
2012	碩士	楊惠娜	敘事治療團體對新住民子女自我認同與親子關係之效果研究	國立臺南大學諮商與輔導學系碩士班

（續下表）

學年度	學位類別	研究生	論文名稱	校院系所
2011	碩士	趙小君	台東縣國小學童家長親子休閒運動滿意度、親子關係及幸福感之研究	大仁科技大學休閒健康管理研究所
2011	碩士	林淑美	新住民母親管教態度與親子關係之研究——以越南籍母親為例	銘傳大學教育研究所碩士在職專班
2011	碩士	孫瑞真	台灣高中職青少年認同發展與親子關係	雲林科技大學應用外語系碩士班
2011	碩士	李子寧	論親子關係訴訟血緣鑑定協力及其強制	臺灣大學法律學研究所
2011	碩士	林寶齡	國小高年級學童親子關係與幸福感之研究	中臺科技大學文教事業經營研究所
2011	碩士	彭瓊弘	臺北市國中家長與學生親子關係、家長成癮物質預防效能及相關因素研究	國立臺灣師範大學健康促進與衛生教育學系
2011	碩士	陳怡臻	親子關係對青少年離婚態度之影響	國立臺灣師範大學人類發展與家庭學系
2011	碩士	許文輝	國中學生知覺親子關係與其對家長參與態度之研究	國立彰化師範大學教育研究所
2011	碩士	饒玉梅	鄉村地區國民小學學生家長參與學校活動對親師、親子關係及學習成效影響之研究	樹德科技大學兒童與家庭服務系
2011	碩士	蔡育芳	台南市已婚幼教師之工作與家庭衝突及其親子關係之探究	國立嘉義大學輔導與諮商學系研究所
2011	碩士	林佩珊	國小高年級學童親子關係、自我控制與其偏差行為之研究	國立嘉義大學輔導與諮商學系
2011	碩士	何佳玫	國小高年級學童知覺父母教養方式、親子關係與其生活適應之相關研究	國立嘉義大學輔導與諮商學系
2011	碩士	葉純旭	大學生親子關係、愛情風格與婚姻態度之關係研究	高雄師範大學輔導與諮商研究所
2011	碩士	黃惠卿	高雄市國中生家庭氣氛、親子關係及其利社會行為之相關研究	高雄師範大學教育學系
2011	碩士	許國興	高雄市國中生網路成癮、父母管教態度與親子關係之研究	高雄師範大學教育研究所
2011	碩士	黃若涵	高雄市國中生依附風格、親子關係及其生活適應之相關研究	高雄師範大學教育學系
2011	碩士	陳敬文	高職餐旅群學生親子關係、自我效能與成就動機之研究	高雄餐旅大學餐旅教育研究所
2011	碩士	洪若耘	新移民家庭親子關係之研究——以伊甸新北市板橋區親子共讀團體為例	國立政治大學社會工作研究所

（續下表）

學年度	學位類別	研究生	論文名稱	校院系所
2011	碩士	周淑玲	日治時期臺灣婚姻、親子關係與戶籍制度	國立政治大學法學院碩士在職專班
2011	碩士	莊恬琪	彰化縣國小高年級學童自我概念、親子關係與幸福感之研究	南華大學生死學系
2011	碩士	林慧秋	親子關係與兒童行為表現之探討	玄奘大學社會福利學系碩士在職專班
2011	碩士	沈貽真	探討青少年憂鬱情緒傾向、憂鬱自我效能、親子關係對生活適應的影響	國防醫學院護理研究所
2011	碩士	陳紫庭	參加課後托育機構對國小學生家庭親子關係及學業成就	國立臺中教育大學教育學系課程與教學碩士班
2011	碩士	蔡智發	青少年網路使用行為與親子關係及生活適應之相關研究——以高雄市某國中為例	義守大學資訊管理學系碩士在職專班
2011	碩士	王心寧	從梁智強三部電影【我在政府部門的日子】、【錢不夠用2】、【小孩不笨2】來研究新加坡菁英社會中的親子關係	國立暨南國際大學東南亞研究所
2011	碩士	歐乃瑋	親子遊戲治療對高風險家庭親子關係和兒童身心適應之成效研究	國立嘉義大學輔導與諮商學系
2011	碩士	高台嫚	國小低年級學童家長參與兒童圖書館親子活動情形與親職效能感、親子關係之關係研究	國立嘉義大學輔導與諮商學系
2011	碩士	陳彥琪	照顧負荷對癌症患者成年前期子女親子關係影響之敘說研究	臺北市立教育大學心理與諮商學系碩士班
2011	碩士	陳齊珮	兩地婚姻職業婦女婚姻調適及親子關係之研究	國立臺中教育大學諮商與應用心理學系碩士班
2011	碩士	李文意	臺中市學齡前幼兒母親親職壓力與親子關係之相關研究	國立臺中教育大學幼兒教育學系碩士班
2010	碩士	王薇茹	臺中地區學齡前幼兒父母共親職與親子關係之調查研究	國立臺中教育大學幼兒教育學系碩士班
2010	碩士	周永雄	人工生殖親子關係之研究	國立臺灣海洋大學海洋法律研究所
2010	碩士	張玉瑛	雲林縣國小高年級學童參與網路遊戲與親子關係、同儕互動之相關研究	雲林科技大學技術及職業教育研究所碩士班
2010	碩士	詹麗娟	夜市工作者的兒童照顧與親子關係探討	國立嘉義大學幼兒教育學系
2010	碩士	林珈瀅	青少年霸凌行為與情緒管理、親子關係之相關研究	國立中山大學教育研究所

（續下表）

學年度	學位類別	研究生	論文名稱	校院系所
2010	碩士	蘇玉萍	育有幼兒軍人家庭之親子關係	朝陽科技大學幼兒保育系碩士班
2010	碩士	林秀慧	青少年自我認同、心理分離——個體化與親子關係之相關研究	國立新竹教育大學教育心理與諮商學系碩士班
2010	碩士	林玉仙	親子關係之衝突與對話	臺北市立教育大學視覺藝術學系視覺藝術教學碩士學位班
2010	碩士	巫淑惠	高雄市高職學生子職角色知覺、子職實踐與親子關係之研究	高雄師範大學教育學系
2010	碩士	林淑芬	父母的印記——曾接受育幼機構長期安置者之親子關係故事	輔仁大學社會工作學系
2010	碩士	李秀芬	雇用外籍幫傭的多重障礙青少年家庭母親親職角色及親子關係的研究	中國文化大學青少年兒童福利研究所
2010	碩士	白育慈	新住民子女親子關係與人際關係關聯性之研究——以龍井區國小為例	靜宜大學管理碩士在職專班
2010	碩士	蔣易珊	犯罪少年親子關係的蛻變——重回連結脈絡的自主發展	國立臺北大學社會工作學系
2010	碩士	王莉雯	屏東地區青少年親子關係、同儕關係與寂寞感之相關研究	國防大學政治作戰學院社會工作碩士班
2010	碩士	董祉麟	犯罪矯正機關員工工作與家庭衝突及其親子關係之研究	國立嘉義大學輔導與諮商學系
2010	碩士	王玗惠	學校實施家庭教育課程對國中階段青少年與父母關係之影響——以親子關係課程為例	國立臺灣師範大學人類發展與家庭學系
2010	碩士	陳素娥	家庭教養風格與親子關係對青少年族群吸菸、飲酒、嚼食檳榔行為的影響	高雄醫學大學口腔衛生科學研究所碩士在職專班
2010	碩士	張晉豪	青少年親子關係、自尊與侵略行為之研究	大葉大學教育專業發展研究所
2009	碩士	林石麟	女性軍訓教官親子關係與生活滿意之研究——以臺北市軍訓教官為例	國立政治大學行政管理碩士學程
2009	碩士	徐霈	男性基層員警工作壓力感受程度、家庭價值觀與婚姻關係對親子關係影響之研究——以高雄市政府警察局為例	中央警察大學警察政策研究所
2009	碩士	李姎凌	國家介入親子關係之研究——兼論歐洲人權法院身分判決與我國之比較	銘傳大學法律學系碩士班
2009	碩士	林淑華	陸籍新移民母親之親子關係與其子女自我概念之探討	東吳大學心理學系

（續下表）

學年度	學位類別	研究生	論文名稱	校院系所
2009	碩士	林素芳	離婚單親父親與女兒親子關係之研究	中國文化大學青少年兒童福利研究所
2009	碩士	黃莉惟	老人老化信念、角色調適與親子關係之研究	國立彰化師範大學輔導與諮商學系
2009	碩士	何碧蓮	外籍幫傭對親子關係影響之研究	臺北市立教育大學課程與教學研究所課程與教學碩士學位在職進修專班
2009	碩士	沈于嘉	網路沉迷、親子關係與道德行為相關性之研究——以台北縣國小高年級學生為例	臺北市立教育大學社會學習領域教學碩士學位班
2009	碩士	張楷翎	單親母親參與親子遊戲治療團體對其親子關係改變之研究	國立臺南大學諮商與輔導學系碩士班
2009	碩士	郭玉玲	國小高年級學童自我概念、親子溝通與親子關係之研究	國立嘉義大學家庭教育與諮商研究所
2009	碩士	葉芯慧	原住民與非原住民國中生親子關係、自我概念與學業成就關係之研究	國立臺灣師範大學教育心理與輔導學系在職進修碩士班
2009	碩士	林于勛	國小新移民子女知覺母親管教方式、親子關係與情緒智力之研究	國立臺灣師範大學教育心理與輔導學系在職進修碩士班
2009	碩士	沈綾音	親子關係與配偶關係對中老年人的重要性——死亡焦慮緩解之功能	國立屏東教育大學教育心理與輔導學系
2009	碩士	鄭景珊	親子關係緩衝死亡焦慮作用之探討	國立屏東教育大學教育心理與輔導學系
2009	碩士	蘇珮君	國小高年級學童親子關係、人格特質與利社會行為之相關研究	國立高雄師範大學教育學系
2009	碩士	林佳蓉	高雄縣市已婚女性教師工作壓力與親子關係之研究	國立高雄師範大學教育研究所
2009	碩士	李育禪	高中生的親子關係、同儕關係與自我統合之相關研究	國立高雄師範大學輔導與諮商研究所
2009	碩士	楊素芳	愛的進行式——一個促進親子關係的真心行動	國立高雄師範大學教育學系
2009	碩士	唐佩鈺	高雄市國中生子職角色知覺、子職實踐與親子關係之研究	國立高雄師範大學教育學系
2009	碩士	沈惠萍	高雄市國小學童網路使用行為、親子關係與生活適應之關係研究	國立高雄師範大學教育學系
2009	碩士	許清淵	國小外籍配偶子女親子關係與學校生活適應之研究——以宜蘭縣為例	佛光大學未來學系

（續下表）

學年度	學位類別	研究生	論文名稱	校院系所
2009	碩士	周榮輝	親子關係、社會支持與網路成癮傾向關係之研究——以南桃園城鄉地區兩所小學為例	元智大學資訊社會學研究所
2009	碩士	曾筱婕	家庭結構、父母管教方式、親子關係與國中生幸福感	國立政治大學教育研究所
2009	碩士	劉美雲	母親管教態度與親子關係之研究	國立暨南國際大學輔導與諮商研究所
2009	碩士	李容蓉	溺愛教養行為、歸因傾向與親子關係：親子觀點的分析	輔仁大學兒童與家庭學系碩士班
2009	碩士	陳怡如	青少年氣質、親子關係與學習動機之研究	大葉大學教育專業發展研究所
2009	碩士	林雅莉	影響親子關係因素之探討——以出生於嬰兒潮世代的父母為例	國立臺灣師範大學人類發展與家庭學系
2009	碩士	李佳蓉	大學生親子關係、生命態度與墮胎態度之相關研究	國立高雄師範大學輔導與諮商研究所
2008	碩士	黃雅惠	婚生否認與確認親子關係存否之訴之研究——以子女最佳利益為中心	國立中正大學法律所
2008	碩士	章讀	國小高年級學生的親子關係、網路使用行為與學業成就相關之研究	國立中正大學教學專業發展數位學習碩士在職專班
2008	碩士	任厚珠	軍訓教官親職效能感與親子關係之研究——以高雄縣高中職校為例	義守大學管理學院碩士班
2008	碩士	陳淑芬	親子關係對國小中高年級學童幸福感之影響	靜宜大學青少年兒童福利研究所
2008	碩士	吳欣璇	新住民母親的親子關係：一種敘說分析	臺北市立教育大學幼兒教育學系碩士班
2008	碩士	張惠琴	兒童氣質、父母教養方式與親子關係之研究	臺北市立教育大學兒童發展碩士學位學程
2008	碩士	吳慧珊	親子權限與親子關係之相關研究	輔仁大學兒童與家庭學系碩士班
2008	碩士	劉惠旭	林海音兒童文學創作中的親子關係研究	國立臺東大學兒童文學研究所
2008	碩士	曾素秋	臺灣—東南亞跨國婚姻家庭的親子關係——子女的視角	國立暨南國際大學東南亞研究所
2008	碩士	陳風傑	女性員警之親子關係、角色期望及衝突之研究——以基隆市警察局為例	國立政治大學行政管理碩士學程
2008	碩士	陳光安	澎湖縣國小學生的家庭環境、母親管教方式與親子關係之研究：以新移民與本國籍為例	國立臺北教育大學教育政策與管理研究所
2008	碩士	歐春如	國小學童母親親職自我效能與親子關係滿意度之相關研究	國立嘉義大學家庭教育與諮商研究所

（續下表）

學年度	學位類別	研究生	論文名稱	校院系所
2008	碩士	林芝帆	國中學生課業失敗之父母教養行為知覺、父母教養行為歸因與親子關係、課業自尊之研究	國立彰化師範大學輔導與諮商學系所
2008	碩士	李佳霙	高中生親子關係、性別平等觀念及同儕關係之相關研究	國立嘉義大學家庭教育與諮商研究所
2008	碩士	薛麗容	國小高年級學童親子關係與憂鬱傾向之相關研究——以高雄市為例	國立高雄師範大學輔導與諮商研究所
2008	碩士	周杏樺	國小高年級學童親子關係與憂鬱傾向之相關研究	國立高雄師範大學教育學系
2008	碩士	郭珈妤	國小學童親子關係與挫折容忍力之相關研究	國立高雄師範大學教育學系
2008	碩士	梁蕙鈺	國民中小學已婚男性教師的親子關係、家庭氣氛與共親職之關係研究	國立高雄師範大學教育學系
2008	碩士	陳玲珠	國小學童母親的親子關係、共親職與親職壓力之關係研究	國立高雄師範大學教育學系
2008	碩士	趙榆茹	國中生親子關係、情緒調整與友誼關係之研究	國立高雄師範大學輔導與諮商研究所
2008	碩士	張安君	國小高年級學童親子關係、同儕關係與校園偏差行為之相關研究	國立高雄師範大學教育學系
2008	碩士	李惠珍	雙薪家庭親子關係與親職壓力之研究	國立高雄師範大學教育學系
2008	碩士	謝雅麗	國小高年級學童親子關係、家庭氣氛與同儕關係之相關研究	國立高雄師範大學教育學系
2008	碩士	陳慧玲	新移民家庭教養態度與親子關係之探究	國立高雄師範大學教育學系
2008	碩士	吳瑞昌	國小高年級學童親子關係與同儕關係之研究	國立高雄師範大學教育學系
2008	碩士	蕭淑慈	父職參與和親子關係——父方與子方知覺之探討	輔仁大學兒童與家庭學系碩士班
2008	碩士	吳美鳳	工作／家庭衝突與親子關係之研究——以高雄市政府公務人員為例	國立高雄師範大學教育學系
2008	碩士	蘇吉禾	青少年憂鬱與親子關係、人格特質之相關研究	國立彰化師範大學輔導與諮商學系所
2008	碩士	郭惠玲	國小學童人格特質、親子關係與霸凌行為之研究	國立花蓮教育大學國民教育研究所
2008	碩士	彭偉庭	品格感受與實踐之親子關係的代間研究	國立嘉義大學家庭教育與諮商研究所

（續下表）

學年度	學位類別	研究生	論文名稱	校院系所
2007	碩士	蔡俊平	戲劇活動在青少年自我概念與親子關係形成之研究——以高雄少年法院保護管束少年為例	國立臺南大學戲劇創作與應用學系碩士班
2007	碩士	李惠珊	女同志家庭親子關係法制之研究	國立清華大學科技法律研究所
2007	碩士	羅宇媛	幼兒父親婚姻品質、親子關係與幸福感相關之研究	國立嘉義大學幼兒教育學系研究所
2007	碩士	陳慧玪	國小高年級學童父母管教言語迷思與親子關係之研究	國立嘉義大學家庭教育與諮商研究所
2007	碩士	紀盈如	異性關係與親子關係對未婚青年的重要性：死亡焦慮緩解作用之比較	國立屏東教育大學教育心理與輔導學系
2007	碩士	古碧蓮	國小高年級學童親子關係、師生關係與學習動機之研究	實踐大學社會工作學系碩士班
2007	碩士	陳雯君	親子關係對青少年偏差行為影響之研究	銘傳大學教育研究所碩士班
2007	碩士	陳怡姍	家庭資源、父母安排子女學習音樂才藝認知對親子關係之影響	國立臺灣師範大學人類發展與家庭學系
2007	碩士	劉芳玲	成年子女對母親支持的期望差距與親子關係之相關研究	國立嘉義大學家庭教育與諮商研究所
2007	碩士	吳虹萱	親子旅遊中親子關係對休閒體驗之影響	中國文化大學觀光事業研究所
2007	碩士	廖倫妙	國中學生親子關係、情緒管理與其同儕關係之相關研究——以臺南縣為例	致遠管理學院教育研究所
2007	碩士	楊芳梅	國中生目睹父母婚姻暴力、親子關係與偏差行為之研究	國立中正大學犯罪防治所
2007	碩士	梁太陽	國小兒童自我知覺之親子關係、衝動性格及偏差行為之相關研究	國立中正大學犯罪防治所
2007	碩士	陳啟瑄	無國界的學習——高雄市國小中高年級外籍配偶子女之親子關係與學習適應之研究	國立中山大學中山學術研究所
2006	碩士	簡毓怡	青少年網路遊戲玩家的憂鬱情緒、親子關係適應與網路遊戲成癮之相關研究	國立彰化師範大學輔導與諮商學系所
2006	碩士	李麗娟	國中生親子關係與同儕關係之研究	國立高雄師範大學教育學系
2006	碩士	張珮琳	保護管束少年親子關係改變經驗之初探	輔仁大學社會工作學系
2006	碩士	杜榮興	國小學童親子關係與家庭價值觀之研究	國立高雄師範大學成人教育研究所

（續下表）

學年度	學位類別	研究生	論文名稱	校院系所
2006	碩士	李乃佳	青少年親子關係狀況與學習需求評估	國立臺灣師範大學人類發展與家庭學系
2006	碩士	范良蕙	自尊、社會支持、親子關係對失親兒童生活適應及創傷後成長之影響	國立新竹教育大學教育心理與諮商學系碩士班
2006	碩士	林妍君	國小學童父母共依附特質與親子關係之相關研究	國立嘉義大學家庭教育研究所
2006	碩士	陳素秋	男性軍訓教官父職效能感與親子關係之相關研究	國立嘉義大學家庭教育研究所
2006	碩士	沈秀貞	雙薪家庭社會支持、婚姻關係與親子關係之相關研究	國立嘉義大學家庭教育研究所
2006	碩士	吳瑛	國小學童親子關係、制握信念與利社會行為之相關研究	國立嘉義大學家庭教育研究所
2006	碩士	黃桂英	國小女教師配偶的親子關係、婚姻滿意度與共親職之關係研究	國立高雄師範大學教育學系
2006	碩士	黃鳳珠	女性軍訓教官母職角色衝突、幸福感和親子關係之相關研究	國立高雄師範大學教育學系
2006	碩士	文惠慧	國小兼任行政職務女教師情緒智力、親子關係與家庭生活滿意度關係之研究	國立高雄師範大學教育學系
2006	碩士	李玉珍	國小高年級學生子職角色知覺與親子關係之研究	國立高雄師範大學教育學系
2006	碩士	方韻珠	親子關係緊張之青少年與其母親的人際互動歷程之分析研究	國立高雄師範大學輔導與諮商研究所
2006	碩士	胡博惇	男性軍官之親子關係研究	政治作戰學校軍事社會行為科學研究所
2006	碩士	林米庭	親子關係、人際壓力因應與青少年焦慮、憂鬱情緒的探討	東吳大學心理學系
2006	碩士	孫億蘭	對話式週記在親子關係應用之研究	國立高雄師範大學教育學系
2006	碩士	黃美惠	國小高年級學童父母自我效能感與學童親子關係滿意度研究——以雲林縣為例	國立嘉義大學家庭教育研究所
2006	碩士	陳昭蓉	嘉義縣國中生升學壓力預測其親子關係及其調節變項之探討	國立嘉義大學家庭教育研究所
2006	碩士	洪華檜	國小中高年級學生的網路行為、管理認同態度與親子關係之研究	國立臺南大學教育經營與管理研究所
2006	碩士	洪婉瑜	越南配偶婚姻滿意與親子關係之研究——以臺灣北區為例	中國文化大學生活應用科學研究所
2006	碩士	林佩玲	原住民大專學生知覺親子關係與學校生活適應之相關研究	輔仁大學兒童與家庭學系碩士班

（續下表）

學年度	學位類別	研究生	論文名稱	校院系所
2006	碩士	莊欣怡	親子關係的維繫與死亡恐懼緩解──對孝道倫理之意涵	國立屏東教育大學教育心理與輔導學系碩士班
2005	碩士	賀彩清	國小高年級學童家庭結構、母親就業狀態、親子關係與自尊相關研究	國立嘉義大學家庭教育研究所
2005	碩士	蔡添元	國小學童休閒運動滿意度對親子關係與幸福感之影響	國立嘉義大學家庭教育研究所
2005	碩士	鄭錦霞	國中生知覺父母婚姻關係、親子溝通與親子關係的相關研究	國立嘉義大學家庭教育研究所
2005	碩士	張筱苓	國中生親子關係、網路使用情形與其性態度之研究	國立嘉義大學家庭教育研究所
2005	碩士	吳宗曄	雲林縣本籍與東南亞外籍配偶之國小高年級子女親子關係對其生活適應之影響	國立嘉義大學家庭教育研究所
2005	碩士	王仁志	國小高年級學童課業壓力、父母期望與親子關係之研究	國立嘉義大學家庭教育研究所
2005	碩士	魏鈺珊	國中學生網路使用行為、親子關係與異性交往態度之研究	國立嘉義大學家庭教育研究所
2005	碩士	龔惠文	國小六年級家庭休閒參與、家庭休閒阻礙與知覺親子關係之研究	國立嘉義大學家庭教育研究所
2005	碩士	江福貞	大學生親子關係、家庭氣氛與其婚姻態度之研究	國立嘉義大學家庭教育研究所
2005	碩士	吳紋如	國小高年級學童人格特質、親子關係與受霸凌知覺及反應之研究	國立嘉義大學家庭教育研究所
2005	碩士	蔡旻光	青春期發育時機對親子關係之影響研究	國立臺灣大學衛生政策與管理研究所
2005	碩士	曾家炎	「父母效能系統訓練」課程對「父母教養態度」及「親子關係滿意度」之影響效果研究	中國文化大學生活應用科學研究所碩士在職專班
2005	碩士	黃懷萱	父母的社經地位、管教方式及親子關係與兒童學業成就關係之探討	臺南女子技術學院生活應用科學研究所
2005	碩士	張燕婷	從不良少年的案例來探討親子關係	淡江大學日本研究所碩士班
2005	碩士	陳宜亨	新移民女性子女的親子關係、家庭氣氛與生活適應之相關研究	國立高雄師範大學教育學系
2005	碩士	劉育姍	理情親職團體諮商對非理性信念國中生家長親子關係之效果研究	國立高雄師範大學輔導與諮商研究所
2005	碩士	陳穎亭	親子遊戲治療團體諮商對一對母女親子關係與兒童行為影響之研究	臺北市立教育大學教育心理與輔導研究所

（續下表）

學年度	學位類別	研究生	論文名稱	校院系所
2005	碩士	劉泰一	金門地區受保護管束少年家庭之親子關係與情緒調整策略研究	中國文化大學心理輔導研究所
2005	碩士	卓馨怡	成年子女的孝道責任與焦慮：親子關係與父母需求的影響	輔仁大學兒童與家庭學系碩士班
2005	碩士	許秋蓮	家庭氣氛、親子關係及同儕關係之研究——以苗栗市高中、職學生為例	輔仁大學兒童與家庭學系碩士班
2005	碩士	陳娟娟	臺北市國民小學一般智能資優班家長參與學校教育、教育期望與親子關係的研究	中國文化大學青少年兒童福利研究所
2005	碩士	李鴻瑛	外籍配偶國小子女親子溝通與親子關係之研究	國立高雄師範大學教育學系
2004	碩士	魏君玫	臺灣家庭的親子關係模式：以代間居住安排及代間財富流動為例	國立臺北大學社會學系
2004	碩士	蔡玲雪	外籍及大陸配偶家庭子女之親子關係、師生關係及其生活適應之關係研究——以臺南市為例	國立臺南大學教師在職進修輔導教學碩士學位班
2004	碩士	張瑛	警察人員婚姻態度、親子關係與幸福感關係之研究	國立高雄師範大學成人教育研究所
2004	碩士	李雅雯	國小學童情緒調節、親子關係與社交地位之相關研究	臺北市立師範學院兒童發展研究所
2004	碩士	蘇曉憶	青少年親子關係、完美主義、自尊與其憂鬱傾向之相關研究	國立高雄師範大學輔導與諮商研究所
2004	碩士	許月碧	國小學童親子關係、同儕依附、利社會行為表現與社會智能之相關研究	屏東師範學院教育心理與輔導學系碩士班
2004	碩士	黃淑惠	國小高年級學童知覺父親教養方式、教育期望與親子關係之模式探究	國立嘉義大學家庭教育研究所
2004	碩士	柯順議	以學校為本位家庭教育方案之實施與評估：以親子關係為例	國立嘉義大學家庭教育研究所
2004	碩士	王復華	九年一貫數學課程國小家長參與情形與親子關係之調查研究	國立臺南大學數學教育學系
2004	碩士	蔡玲雪	外籍及大陸配偶家庭子女之親子關係、師生關係及其生活適應之關係研究——以臺南市為例	國立臺南大學教育學系輔導教學碩士班
2004	碩士	王如芬	大學生知覺之父母婚姻關係、親子關係與其愛情關係中衝突因應方式之相關研究	臺中師範學院諮商與教育心理研究所
2004	碩士	黃璧如	高中職學生非理性信念與親子關係之相關研究	國立高雄師範大學教育學系
2004	碩士	徐美鳳	臺灣南區護專學生父母管教方式、親子關係與其人際互動關係之研究	國立高雄師範大學教育學系

（續下表）

學年度	學位類別	研究生	論文名稱	校院系所
2004	碩士	張怡敏	一個諮商師的親子關係經驗對其諮商專業影響之自我敘說研究	國立臺灣師範大學教育心理與輔導學系在職進修碩士班
2004	碩士	洪美鈴	父母教養態度、知覺青少年子女網路沉迷情形與親子關係之相關研究	國立臺灣師大學教育心理與輔導學系
2004	碩士	侯春如	夫妻婚姻品質、教養態度與國中子女知覺親子關係之相關研究	國立臺灣師範大學教育心理與輔導學系
2003	碩士	楊永瑞	家人支持對降低考試焦慮與憂鬱的效果：父母情感過度涉入與親子關係親密度的角色	國立臺灣大學心理學研究所
2003	碩士	黃詩殷	受保護處分少年家長人格特質、教養態度、親子關係與家庭環境之研究	國立臺灣師範大學教育心理與輔導研究所
2003	碩士	薛家欣	外籍幫傭對雇主家庭親職角色與親子關係之影響	國立臺北護理學院嬰幼兒保育研究所
2003	碩士	吳慧玲	單親學生親子關係、自我概念與生活適應關係之研究	屏東師範學院國民教育研究所
2003	碩士	鄭碧招	親子共讀對親子關係影響之研究——以臺南縣國小高年級學生與家長為例	國立嘉義大學家庭教育研究所
2003	碩士	吳雅雯	臺南縣高中職學生知覺父母婚姻衝突、親子關係、同儕互動對其性態度之影響	國立嘉義大學家庭教育研究所
2003	碩士	黃千慈	空巢期父母親子關係與生活適應之研究	國立嘉義大學家庭教育研究所
2003	碩士	張曉萍	國小五年級兒童之母親管教方式與親子關係研究	國立新竹教育大學進修部輔導教學碩士班
2003	碩士	廖大齊	南投縣國中學生親子關係與偏差行為之關係研究	國立彰化師範大學教育研究所
2003	碩士	黃明珠	臺北市國民小學家長參與學校事務對親子關係影響之研究	臺北市立師範學院國民教育研究所
2003	碩士	莊靜宜	目睹兒童主觀知覺婚姻暴力行為與受暴母親之親子關係研究	靜宜大學青少年兒童福利研究所
2002	碩士	陳淑雯	親子共讀團體輔導對健康家庭、親子關係和家庭氣氛輔導效果之研究	屏東師範學院教育心理與輔導學系碩士班
2002	碩士	李玟儀	國小高年級學童氣質、親子關係與其情緒調整之研究	國立嘉義大學家庭教育研究所
2002	碩士	張秋桂	國中學生親子關係、自戀傾向與偏差行為之研究	國立彰化師範大學教育研究所
2002	碩士	林怡光	焦點解決短期諮商對繼親兒童親子關係輔導效果之研究	國立暨南國際大學輔導與諮商研究所

（續下表）

學年度	學位類別	研究生	論文名稱	校院系所
2002	碩士	潘玉鳳	親子關係團體之父母教養與互動歷程研究	國立成功大學教育研究所
2002	碩士	馬惠芬	男性眼光中父職參與、父職自我效能與親子關係滿意度之自我評估研究——新竹科學園區周邊幼兒園所調查資料之分析	輔仁大學生活應用科學系碩士班
2002	碩士	吳美玲	大專學生自我知覺的親子關係與人格特質對自殺意念的影響	中原大學心理學研究所
2002	碩士	謝菁菁	國中學生自我概念、親子關係與網咖經驗關係之研究	國立臺南大學資訊教育研究所碩士班
2002	碩士	白香菊	更年期婦女對更年期知識、不確定感及親子關係之研究	中山醫學大學醫學研究所
2001	碩士	蔡淑鈴	青少年的親子關係與共依附特質之相關研究	國立臺灣師範大學教育心理與輔導研究所
2001	碩士	陳俐君	青少年自尊、親子關係、性態度與性行為之關係研究	國立彰化師範大學輔導與諮商系

二、國內相關研究計畫

(一)親子關係部分

研究期間	研究者	研究主題	執行機關
2011／08 ～ 2012／07	陳怡群	親子互動治療運用於臺灣兒童和其父母在文化上之調整——一療效試驗性研究 NSC100-2410-H194-044-MY2	國立中正大學心理健康推廣中心
2011／08 ～ 2012／07	葉光輝	青少年親子衝突歷程的建設性轉化初探 NSC100-2410-H001-010-MY3	中央研究院民族學研究所
2010／08 ～ 2011／07	梁英文	雙親依戀與家庭休閒投入之關係——青少年觀點	景文科技大學觀光與餐旅管理研究所
2010／08 ～ 2011／07	李岳庭	親子遊戲治療對戒癮更生人親子關係之影響 NSC99-2410-H024-018	國立臺南大學諮商與輔導學系（所）
2010／08 ～ 2011／07	張高賓 施玉麗	親子遊戲治療對於提升施虐父母親職功能及改善受虐兒童情緒困擾之成效研究 NSC99-2410-H415-013	國立嘉義大學輔導與諮商學系
2009／08 ～ 2010／07	莊耀嘉	子女對中老年父母的存在性意義——親子關係是否作為父母抗衡死亡焦慮的憑藉 NSC98-2410-H153-005	國立屏東教育大學教育心理與輔導學系
2009／08 ～ 2010／07	陳怡群	親子互動治療在臺灣高危險群施虐父母之運用——聚焦於兒童身體虐待 NSC98-2410-H194-026	國立中正大學心理健康推廣中心
2008／01 ～ 2008／12	陳昭惠 林麗珠	產前教育對於產後親子關係及父母照顧嬰兒自信心的影響 TCVGH 976502A	臺中榮民總醫院小兒科（新生兒科）
2007／08 ～ 2008／07	趙蕙鈴	大眾文化與日常生活世界中的父職參與內涵分析及其社會事實的建構 NSC96-2412-H241-001-SS2	弘光科技大學幼兒保育系
2006／08 ～ 2007／07	黃宗堅 呂旭亞 洪素珍	家人關係中次系統界限與青少年適應：一個多元複合的研究取向 NSC95-2413-H032-008	淡江大學教育心理與諮商研究所
2005／08 ～ 2006／07	利翠珊	成年子女的代間照顧意願與照顧關係：成年子女代間照顧的經驗：性別與婚姻的考量(I) NSC94-2413-H030-007	輔仁大學兒童與家庭學系

（續下表）

 親子關係與親職教育

研究期間	研究者	研究主題	執行機關
2005／08 ～ 2006／07	黃宗堅 洪素珍 呂旭亞	剪不斷，理還亂？：大學生情侶之親子三角關係及其親密關係適應之研究 NSC94−2413−H032−009	淡江大學教育心理與諮商研究所
2001／08 ～ 2002／10	呂翠夏	學前幼兒家庭之協同親職與其相關因素——婚姻關係、性別角色態度，與父母自我效能 NSC90−2413−H024−021−SSS	國立臺南師範學院幼兒教育學系

(二)親職教育部分

研究期間	研究者	研究主題	執行機關
2011／01 ～ 2011／12	林佑真 黃雅文 姜逸群 何清松	兒童肥胖之親職教育介入模式 DOH100-HP-1408	國立臺北教育大學教育學系
2010／08 ～ 2011／07	施玉麗 張高賓 劉文英	兒童遊戲親職教育能力內涵與評量、訓練方案建構及實施成效評估之研究(II) NSC99-2410-H415-014	國立嘉義大學輔導與諮商學系
2010／08 ～ 2011／07	黃馨慧	E-Parenting——從部落格中的親職經驗發展親職教育資訊平臺 NSC99-2511-S227-006	國立臺北護理健康大學嬰幼兒保育系（所）
2010／01 ～ 2010／12	林佑真 黃雅文 姜逸群 何清松	兒童肥胖之親職教育介入模式 DOH99-HP-1303	國立臺北教育大學教育學系
2009／08 ～ 2010／07	楊巧玲 陳志賢	親職中的性別、階級與種族及其親職教育意涵 NSC97-2410-H017-016-MY2	國立高雄師範大學教育學系（所）
2008／08 ～ 2009／07	施玉麗 張高賓 劉文英	兒童遊戲親職教育能力內涵與評量、訓練方案建構及實施成效評估之研究(I) NSC97-2410-H415-024	國立嘉義大學輔導與諮商學系
2007／12 ～ 2009／02	鄭瑞隆 陳慈幸 戴伸峰 曾淑萍	青少年犯罪之家庭支持系統建構之研究 HU9611061	國立中正大學犯罪研究中心
2007／08 ～ 2008／07	傅秀媚	發展遲緩兒童隔代教養親職教育方案之建構與實施成效 NSC96-2413-H142-005	國立臺中教育大學早期療育研究所
2006／08 ～ 2007／07	柯志恩 高熏芳 李麗君	新移民家庭子女之語言使用與認知發展之探究及其親職學習方案之建構與實施(I)	淡江大學教育心理與諮商研究所

（續下表）

研究期間	研究者	研究主題	執行機關
2006／01 ～ 2006／12	黃雅文 姜逸群 謝茉莉	家長與學齡前及國小子女性教育溝通技巧模式之建立及成效評估 DOH95-HP-1313	國立臺北教育大學生命教育與健康促進研究所
2005／08 ～ 2006／07	徐畢卿 龍佛衛 陸偉明	臺灣跨國婚姻母親教養工具發展與檢定——以印尼籍與越南籍為例 NSC94-2314-B006-093	國立成功大學護理系
2005／08 ～ 2006／07	康雅淑 曾淑賢 潘惠銘	早期療育親職教育模式及介入之行動研究——以桃園縣外籍配偶家庭之親職模式為例 NSC94－2413－H033－005	中原大學特殊教育系
2005／01 ～ 2005／12	黃雅文 姜逸群 陳漢瑛 謝茉莉	家長與學齡前及國小子女性教育溝通技巧模式之建立及成效評估 DOH94－HP－1306	國立臺北師範學院生命教育與健康促進研究所
2003／08 ～ 2004／07	鍾鳳嬌 趙善如	親職教育介入計畫對外籍新娘家庭影響之研究(I) NSC92－2412－H020－001－SSS	國立屏東科技大學教育學程中心
2001／08 ～ 2002／07	黃怡瑾	男性參與親職與親職教育需求相關因素與關係之探究 NSC90－2413－H024－010	國立臺南師範學院社會科教育學系

附錄二

不同家庭型態之親職教育活動設計示例

 單親家庭之親職教育活動設計示例

◎ 設計者：臺南大學附設實驗國民小學　周秀玲
◎ 方案名稱：薄荷草親子讀書會

(一)提案動機

1. 在教學路上走來，遇到單親家庭的親子，總遺憾自己不能給予適切的支援，就連好友走出婚姻，親子關係惡化，我也只能傾聽或嘆息。

2. 四年前由普通班轉到資源班任教，發現轉介到資源班的學生中，來自單親家庭及家庭關係不佳者比例很高。

3. 一年前我參加「讀書會種子教師培訓」後，與幾位家長一起組織了一個精讀式、純讀書的讀書會。我們發現藉讀書的過程來觀照自己的身、心、靈是否平衡後更能感動家人，帶起全家人共同學習的慾望。對於讀書會的推廣愈得到信心。

4. 「JOY石頭湯讀書會」的成果報告得到文建會的頒發獎狀，肯定了我所走的方向，也鼓勵了我繼續前行的勇氣。

5. 承蒙本校輔導主任信任，給予我嘗試為單親家庭規劃親子共讀團體的機會，於是我再度向自己挑戰，先找本校各有所長的老師組織工作團隊，再擬訂計畫，提出方案交由主任提出申請。

(二)方案參與對象特性描述

1. 本方案由級任老師轉介三十個單親家庭，經邀約報名參加的有十個家庭，很巧的，均是離婚單親家庭，喪偶及未婚單親都沒有報名。
2. 學生由二年級到六年級都有，男性單親與女性單親家庭各半。

(三)方案目標

1. 藉著共讀繪本的活動，連結美術實作、音樂欣賞、自然探索等方式，提升親子互動的質感，讓親子關係更親密、和諧。
2. 透過讀書會閱讀與對話的本質，了解人的觀點各有不同，並建立成員欣賞、聆聽、包容、接納的生活態度。
3. 經由十次課程引導成員了解自己的優勢潛能，並激發正向、積極的學習型生活型態。
4. 其他：為了顧及讀書會孩子就讀年級的落差，讀本的選擇以繪本（圖畫書）最適合，因繪本「文字淺白優雅，畫風千變萬化，除了可以培養孩子語文與空間智慧外，內容又包羅萬象，涵蓋各種主題，更有助於內省及人際智慧的養成」（註）。要家長養成陪孩子閱讀的習慣，一定要家長了解「好看在哪裡？」以及「為什麼要看？」的理由。只有家長真心的投入、理解、欣賞，才能帶著孩子一起享受閱讀的樂趣，所以家長讀繪本是陪孩子成長的必經過程。

註：摘自國語日報 2000.8.13 余治瑩〈重視圖畫書的內容〉一文。

(四)實施過程及執行策略

1. 活動內容及方式

薄荷草親子讀書會預定進度表

次數／日期	方式	內容	導讀者	主題與讀本
一　09/09 【相見歡】	親子讀書會	1. 認識彼此 2. 認識讀書會 3. 確定讀本	甘校長 梁仲容 周秀玲	認識你真好 了解薄荷草 寶貝薄荷草
二　09/16 【講座、對話】	親子讀書會	1. 如何閱讀 2. 閱讀、對話	溫美玉 周秀玲	孩子我懂你的心 大猩猩
三　09/23 【講座、對話】	親子讀書會	1. 如何記錄 2. 閱讀、對話	周素瓊 周秀玲	我是愛你的 小恩的秘密花園
四　09/30 【座談】	親子讀書會	1. 面對過去 2. 閱讀、對話	周秀玲 梁仲容	打開回憶罐頭 穿過隧道
五　10/07 【講座、對話】	親子讀書會	1. 閱讀美術 2. 閱讀、對話	葉王強 周秀玲	造家計畫 花婆婆
六　10/14 【座談】	親子讀書會	1. 經濟今計 2. 閱讀、對話	梁仲容 周秀玲	美夢成真 媽媽的紅沙發
七　10/21 【講座、對話】	親子讀書會	1. 閱讀音樂 2. 閱讀、對話	孫淑女 王翠凰 周秀玲	我為你歌唱 光腳丫先生
八　10/28 【座談】	親子讀書會	1. 閱讀電影 2. 閱讀、對話	梁仲容 周秀玲	電影時光 叢林之愛
九　11/04 【探訪自然】	親子讀書會	1. 閱讀自然 2. 閱讀、對話	王世杰 周秀玲	老樹尋蹤 愛心樹
十　11/11 【成果分享】	親子讀書會	1. 建立家庭願景	甘校長 梁仲容 周秀玲	美麗人生 猜猜我有多愛你

2. 執行策略：如何邀請對象參與

(1)請級任老師填寫單親家庭轉介表。

(2)整理本校單親家庭名單。

(3)在校刊上發布「薄荷草的邀約」宣傳訊息。

(4)發邀約信函給家長。

(5)整理回條、報名參加名單。

3.執行策略：如何激勵參與動機

(1)發出三十封邀約函，回條全數收回，願意參加的有十個家庭，當晚立刻全部電話聯繫，表示歡迎並鼓勵以增強向心力。

(2)孩子的成長護照均可蓋上證章。

4.執行策略：活動方式安排

(1)共同閱讀：個別朗讀、齊讀、輪讀、布偶演說……

(2)對話時間：內容摘要、觀念分享、話題討論。

(3)活動時間：植栽、演戲、遊戲、捏陶、影片欣賞、探訪自然……

(4)描繪願景：課程目標或延伸實作。

薄荷草讀書會活動的安排方式很有彈性，針對親子共讀的繪本為主題材料，輔以遊戲、歌唱、植栽照顧、環境設計整理等實用技巧為工具，期望能調和出單親家庭親子間輕鬆溫暖的關係。

(五)遭遇困難及克服方式

1. 請級任老師填寫單親家庭轉介表，若老師忘記交回，也要客氣的請他再寫，只有級任老師能掌握單親家長的確實聯絡電話。

2. 本想在單親家庭轉介後，配合校刊上發布的「薄荷草的邀約」宣傳徵求會員，但校刊因故無法如期出刊，所以就產生會員邀約完畢，校刊的消息才出來的情況，在宣傳時效上，未能即時掌握。

3. 為了減低單親家庭的敏感與防衛，真誠與善意是必然的服務態度。

(六)效果評估

薄荷草讀書會在每一次活動單裡，都會有親子共填的「回想一下」欄，除了是親子的自我檢核，也可當作導讀者的改進參考，經過形成性評估後，在第十次活動結束前，再設計一份總結性評估回饋表由成員填寫。

隔代教養家庭之親職教育活動設計示例

◎設計者：嘉義縣新港國民小學　岳亞容
◎方案名稱：阿公阿嬤一起來

(一)提案動機

　　社會變遷的快速，使得臺灣家庭的教育價值觀、教養態度與方式、親子關係、物質環境等因素，或多或少有了改變，對於子女的學習，更形成了負面的影響。在社會而言，由於許多的社會問題，歸咎其原因多出在家庭教育上，所以，親職教育若能發揮功能，既可消弭部分社會問題於無形，又可使原先在不利成長因素下的孩子，去除不利環境的影響，各展所長，發揮潛能，獲得較高的成就，使其能成為社會進步的助力。親職教育是人類社會最悠久的教育活動，自有人類開始即有親職教育，然而近幾年來，在社會結構改變、離婚率增加、虐待兒童事件層出不窮、兒童及青少年犯罪日趨嚴重下，親職教育已成為解決問題的代名詞。本校隔代教養家庭約占 4.2%，常見祖父母對孫子女教育之無力感，藉此對祖父母多一份關懷與協助。

(二)參與對象

　　本校隔代教養之家庭及社區老人。

(三)方案目標

1. 協助隔代教養家庭之祖父母新角色認知與調整。
2. 提供當前流行文化及管教觀念。
3. 提供隔代教養孫子女之文化刺激，增進其課業表現。
4. 協助隔代教養家庭之祖父母建立新的社會支持系統，維持良好健康生活。

(四)實施過程及執行策略

1. 活動時間

二〇〇〇年三月至十月間辦理

2. 活動方式

以專題演講、問題探討、意見交流的方式來進行活動。

3. 活動內容

(1)阿公阿嬤親職教育：活動表

大型場(一)

時　　間	活動內容	主持人
18:50～19:00	報到	岳主任亞容
19:00～20:00	專題演講	外聘學者專家
20:30～20:40	休息喝茶　聊天吃點	張組長惠琪
20:40～21:00	經驗交流	蔡校長永隆
21:00	平安回家	

(2)阿公阿嬤卡拉 OK 歌唱比賽
　★老人歌唱比賽
　　第一名　發給 500 元之獎品
　　第二名　發給 300 元之獎品
　　第三名　發給 200 元之獎品

(3)親子讀書會

(4)阿公阿嬤說故事給孫子女聽
　邀請祖父母於每週二（8:00～8:40）蒞校說故事，共三次，利用主控室電視直播。

(5)座談會

大型場(二)

時　　　間	活　動　內　容	主　持　人
18:50～19:00	報到	岳主任亞容
19:00～21:00	家庭生活經驗報告	
20:30～20:40	喝茶聊天吃點心	蔡校長永隆
21:00	平安回家	

4. 宣傳方式

以公文傳達活動內容、刊登報紙做廣告，以及製作、張貼海報，發放文宣品等。

5. 執行策略

(1)本校與新港老人會館結合，邀請阿公、阿嬤一同參與親職教育活動。

(2)透過關係請各機關團體惠賜摸彩品及紀念品，後來辦理活動時參與者極為踴躍。

(五)遭遇困難及克服方式

1. 卡拉OK是活動最精彩的一環，但囿限於人力及時間，報名人數有限，實為遺憾。

2. 大團體活動參與者較容易出席，但有畏懼的心態，不易出席小團體活動，可能和鄉下地方老人家思想保守、心理羞澀有關；人數不如大型活動多。

(六)成果評估

1. 參與者對大團體活動滿意度較高。

2. 小團體活動成果不彰，或許和參與者並不踴躍出席有關。

3. 祖父母理解當前流行文化、價值觀，改變傳統管教策略與態度，並能建立良好的關係，減少隔代教養家庭問題，進而安排良好的家庭生活及健康生活。

身心障礙子女家庭之親職教育活動示例

◎設計者：臺南大學附設實驗國民小學　黃麗雲
◎方案名稱：「一路上有你」成長團體

(一)提案動機

1. 本校成立學前啟智班後，遇到家長面對身心障礙孩子的無助、家庭氣氛的低落，只能傾聽與嘆息。
2. 學前啟智的教師們鑑於家長的需求，向學校行政部門建議，為他們舉辦成長活動，希望幫助他們更有勇氣和力量，陪伴孩子一起成長。
3. 在幼稚園及輔導室主任的多方奔走，及臺南市家庭教育中心的協助下，舉辦身心障礙家庭成長團體，並獲教育部專款補助，一路走來雖然辛苦，但覺得非常有價值和有意義。

(二)參與對象及方案目標

1. 本方案邀請學前啟智班家長及部分小學部資源班家長參加，共有十位家長參與。
2. 身心障礙家庭包括有：自閉症、智障的孩子。

本方案之目標包括：

1. 成員能夠自在開放的分享彼此共同的生活經驗。
2. 成員能互相支持、關懷，形成互助網絡。
3. 成員能將焦點轉向自己，增進成員自我了解以及自我肯定。
4. 成員學習到如何紓解情緒與壓力的有效方法。
5. 幫助成員練習學會以積極樂觀的態度來因應生活的困境。
6. 透過成長的活動，了解個人的優勢潛能，並活化正向、積極的學習型生活型態。
7. 經由團體領導者的帶領與推動，使參與者體認家庭的助力與阻力，重新出發。

此外，在照顧身心障礙者的過程中，家人往往是最辛苦且最重要的人；其實照顧者並不孤單，可以藉著和遇到相同問題的家屬及與老師、社工人員的討論來相互分享與支持，好好照顧自己，而使身心障礙者盡其所能發揮潛力，這也是我們舉辦身心障礙家屬成長團體的目的。

(三)實施方式與執行策略

▶▶ 南師實小學習型家庭（身心障礙家庭成長團體）活動方案

「一路上有你」成長團體預定進度表

次數	單元名稱	單元目標	團體發展階段 活動內容
一 9/9	第一類接觸	1. 認識彼此。 2. 澄清成員對團體的期待。 3. 訂定團體公約。	探索階段：自我介紹、自我暖身、紙牌配對、訂定團體契約、回饋與分享
二 9/14	我和自己的影子	1. 增進團體溫暖。 2. 傾聽與接納成員生活感受。 3. 在遊戲互動中去體察自己的生活情緒與經驗，拍鬆知覺感。	探索階段：突圍尋物、經驗警察、年齡紙卡、生命輪
三 9/21	壓力三溫暖(1)	1. 使成員能夠自在地自我表露。 2. 增進成員對團體的信任。 3. 學習面對壓力，並建立自信、分享經驗。	凝聚階段：貓頭鷹對話、找同伴、自我覺知問卷調查、信任跌倒
四 9/27	壓力三溫暖(2)	1. 增進團體成員間的互動。 2. 讓成員有機會表露對團體真實的感覺。 3. 體驗面對壓力不同的嘗試。提升覺知感應的訓練，藉由團體動力發展新認知及信心。	凝聚階段：生命歷程、呼吸放鬆、期待圖騰、信任站起來

五	10/12	家庭處方箋	1. 協助成員了解自我及他人的物質。 2. 協助成員接受自己、肯定自己。 3. 增強對家庭人際的認識與聯繫，拓展溝通支持管道。	工作階段：按摩圈、角色卡、家庭樹圖表、搶寶石
六	10/19	牽手走遠路——子女篇	1. 協助成員了解自我及他人的特質。 2. 重點在彼此情緒及情感的支持而非教育的研討，形成成員支持網路。	工作階段：繪馬、空椅、心理劇、解方程式
七	10/26	牽手走遠路——夫妻篇	1. 協助成員探索自我的情緒狀態。 2. 家庭婚姻生活能量的注入，學習放鬆對待，生活新經驗的累積。	工作階段：具象系統測驗、深度放鬆、盡收眼底、回饋練習
八	11/2	與生活一同成長	1. 探討阻礙自己成長的非理性想法。 2. 建立對自己更合理的期待與健康的自我概念。 3. 釐清整理自己的人際資源，培養拓展的能力，對自己的生活有更多的自覺與認識。	工作階段：找同伴、自由聯想、人際地圖、洗車子
九	11/9	未來與展望	1. 學習給予及接受他人具體的回饋。 2. 協助成員訂定未來計畫或展望。 3. 建立對未來生活的動力，經由活動過程產生信心與接納。	結束階段：許願池、情境清單、照相停格、信任走路
十	1/16	珍重再見	1. 相互的祝福與回饋。 2. 團體效益評估。 3. 團體結束的準備，成員與團體關係的段落處置，有助成員之間感情與支持的延展，達到成長團體活動的目的。	結束階段： 1. 真情告白 2. 豐收時刻 3. 祝福與道別 4. 填寫評價意見表

▶▶ 執行策略

1. 如何邀請對象參與

(1)利用老師晨會向全校老師報告，請老師轉達訊息。

(2)在本校《拂曉》校刊刊登相關訊息。

(3)利用資源班家長座談會轉達相關訊息。

(4)利用學前特教班新生安置會議向家長說明相關訊息。

(5)隨新生錄取通知單寄發相關資訊給學前特教班新生。

2. 如何激勵參與動機

(1)參與者於活動前繳交一千元保證金，全勤者於最後一次活動全額退費，每缺席一次者扣一百元，做為最後一次同樂會之用。

(2)全勤者給予獎勵。

(3)依出席時數核發研習時數證明書。

3. 活動方式安排

(1)志願性團體，成員均固定。

(2)半結構式團體。

(四)遭遇困難及克服方式

▶▶ 困難

為盡快於暑假開班，但招收成員並不理想，故延期於開學後開班。

▶▶ 原因分析

1.暑假中，小孩在家需照顧故不能報名。

2.是否活動名稱有「身心障礙家庭」，這些字眼較不舒服。

3.對活動內容不能深入了解其對本身之可能好處。

▸▸ 克服方式

1. 延期開班。
2. 在八月十五日新生安置會議時對家長說明政府撥款辦理學習型家庭的用意，以及本校辦理活動的動機。

國家圖書館出版品預行編目（CIP）資料

親子關係與親職教育／蔡春美、翁麗芳、洪福財著.
--三版.-- 臺北市：心理，2011.05
面；　公分.--（幼兒教育系列；51151）
ISBN 978-986-191-430-5（平裝）

1. 親職教育　2. 親子關係

528.2　　　　　　　　　　　　　100006720

幼兒教育系列 51151

親子關係與親職教育（第三版）

作　　者：蔡春美、翁麗芳、洪福財
執行編輯：陳文玲
總 編 輯：林敬堯
發 行 人：洪有義
出 版 者：心理出版社股份有限公司
地　　址：231 新北市新店區光明街 288 號 7 樓
電　　話：(02) 29150566
傳　　真：(02) 29152928
郵撥帳號：19293172　心理出版社股份有限公司
網　　址：http://www.psy.com.tw
電子信箱：psychoco@ms15.hinet.net
排 版 者：辰皓國際出版製作有限公司
印 刷 者：正恆實業有限公司
初版一刷：2001 年 10 月
二版一刷：2005 年 7 月
三版一刷：2011 年 5 月
三版四刷：2021 年 3 月
Ｉ Ｓ Ｂ Ｎ：978-986-191-430-5
定　　價：新台幣 300 元